Mobbing –
Schikane am Arbeitsplatz

Mobbing –
Schikane am Arbeitsplatz

Erfolgreiche Mobbing-Abwehr
durch systematische Ursachenanalyse

2., überarbeitete und erweiterte Auflage

von
Berndt Zuschlag

 Verlag für Angewandte Psychologie
Göttingen

Berndt Zuschlag, Dipl.-Psych., Dr. phil., geb. 1942 in Dresden, Abitur in Kassel (1962), studierte Psychologie an den Universitäten Marburg/L. (Diplom 1968) und Lausanne. Promotion 1977 an der Universität Hamburg. Lehraufträge an verschiedenen Hochschulen. 1969–1981 in Hannover als Verkehrspsychologe Mitarbeiter des Medizinisch-Psychologischen Instituts (MPI). 1981–1995 Ausbildungsleiter und Leiter des Instituts für Berufliche Bildung (IBB), Aufbau der TÜV-AKADEMIE des TÜV Hannover/Sachsen-Anhalt e.V.
Seit 1980 freiberuflich Geschäftsführer des Instituts für Angewandte Psychologie (I.A.P.) mit integrierter psychotherapeutischer Praxis. Klinischer Psychologe/Psychotherapeut (BDP), Supervisor sowie Arbeits-, Betriebs- und Organisationspsychologe (BDP).
Arbeitsschwerpunkte: (1) Qualifikationsanalysen, Führungskräftetraining, Bildungsmanagement, Personalentwicklung, Coaching; (2) Motivationsforschung, Konfliktmanagement, Streß, Mobbing; (3) Verkehrspsychologie; (4) Psychotherapie, Beratung, Supervision; (5) Gutachten-Qualität.

Die Deutsche Bibliothek – CIP-Einheitsaufnahme

Zuschlag, Berndt:
Mobbing : Schikane am Arbeitsplatz ; erfolgreiche Mobbing-Abwehr durch systematische Ursachenanalyse / von Berndt Zuschlag.
[Ill. von Stefan von der Losse]. – 2., überarb. und erw. Aufl. –
Göttingen : Verl. für Angewandte Psychologie, 1997

ISBN 3-8017-0991-4

© by Hogrefe-Verlag, Göttingen • Bern • Toronto • Seattle 1994 und 1997
Rohnsweg 25, D-37095 Göttingen

Illustrationen von Stefan von der Losse, Dresden.

Satz: SATZSPIEGEL, Bovenden
Druck und buchbinderische Verarbeitung: Dieterichsche Universitätsbuchdruckerei
W. Fr. Kaestner GmbH & Co. KG, D-37124 Göttingen-Rosdorf
Printed in Germany
ISBN 3-8017-0991-4

INHALTSÜBERSICHT

VORWORT

Die schon seit jeher am Arbeitsplatz einerseits praktizierten und andererseits gefürchteten Schikanen sind durch LEYMANN (1993) unter dem Begriff „Mobbing" in das Bewußtsein einer breiten Öffentlichkeit gehoben worden.

Was bisher für viele einfach nur „Ärger" am Arbeitsplatz, bei stärkerer Ausprägung vielleicht „Schikane" gewesen ist, das hat durch den Fachterminus „Mobbing" eine neue Dimension bekommen. Das Ärgernis ist gewissermaßen aus der Alltäglichkeit herausgehoben und zum Objekt wissenschaftlicher Forschung und Erfahrungsbildung geworden.

Nun ärgern sich nicht nur die Schikanierten mit Recht, sondern auch die modebewußten Trendfolger fühlen sich zunehmend gemobbt. Was für die einen eine tatsächlich den Arbeitsplatz und die Gesundheit bedrohende Lebenskrise darstellt, gehört für andere sozusagen zum letzten Chic: „Werden Sie auch gemobbt? Nein, wirklich nicht? Fehlt Ihnen da nicht etwas? Geht Ihnen da nicht eine ganz wichtige Lebenserfahrung verloren?"

Ich meine deshalb, man sollte das Problem nicht aus der Schicki-Micki-Sicht als bloße Modetorheit verniedlichen. Aber man sollte es auch nicht unnötig dramatisieren, sondern für den Arbeitsalltag pragmatische Lösungen entwickeln. Diese sollten jedermann in die Lage versetzen, gegen lästiges Mobben schon rechtzeitig geeignete Vorbeugungsmaßnahmen zu treffen bzw. – wenn das Malheur schon passiert ist – gezielt Maßnahmen zur erfolgreichen Abwehr von Mobbing-Attacken zu ergreifen.

Daß immer wieder Mobber am Arbeitsplatz ihre Kolleginnen bzw. Kollegen, Mitarbeiter/innen oder Chefs schikanieren, wird man ebensowenig grundsätzlich verhindern können wie Ärger in der Familie und im Sportverein, Intrigen im politischen Leben oder Fraktionsbildung in Schulklassen bzw. in der Kirchengemeinde.

Zur Durchsetzung ihrer Eigeninteressen bedienen sich viele Menschen leider recht fragwürdiger Methoden – auch der des Mobbings.

Man muß davor aber weder in angstvolle Panik geraten und psychosomatisch krank werden, noch muß man sich von jedermann hilflos fertig machen und eventuell sogar aus seiner Arbeitsstelle drängen lassen. Man sollte nur wissen, wie man mit Mobbern umzugehen hat und wie man ihre Attacken notfalls erfolgreich stoppen kann.

Mobber sind schließlich auch nur Menschen – die natürlich auch Angst haben vor Mobbern. In diesem Buch finden Sie deshalb gewissermaßen eine „Mobber-Betriebsanleitung". Diese versetzt Sie in die Lage, die unerfreulichen Handlungs-

Motive ihrer Mobber zu erkennen, geeignete Gegenmaßnahmen zu entwickeln und Mobber letztendlich so zu behandeln, wie sie es (nicht besser) verdienen.

Sie sollten durch die folgenden Anregungen zwar lernen, Mobber in ihre Grenzen zu weisen, aber Sie sollten sich dabei nicht selbst vom Mobbing-Opfer zum Mobbing-Täter wandeln.

Bleiben Sie menschlich!

Ich möchte es nicht versäumen, mich an dieser Stelle sehr herzlich für die Unterstützung bei der Abfassung dieses Buches bedanken: Dem Dresdener Illustrator, Stefan von der Losse, schulde ich besonderen Dank für die feine Art von hintersinnigem Humor, durch den seine Zeichnungen das z. T. existenzbedrohend ernste Thema „Mobbing" auflockern und dem Leser bei der Lektüre Atempausen verordnen. Herrn H.-G. Kaps danke ich für die kritische Durchsicht des Manuskripts auch dieser neuen Auflage und für wertvolle Anregungen, dem Verlag für Angewandte Psychologie für die freundliche Bereitschaft zur Publikation und Einbeziehung der von mir vorgeschlagenen Ergänzungen.

Im übrigen hoffe ich, daß die Lektüre auch dieser 2. Auflage des Buches für Mobbing-Opfer eine Hilfe und für Mobbing-Täter zumindest ein Denkanstoß zur selbstkritischen Betrachtung ihres Tuns ist. Für Anregungen und Verbesserungsvorschläge der Leser bin ich jederzeit aufgeschlossen und werde sie nach Möglichkeit zumindest bei der nächsten Auflage angemessen berücksichtigen.

Berndt Zuschlag   Hannover, Herbst 1996

1   WAS IST „MOBBING"? _____

1.1 Definition
von „Mobbing" und „Schikane" _____

Der Begriff **„Mobbing"** geht auf das englische Wort „mob" zurück. Der Ursprung dafür liegt vermutlich in der lateinischen Bezeichnung „mobile vulgus", was so viel bedeutet wie *„ aufgewiegelte Volksmenge, Pöbel, soziale Massengruppierungen mit sehr geringem oder völlig fehlendem Organisationsgrad, in denen triebenthemmte, zumeist zerstörerisch wirkende Verhaltenspotenz vorherrscht"* (MEYERS GROSSES TASCHENLEXIKON 1992).

Das englische Substantiv „mob" wird übersetzt als *„ Mob, zusammengerotteter Pöbel(haufen); Gesindel, Bande, Sippschaft"*. Als Verb hat das Wort die Bedeutung von *„ lärmend herfallen über, anpöbeln, angreifen, attackieren"* (nach LANGENSCHEIDT 1986).

„Mobbing" ist demnach die Verlaufsform von „to mob" und wird neuerdings als Terminus Technikus benutzt zur Bezeichnung der Handlung von Menschen, die – vorwiegend am Arbeitsplatz – (unterstellte) Mitarbeiter/innen, Kolleginnen/ Kollegen oder Vorgesetzte schikanieren.

Der Begriff **„Schikane"** ist schon länger bekannt. Mit ihm verbindet sich die Bedeutung von „Rechtsverdrehung, Spitzfindigkeit, kleinliche und böswillige Quälerei" (MEYERS GROSSES TASCHENLEXIKON 1992).

Der Ursprung ist französisch: „chicane" bedeutet *„ Spitzfindigkeit, Kniffe, Rechtsverdrehung, Streit, Händel, Zickzackweg"*. Das Verb „chicaner" bedeutet dementsprechend: *„ Kniffe und Spitzfindigkeiten anwenden, sich (ohne Grund) herumstreiten, mit Kleinigkeiten plagen, Menschen in einen Streit oder einen Prozeß verwickeln, ärgern, schikanieren"* (PONS 1986).

„Bullying" wird laut BRINKMANN (1995) im angelsächsischen Raum in der Bedeutung von „Mobbing" benutzt. Der Begriff ist vom Substantiv „bully" abgeleitet (d. h. „brutaler Mensch", „Tyrann") und geht in dieser Verwendung auf PIKAS (1989) zurück). Seit OLWEUS (1987, 1989, 1993, 1994) wird der Begriff „Bullying" insbesondere zur Beschreibung von vorwiegend körperlichen Attacken unter Schülern benutzt.

Für einen Teilbereich von „Mobbing", die systematische Schikane von Mitarbeiterinnen und Mitarbeitern durch Vorgesetzte, beginnt sich der Begriff **„Bossing"** (abgeleitet von „boss", der Chef) durchzusetzen.

Damit ist jedoch der Wortschatz zur Bezeichnung von vergleichbar unerfreulichen Interaktionen zwischen Menschen noch keineswegs erschöpft. Dazu zählen beispielsweise auch Betrug, Intrigen, Hinterhältigkeit, Hinterlist, Korruption, Lügen, Sadismus und Täuschungen, deren nähere Erläuterung Sie ergänzend im Anhang 1 finden. Diese Aktivitäten dienen vor allem dazu, daß sich jemand auf Kosten eines oder mehrerer anderer Menschen unberechtigt und rücksichtslos Vorteile zu verschaffen versucht.

Im folgenden wollen wir uns aber vor allem auf „Mobbing" im engeren Sinn konzentrieren und dabei von der Definition von LEYMANN (1993, S. 21) ausgehen:

„Allgemeine Definition
Der Begriff Mobbing beschreibt negative kommunikative Handlungen, die gegen eine Person gerichtet sind (von einer oder mehreren anderen) und die sehr oft und über einen längeren Zeitraum hinaus vorkommen und damit die Beziehung zwischen Täter und Opfer kennzeichnen."

Diese Definition ist vor allem in zwei Punkten problematisch:

1. durch die Beschränkung auf „kommunikative" Handlungen;
2. durch die Festlegung, daß Mobbing jeweils nur gegen **eine** Person gerichtet sei.

Die Formulierung „negative kommunikative Handlungen" kann die Frage aufwerfen, ob es auch „negative **nicht** kommunikative Handlungen" gibt. Was für Handlungen könnten das sein? Wären die dann nicht als Mobbing-Handlungen einzuordnen? Man könnte dabei vielleicht an stumme körperliche Gewaltmaßnahmen ohne begleitende sprachliche Kommentierung denken. Aber wären diese dann nicht trotzdem kommunikativ?

Ich würde daher von vornherein auf die Einschränkung durch das Kriterium „kommunikativ" verzichten, weil nach meiner Auffassung jede Handlung ohnehin auch einen kommunikativen Aspekt impliziert.

Auch die Einschränkung auf „gegen eine Einzelperson" gerichtete Mobbing-Handlungen halte ich für falsch. Die Erfahrung zeigt, daß es durchaus Mobbing-Handlungen gibt, die gegen Gruppen von Personen gerichtet sind.

Ich erinnere dabei nur exemplarisch an „Ausländer", „Frauen", „die Mitarbeiter einer defizitär arbeitenden Abteilung", „Behinderte", „Lehrlinge" bzw. „Azubis". Bisweilen bleiben Mobbing-Aktivitäten auch gar nicht auf eine Einzelperson beschränkt, sondern sie werden gewissermaßen wie „Sippenhaft" auch auf deren Familienmitglieder ausgedehnt. Angehörige definierbarer Minderheiten werden gern als „Sündenböcke" stigmatisiert und dementsprechend schikanös attackiert, um sie von ihrer Arbeitsstelle zu vertreiben. In diesen Zusammenhang gehört auch die Mobbing-Parole: „Ausländer raus!"

LEYMANN hat das Mobbing-Geschehen am Arbeitsplatz empirisch untersucht. Als Ergebnis aus ca. 300 von ihm mit seiner Forschungsgruppe Anfang der achtziger Jahre durchgeführten Interviews hat er (LEYMANN 1993, S. 22) 45 Handlungen aufgelistet, von denen er sagt:

> *„Mobbing ist dann gegeben, wenn eine oder mehrere von 45 genau beschriebenen Handlungen über ein halbes Jahr oder länger mindestens einmal pro Woche vorkommen."*

Nun finden sich allerdings unter diesen 45 Handlungen, die in Tabelle 1 hier noch einmal insgesamt abgedruckt sind, nicht nur solche, die immer und ausschließlich nur als „Mobbing-Handlungen" vorkommen. Ich denke da z. B. an:

(05)	Ständige Kritik an der Arbeit.
(14)	Versetzung in einen Raum weitab von Kollegen.
(24)	Man greift die politische oder religiöse Einstellung an.
(27)	Man zwingt jemanden, Arbeiten auszuführen, die das Selbstbewußtsein verletzen.
(29)	Man stellt die Entscheidungen des/der Betroffenen in Frage.
(30)	Man gibt ihm sinnlose Arbeitsaufgaben.
(35)	Man gibt ihm Aufgaben weit unter seinem eigentlichen Können.
(36)	Man gibt ihm ständig neue Aufgaben.
(37)	Zwang zu gesundheitsschädlichen Arbeiten.

Dies können innerbetriebliche Regelungen sein, die sachlich erforderlich sind oder zumindest aus der Sicht der Verantwortlichen als zweckmäßig erscheinen. In diesem Fall implizieren die Anordnungen keinerlei Absicht, die Betroffenen zu benachteiligen, zu schädigen, zu diskreditieren oder gar durch gezielte Schikane von ihrer Arbeitsstelle zu vertreiben.

Zur Mobbing-Handlung gehört demnach auch die Absicht des Akteurs, den anderen zum Opfer zu machen, ihn zu schikanieren und zu schädigen. Diese Aspekt fehlt in der Definition von LEYMANN (1993).

Im übrigen kommt es bei der Bewertung mancher Arbeiten als „sinnlos" oder „sinnvoll" häufig auf den subjektiven Standpunkt des Beurteilers an. Was im angenommenen Fall z. B. aus der Sicht des Arbeitnehmers als „sinnlos" erscheint, kann aus der Sicht eines Vorgesetzten mit größerem Überblick über das gesamte Arbeitsgebiet und über dessen für ihn bereits absehbare weitere Entwicklung nicht nur „sinnvoll", sondern sogar existenznotwendig sein. Da hier demzufolge die schikanöse Absicht fehlt, handelt es sich nach meiner Auffassung deshalb auch nicht ohne weiteres um eine Mobbing-Handlung.

In der Literatur finden sich inzwischen zahlreiche Varianten von Mobbing-Definitionen, die ich jedoch hier nicht im einzelnen kommentieren möchte. Der daran interessierte Leser findet jedoch eine Übersicht dazu im Anhang 9.6.

Im Hinblick auf diese Problematik (s. dazu auch die Kritik von NEUBERGER 1993, ARDELT, BUCHNER & GATTINGER 1993, HAHNE 1994) hatte ich daher bereits in der 1. Auflage dieses Buches folgende **Ergänzung bzw. Korrektur der Definition LEYMANNs** für erforderlich gehalten:

> **Der Begriff „Mobbing" beschreibt schikanöses Handeln einer oder mehrerer Personen, das gegen eine Einzelperson oder eine Personengruppe gerichtet ist.**
>
> **Die schikanösen Handlungen werden meistens über einen längeren Zeitraum hin wiederholt.**
>
> **Sie implizieren grundsätzlich die Täter-Absicht, das (die) Opfer bzw. sein (ihr) Ansehen zu schädigen und gegebenenfalls aus seiner (ihrer) Position zu vertreiben.**
>
> **Aber auch ohne Schikane-Absicht des Täters können dessen „normale" Handlungen von sensiblen Personen mißverstanden und als Mobbing empfunden werden.**

Die zitierten kritischen Anmerkungen und meine weiterführende Definition haben vermutlich auch die „Gesellschaft gegen psychosozialen Streß und Mobbing e. V." bewogen, die anfängliche Mobbing-Definition (s. DULZ o. J.) in der überarbeiteten 2. bzw. 3. Auflage der Broschüre besser auf diese Realität abzustimmen (s. GRUND o. J:, S. 9 bzw. GRUND 1996 S. 9 sowie hier Anhang 9.6).

Als Ausgangspunkt für unsere weiteren Betrachtungen sind „Die 45 Handlungen – was die ‚Mobber' tun" (nach LEYMANN 1993, S. 33–34) in der folgenden Tabelle noch einmal abgedruckt.

Tab. 1 Die 45 Handlungen – was die „Mobber" tun

1. Angriffe auf die Möglichkeiten, sich mitzuteilen:

(01) Der Vorgesetzte schränkt die Möglichkeiten ein, sich zu äußern.
(02) Man wird ständig unterbrochen.
(03) Kollegen schränken die Möglichkeiten ein, sich zu äußern.
(04) Anschreien oder lautes Schimpfen.
(05) Ständige Kritik an der Arbeit.
(06) Ständige Kritik am Privatleben.

Tab. 1 Fortsetzung

(07) Telefonterror.
(08) Mündliche Drohungen.
(09) Schriftliche Drohungen.
(10) Kontaktverweigerung durch abwertende Blicke oder Gesten.
(11) Kontaktverweigerung durch Andeutungen, ohne daß man etwas direkt ausspricht.

2. Angriffe auf die sozialen Beziehungen:

(12) Man spricht nicht mehr mit dem/der Betroffenen.
(13) Man läßt sich nicht ansprechen.
(14) Versetzung in einen Raum weitab von den Kollegen.
(15) Den Arbeitskollegen/innen wird verboten, den/die Betroffene/n anzusprechen.
(16) Man wird „wie Luft" behandelt.

3. Auswirkungen auf das soziale Ansehen:

(17) Hinter dem Rücken des Betroffenen wird schlecht über ihn gesprochen.
(18) Man verbreitet Gerüchte.
(19) Man macht jemanden lächerlich.
(20) Man verdächtigt jemanden, psychisch krank zu sein.
(21) Man will jemanden zu einer psychiatrischen Untersuchung zwingen.
(22) Man macht sich über eine Behinderung lustig.
(23) Man imitiert den Gang, die Stimme oder Gesten, um jemanden lächerlich zu machen.
(24) Man greift die politische oder religiöse Einstellung an.
(25) Man macht sich über das Privatleben lustig.
(26) Man macht sich über die Nationalität lustig.
(27) Man zwingt jemanden, Arbeiten auszuführen, die das Selbstbewußtsein verletzen.
(28) Man beurteilt den Arbeitseinsatz in falscher und kränkender Weise.
(29) Man stellt die Entscheidungen des/der Betroffenen in Frage.
(30) Man ruft ihm/ihr obszöne Schimpfworte oder andere entwürdigende Ausdrücke nach.
(31) Sexuelle Annäherungen oder verbale sexuelle Angebote.

4. Angriffe auf die Qualität der Berufs- und Lebenssituation:

(32) Man weist dem Betroffenen keine Arbeitsaufgaben zu.
(33) Man nimmt ihm jede Beschäftigung am Arbeitsplatz, so daß er sich nicht einmal selbst Aufgaben ausdenken kann.
(34) Man gibt ihm sinnlose Arbeitsaufgaben.
(35) Man gibt ihm Aufgaben weit unter seinem eigentlichen Können.
(36) Man gibt ihm ständig neue Aufgaben.
(37) Man gibt ihm „kränkende" Arbeitsaufgaben.
(38) Man gibt dem Betroffenen Arbeitsaufgaben, die seine Qualifikation übersteigen, um ihn zu diskreditieren.

5. Angriffe auf die Gesundheit:

(39) Zwang zu gesundheitsschädlichen Arbeiten.
(40) Androhung körperlicher Gewalt.
(41) Anwendung leichter Gewalt, zum Beispiel um jemandem einen „Denkzettel" zu verpassen.
(42) Körperliche Mißhandlung.
(43) Man verursacht Kosten für den/die Betroffene, um ihm/ihr zu schaden.
(44) Man richtet physischen Schaden im Heim oder am Arbeitsplatz des/der Betroffenen an.
(45) Sexuelle Handgreiflichkeiten.

(Die Numerierung habe ich ergänzend als Zitier-Erleichterung eingefügt.)

Es sollte allerdings meines Erachtens einer genaueren Prüfung der Ursachen und Ziele des („Mobbing"-)Akteurs vorbehalten bleiben, um einigermaßen zuverlässig beurteilen zu können, ob und in welchem Maße jede dieser Handlungen tatsächlich im konkreten Einzelfall als „Mobbing" einzuordnen ist oder z. B.:

- nur eine notwendige und zulässige organisatorische Maßnahme des Unternehmens darstellt,
- eher als zulässige, wenn auch nicht vom Betroffenen akzeptierte Änderung der Arbeitsaufgaben anzusehen ist,
- vom übersensiblen Betroffenen falsch bewertet wird,
- eine unbeabsichtigt ungeschickte arbeitspädagogische Aktion darstellt oder
- eine Maßnahme den Eindruck von Mobbing zu Unrecht erweckt, weil gar keine schikanöse Absicht dahintersteckt.

Das wirft die Frage auf, ob eine Aktion nur als Mobbing einzuordnen ist, wenn der Täter damit eine gezielt schädliche Absicht für den Partner verbindet, oder ob jemand als „Gemobbter" auch dann anzusehen ist, wenn er sich mit oder ohne objektiven Grund vom Täter in schikanöser Weise traktiert sieht.

Die ursprünglich vermutlich vor allem für Forschungsprojekte entwickelte Mobbing-Definition von LEYMANN (1993, S. 21 u. 22) ist inzwischen von anderen z. T. unnötigerweise apodiktisch aufgegriffen worden (z. B. GRÜNER 1993; HUBER 1993, S. 11; DULZ o. J., S. 31; WALTER 1993, S. 25; s. dazu auch Anhang 9.6).

Würde man die zunächst nur für Forschungszwecke getroffene Festlegung unkritisch für die beratungs- und therapieorientierte Praxis übernehmen, könnte das schnell zu Problemen führen. So könnte dadurch nämlich beispielsweise die folgende fragwürdige Dichotomie der arbeitenden Bevölkerung entstehen:

**Tab. 2 Dichotomie „Gemobbte"/„Nicht-Gemobbte"
auf der Grundlage der Definition von LEYMANN (1993)**

„Gemobbte"	„Nicht-Gemobbte"
Jeder, der einer der 45 Handlungen aus Tab. 1 mindestens 1 mal pro Woche für mindestens 6 Monate ausgesetzt ist.	– Jeder, der durch Handlungen schikaniert wird, die nicht in Tab. 1 erfaßt sind. – Jeder, der Mobbing-Handlungen weniger als 1/2 Jahr lang ausgesetzt ist. – Jeder, der Mobbing-Handlungen weniger als 1 mal pro Woche ausgesetzt ist.

Wer nur jeweils 1 mal in 2 Wochen seit zehn Jahren schikaniert worden ist, wäre demzufolge zu den „Nicht-Gemobbten" zu zählen. Dasselbe würde für Menschen gelten, die 5 Monate lang täglich in extremer Weise gemobbt werden, aber bereits nach diesen fünf Monaten entnervt ihren Job aufgeben oder sich aufhängen.

Dadurch können sich folgende Fehleinschätzungen über die tatsächlich vorhandene Menge von Mobbing-Betroffenen ergeben:

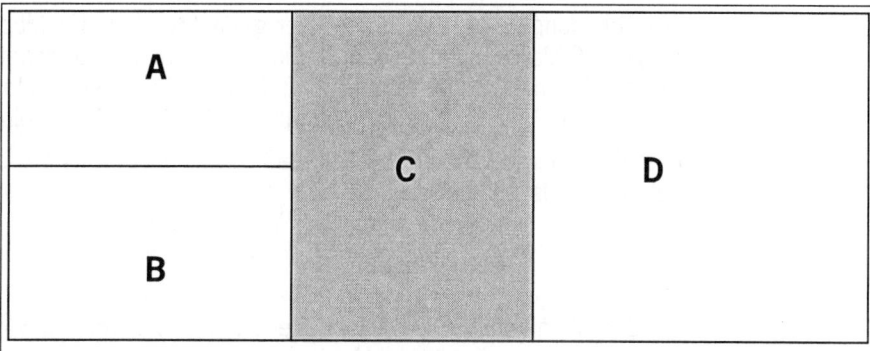

A	Personen, die nicht mindestens 1 mal pro Woche gemobbt wurden
B	Personen, die nicht mindestens 6 Monate lang durchgehend gemobbt wurden
C	Personen, die durch die LEYMANNsche Mobbing-Definition erfaßt werden
D	Personen, die durch andere als die von LEYMANN angegebenen 45 Mobbing-Handlungen belästigt worden sind

Abb. 1a Qualitative Veranschaulichung der Gesamtmenge von Mobbing-Betroffenen

Wann beginnt das Mobben?

Wenn jemand erst nach einem halben Jahr feststellt, daß er nach dem LEYMANNschen Kriterium gemobbt worden ist, dann kann das für wirkungsvolle Gegenmaßnahmen bereits zu spät sein. Darum:

Wehret den Anfängen!

Je früher jemand merkt, daß er auf dem besten Wege ist, ein hilfloses Mobbing-Opfer zu werden, desto eher hat er Gelegenheit, wirkungsvolle Gegenmaßnahmen einzuleiten.

Den Sachverhalt veranschaulicht Abbildung 1 schematisch.

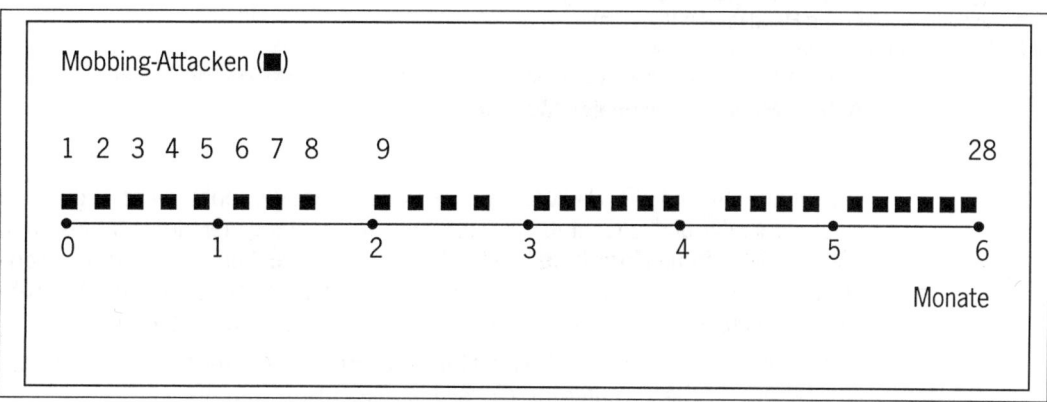

Abb. 1 Beginn und Verlauf von Mobbing-Attacken während eines halben Jahres

9

Die Abbildung zeigt, daß in dem hier gedachten Fall das Mobbing-Opfer innerhalb von 6 Monaten insgesamt 28 Mobbing-Attacken ausgesetzt ist. Davon entfallen auf den 1. Monat 5, auf den 2. Monat 3, auf den 3. Monat 4, auf den 4. Monat 6, auf den 5. Monat 4 und auf den 6. Monat 6 Mobbing-Attacken.

Fest steht demnach im Rückblick, daß das Opfer bereits am 1. Tag des 1. Monats erstmals gemobbt worden ist. Auch im 2. Monat, in dem es nur dreimal – also nicht mindestens einmal pro Woche – attackiert wurde, ist es zweifelsohne gemobbt worden, denn das ergibt die Gesamtbetrachtung über 6 Monate hin.

Die Definition von LEYMANN ist daher zu eng. Sie ist auch wegen der Vernachlässigung unterschiedlicher Mobbing-Intensitäten zu ungenau.

Deshalb bevorzuge ich selbst ein mehrdimensionales Mobbing-Modell, das diese Nachteile nicht aufweist und mir daher praxisgerechter erscheint:

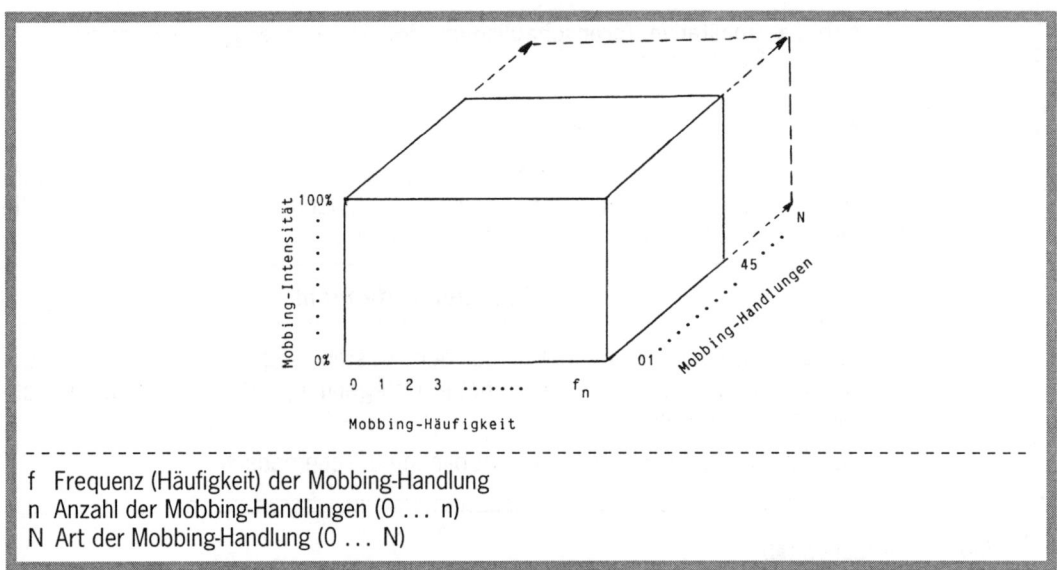

f Frequenz (Häufigkeit) der Mobbing-Handlung
n Anzahl der Mobbing-Handlungen (0 ... n)
N Art der Mobbing-Handlung (0 ... N)

Abb. 2 Mehrdimensionales Mobbing-Modell

Die Einengung auf die Dichotomie „gemobbt/nicht-gemobbt" wird zugunsten einer qualitativ und quantitativ abgestuften Betrachtung der drei Dimensionen „Art der **Mobbing-Handlung**", „**Mobbing-Häufigkeit**" und „**Mobbing-Intensität**" aufgegeben. Dabei ist die Liste der bisher fest vorgegebenen 45 Mobbing-Handlungen hier nach Erkenntnisfortschritt beliebig erweiterbar.

Was unter der „Art von **Mobbing-Handlungen**" zu verstehen ist, ergibt sich aus Tabelle 1. Die Erweiterung dieser Liste könnte z. B. umfassen:

- Bedrohung von Familienangehörigen (Ehepartner, Lebensgefährten, Kinder etc.)
- Schädigung des Vermögens (z. B. Anzünden des Wohnhauses)
- Verwicklung in Arbeitsrechts-, Zivil- oder Strafprozesse
- Beförderungsverweigerung
- Kompetenzentzug
- Verweigerung der Einstellung des benötigten Personals
- Entzug von bereits vorhandenem und weiterhin benötigtem Personal
- Schikanöse Um- und Versetzungen (z. B. vom Außendienst in den Innendienst und umgekehrt)
- Verweigerung erforderlicher Aus-, Fort- und Weiterbildungsmaßnahmen

Darüber hinaus ist festzustellen, daß z. B. die Nr. 10 aus der LEYMANN-Liste (s. Tab. 1) eine Teilmenge der Nr. 03 ist; ebenso ist Nr. 11 eine Teilmenge von Nr. 01. Auch Nr. 13 kann als Teilmenge von Nr. 12 aufgefaßt werden.

Im übrigen wären die Nummern 01, 03, 10, 11 sinnvoller im Kapitel 2 „Angriffe auf die sozialen Beziehungen" untergebracht. Andererseits gehörte gerade Nr. 15 aus Kapitel 2 in Kapitel 1 „Angriffe auf die Möglichkeiten, sich mitzuteilen". 07, 08 und 09 befinden sich ebenfalls im falschen Kapitel. Wieso 05 und 06 (d. h. „ständige Kritik") verhindert, daß sich jemand mitteilt, ist ebenfalls kaum nachvollziehbar. Nr. 32 und 33 erfassen quasi identische Situationen.

Schließlich kann das gesamte Kapitel 1 als Teilmenge des Kapitels 2 (d. h. als „Angriff auf die sozialen Beziehungen") aufgefaßt werden.

Aus den im Kapitel 4 durch die Überschrift „Angriffe auf die Qualität der Berufs- und Lebenssituation" erfaßten beiden Sachkomplexen werden nur „Berufssituationen" aufgeführt, „Lebenssituationen" fehlen dagegen völlig.

Ich habe die in der LEYMANN-Liste enthalten Lücken und Fehlzuordnungen zum Anlaß für den Versuch genommen, eine umfassendere Liste zu erstellen und dabei die relevanten Situationen systematischer zu ordnen. Ich halte auch diese Liste noch keineswegs für vollständig, meine vielmehr, daß die situative Vielfalt letztlich gar keine Komplettliste ermöglichen wird, was nach meiner Auffassung durchaus kein Nachteil ist.

Der Schwerpunkt der in dieser Liste dokumentierten Mobbing-Handlungen liegt in der Arbeitswelt. Entsprechende Erweiterungen sind demzufolge erforderlich, wenn es z. B. um „family mobbing" geht, also um Mobbing im privaten Familienbereich.

Tab. 1a Systematische Erfassung möglicher Mobbing-Handlungen. Erweiterte Systematik mit Bezug auf Tab. 1 zu den von LEYMANN (1993) definierten „45 Mobbinghandlungen"

1	**Eingriffe in die Kommunikations-Möglichkeiten am Arbeitsplatz**
1.1	**Eingriffe von Vorgesetzten**
1.1.1	**Einschränkung der Möglichkeiten, sich zu äußern (d. h. der aktiven Kommunikation)**
1.1.1.01	Beschränkung der aktiven telefonischen Außenkontakte (Beschränkung von Durchwahl-Freiheiten).

Tab. 1a Fortsetzung

1.1.1.02	Beschränkung der aktiven Kontakte per Post oder Fax (Postzensur).
1.1.1.03	Beschränkung der Möglichkeiten zu persönlichen Gesprächen im Unternehmen.
1.1.1.04	Man wird ständig unterbrochen.
1.1.1.05	Anschreien oder lautes Schimpfen.
1.1.1.06	Kontaktverweigerung durch abwertende Blicke oder Gesten.
1.1.1.07	Kontaktverweigerung durch Andeutung, ohne daß man etwas direkt ausspricht.
1.1.1.08	Vorschreiben eines umständlichen Dienstweges für Kontaktaufnahmen im Betrieb und außerhalb.
1.1.1.09	Beschränkung von Dienstgängen und Dienstreisen.
1.1.1.10	Isolierung durch abgelegenen Arbeitsplatz.
1.1.1.11	Isolierung von Kundenkontakten durch Veränderung des Arbeitsgebietes.
1.1.1.12	Den Arbeitskolleginnen bzw. -kollegen wird das Gespräch mit den Betroffenen verboten.
1.1.1.13	Er spricht nicht (mehr) mit dem Betroffenen.
1.1.1.14	Er läßt sich nicht (mehr) von dem Betroffenen ansprechen.
1.1.1.15	Er behandelt den Betroffenen bei Begegnungen „wie Luft".

1.1.2 Einschränkung der Möglichkeiten, kontaktiert zu werden (d. h. der passiven Kommunikation)

1.1.2.01	Zensur der eingehenden Post.
1.1.2.02	Zensur der eingehenden Telefonate (z. B. durch vorgeschaltete Telefonzentrale).
1.1.2.03	Besucher-Zugangsregelung und -kontrolle.
1.1.2.04	Isolierung durch abgelegenen Arbeitsplatz.
1.1.2.05	Isolierung von Kundenkontakten durch Veränderung des Arbeitsgebietes.

1.2 Eingriffe durch Kollegen

1.2.1 Aktive Behinderung der Kommunikation

1.2.1.01	Den Betroffenen nicht mehr ansprechen.
1.2.1.02	Den Betroffenen nicht zu gemeinsamen Besprechungen einladen.
1.2.1.03	Dem Betroffenen nicht mehr zu Festen gratulieren.
1.2.1.04	Den Betroffenen bei Begegnungen „wie Luft" behandeln.

1.2.2 Passive Kommunikations-Verweigerung

1.2.2.01	Bei Anrufen den Telefonhörer sofort wieder auflegen.
1.2.2.02	Anfragen nicht beantworten.
1.2.2.03	Verlangte Unterlagen nicht aushändigen.
1.2.2.04	Den Betroffenen vom dienstlichen Informationsfluß ausschließen.

1.3 Eingriffe durch Mitarbeiter

1.3.1 Aktive Behinderung der Kommunikation

1.3.1.01	Den Betroffenen nicht mehr ansprechen.
1.3.1.02	Den Betroffenen nicht zu gemeinsamen Besprechungen einladen.
1.3.1.03	Dem Betroffenen nicht mehr zu Festen gratulieren.
1.3.1.04	Den Betroffenen bei Begegnungen „wie Luft" behandeln.

1.3.2 Passive Kommunikations-Verweigerung

1.3.2.01	Bei Anrufen den Telefonhörer sofort wieder auflegen.

Tab. 1a Fortsetzung

1.3.2.02	Anfragen nicht beantworten.
1.3.2.03	Verlangte Unterlagen nicht aushändigen.
1.3.2.04	Den Betroffenen vom dienstlichen Informationsfluß ausschließen.

1.4   **Eingriffe von Externen**

1.4.1   **Eingriffe von Geschäftspartnern und Kunden sowie Verbänden, Institutionen, Behörden**

1.4.1.01	Aktive Behinderung der Kommunikation
1.4.1.01.1	Den Betroffenen nicht mehr ansprechen bzw. anschreiben.
1.4.1.01.2	Den Betroffenen nicht zu geschäftlichen Terminen empfangen.
1.4.1.01.3	Den Betroffenen bei Begegnungen „wie Luft" behandeln.
1.4.1.02	Passive Kommunikations-Verweigerung
1.4.2.02.1	Bei Anrufen den Telefonhörer sofort wieder auflegen.
1.4.2.02.2	Anfragen nicht beantworten.
1.4.2.02.3	Verlangte Unterlagen nicht aushändigen.
1.4.2.02.4	Schriftwechsel mit dem Betroffenen nicht mehr bearbeiten.

2   **Ständige Kritik**

2.1   **Kritik am arbeitsplatzbezogenen Verhalten**

2.1.1   **Kritik an der Arbeitsleistung.**
2.1.2   **Kritik an der Arbeitsmotivation.**
2.1.3   **Kritik am Verhalten im Unternehmen.**
2.1.4   **Kritik an Karriere-Aktivitäten.**
2.1.5   **Kritik an der Arbeits-Solidarität.**
2.1.6   **Kritik an häufigen Fehlzeiten und Pausen.**

2.2   **Kritik an Einstellungen und Interessen**

2.2.1   **Kritik an politischen Überzeugungen.**
2.2.2   **Kritik an religösen Überzeugungen.**
2.2.3   **Kritik an weltanschaulichen Überzeugungen.**
2.2.3   **Kritik an der Freizeitgestaltung.**
2.2.4   **Kritik an Hobbies.**

2.3   **Kritik am Erscheinungsbild**

2.3.1   **Kritik an der Figur.**
2.3.2   **Kritik am Outfit.**

2.4   **Kritik am Privatleben**

2.4.1   **Kritik an der Familie.**
2.4.2   **Kritik am Freundeskreis.**
2.4.3   **Kritik an der Art des Wohnens und am Wohnort.**
2.4.4   **Kritik an Kaufgewohnheiten.**
2.4.5   **Kritik am Fortbewegungsmittel.**

Tab. 1a Fortsetzung

2.5   **Kritik am Gesundheitsverhalten**

2.5.1   **Kritik an Eßgewohnheiten (zu viel, zu wenig, falsche Ernährung, Knoblauch etc.).**
2.5.2   **Kritik am Rauchen.**
2.5.3   **Kritik am Trinkverhalten (Alkohol).**
2.5.4   **Kritik an riskanten Sportaktivitäten.**
2.5.5   **Kritik an der Körperpflege.**

2.6   **Kritik am Sozialverhalten**

2.6.1   **Kritik am Umgang mit Arbeitskolleginnen und -kollegen.**
2.6.2   **Kritik am Umgang mit Vorgesetzten.**
2.6.3   **Kritik am Umgang mit Mitarbeiterinnen und Mitarbeitern.**
2.6.4   **Kritik am Umgang mit Geschäftspartnern und Kunden.**
2.6.5   **Kritik an der Beteiligung an Gemeinschaftsaktivitäten (Betriebsnudel, Eigenbrötler).**

3   **Angriffe auf die Gesundheit**

3.1   **Gesundheitsschädliche Beschäftigung**

3.1.1   **Beschäftigung mit gesundheitsschädlichen Arbeiten (z. B. körperliche Schwerarbeit).**
3.1.2   **Beschäftigung in gesundheitsschädlichen Bereichen (z. B. Staubexposition, Hitzebelastung, Lärmbelastung, Inhalation gefährlicher Gase).**
3.1.3   **Zwang zur Überschreitung zulässiger Arbeitszeiten (z. B. zulässige Lenkzeiten für Lkw- und Busfahrer).**
3.1.4   **Umsetzung in den Schichtdienst (mit Nachtschichten).**
3.1.5   **Versetzung an gefährliche Arbeitsstelle (z. B. Fronteinsatz von Soldaten).**
3.1.6   **Zwang zur Arbeit unter Zeitdruck und unter Vernachlässigung von Arbeitssicherheits- und Arbeitsschutz-Vorschriften.**

3.2   **Diffamierung und Kompromittierung**

3.2.1   **Hinter dem Rücken des Betroffen schlecht über ihn sprechen.**
3.2.2   **Böse Gerüchte über jemanden verbreiten.**
3.2.2.01   Jemanden verdächtigen, psychisch krank zu sein.
3.2.2.02   Jemanden verdächtigen, homosexuell (bzw. lesbisch) zu sein.
3.2.2.03   Jemanden als Dieb verdächtigen.
3.2.2.04   Jemanden wiederholt als Lügner darstellen (dem Vorgesetzten z. B. angebliche „Anordnungen" unterstellen, die er gar nicht gegeben hat).
3.2.2.05   Jemanden verdächtigen, ein Techtelmechtel mit dem/der Vorgesetzen zu haben.

3.2.3   **Jemanden lächerlich machen.**
3.2.3.01   Jemandes Gang, Stimme oder Gesten imitieren, um ihn lächerlich zu machen.
3.2.3.02   Sich über eine Behinderung lustig machen.
3.2.3.03   Sich über die Herkunft eines anderen lustig machen (z. B. Nationalität, Wohngegend, Herkunftsfamilie).

Tab. 1a Fortsetzung

3.2.3.04   Sich über das Privatleben anderer lustig machen.

3.2.4   **Jemanden wegen seiner Hautfarbe verunglimpfen.**
3.2.5   **Den Arbeitseinsatz und die Arbeitsleistung herabsetzend und kränkend beurteilen.**
3.2.6   **Entscheidungen des Betroffenen in Frage stellen.**

3.3   **Körperliche Angriffe**

3.3.1   **Sexuelle Belästigung.**
3.3.1.01   Durch schlüpfrige Bemerkungen bzw. obszöne Witze in peinliche Situationen bringen.
3.3.1.02   Durch obszöne Schimpfworte beleidigen und entwürdigen.
3.3.1.03   Durch Pornographie (Zeitschriften, Bilder, Utensilien etc.) schamhafte Menschen in eine prekäre Situation bringen.
3.3.1.04   Sich sexuelle Übergriffe erlauben (z. B. „betätscheln", „antatschen").
3.3.1.05   Eindeutige sexuelle „Angebote" machen.
3.3.1.06   Unter Ausnutzung von Abhängigkeitsverhältnissen zu sexuellen Handlungen zwingen.

3.3.2   **Körperlicher Gewalt ausüben.**
3.3.2.01   Schlagen, Ohrfeigen.
3.3.2.02   Mißhandlung (z. B. foltern).
3.3.2.03   An den Ohren ziehen.
3.3.2.04   Wegschubsen.
3.3.2.05   Unter Drogen setzen.

3.4   **Psychoterror (schriftlich, mündlich oder auch in Form von Telefonterror)**

3.4.01   Androhung von sexuellen Übergriffen.
3.4.02   Androhung von körperlicher Gewalt.
3.4.03   Androhung von Mißhandlungen.
3.4.04   Androhung der öffentlichen Bloßstellung.
3.4.05   Androhung der Schädigung von Familienangehörigen.
3.4.06   Androhung der Vermögensschädigung.
3.4.07   Androhung der Versetzung oder Kündigung.
3.4.08   Androhung straf- bzw. zivilrechtlicher Konsequenzen.
3.4.09   Androhung von Attentaten.
3.4.10   Androhung von Sabotage.
3.4.11   Jemanden zu einer psychiatrischen Untersuchung zwingen.
3.4.12   Jemandem laufend „Denkzettel" verpassen.
3.4.13   Dem anderen laufend Kosten verursachen, um ihm zu schaden und ihn zu zermürben.
3.4.14   Jemanden dauernd in Disziplinar- oder Gerichtsverfahren verwickeln, um ihn auf sinnlosen Nebenschauplätzen zu beschäftigen und ihn zu zermürben.
3.4.15   Nächtliche Anrufe zu Hause (Telefonterror).

4   **Eingriffe am Arbeitsplatz**

4.1   **Arbeitsbedingungen verschlechtern**

Tab. 1a Fortsetzung

4.1.01	Jemandem keine Arbeit (mehr) zuweisen.
4.1.02	Jemanden zu Arbeiten zwingen, die das Selbstbewußtsein verletzen.
4.1.03	Jemandem „Strafarbeiten" zuteilen.
4.1.04	Jemandem alle die unerfreulichen Arbeiten übertragen, vor denen andere sich gern drücken.
4.1.05	Jemandem alle Arbeiten wegnehmen und ihn daran hindern, sich selbst nützliche Arbeiten auszudenken.
4.1.06	Jemandem sinnlose Arbeiten übertragen.
4.1.07	Jemandem Arbeiten übertragen, die weit unter seinem Leistungsniveau liegen.
4.1.08	Jemandem ständig neue Aufgaben übertragen, in die er sich gar nicht erst richtig einarbeiten kann.
4.1.09	Jemandem Aufgaben übertragen, die ihn überfordern und an denen er vorher-sehbar scheitern muß.
4.1.10	Jemandem „kränkende" Arbeitsaufgaben übertragen.

4.2 Arbeitserfolge torpedieren

4.2.01	Heimlich wichtige Unterlagen vom Arbeitsplatz entfernen.
4.2.02	Heimlich Arbeitsmaterialien, Werkzeuge etc. vom Arbeitsplatz entwenden.
4.2.03	Heimlich vom Betroffenen zu bearbeitende Vorgänge verstecken.
4.2.04	Dem Betroffenen „peinliche" Vorgänge heimlich unterschieben.
4.2.05	Heimlich die Arbeitsergebnisse des Betroffenen verfälschen.
4.2.06	Heimlich monatelang laufende Laborversuche des Betroffenen (z.B. durch nächtliche Eingriffe) zunichte machen.
4.2.07	Den Arbeitsplatz des Betroffenen in Unordnung bringen (z.B. Ablagen vertauschen).
4.2.08	Vom Betroffenen benötigte Geräte und Apparaturen heimlich beschädigen und unbrauchbar machen.
4.2.09	Vertrauliche Unterlagen und Arbeitsergebnisse des Betroffenen ohne sein Wissen Unbefugten zugänglich machen.
4.2.10	Im angeblichen Auftrag des Betroffenen Kosten verursachen (z.B. fragwürdige Aufträge) erteilen, die diesen in Schwierigkeiten bringen.

4.3 Versetzung, Pensionierung, Kündigung

4.3.1 Versetzungen
4.3.1.01	Wiederholte grundlose „Strafversetzungen".
4.3.1.02	Versetzung auf einen unbefriedigenden Arbeitsplatz.
4.3.1.02.01	Versetzung an einen entfernten Ort.
4.3.1.02.02	Versetzung zu einem bösartigen Vorgesetzten.
4.3.1.02.03	Versetzung in ein aggressives Team.
4.3.1.02.04	Versetzung auf einen besonders langweiligen Posten.
4.3.1.02.05	Versetzung auf einen Posten, dem der Betroffene persönlich oder fachlich nicht gewachsen ist.

4.3.2 Pensionierung
4.3.2.01	Vorzeitige Pensionierung gegen den Willen des Betroffenen.
4.3.2.02	Versetzung in den einstweiligen Ruhestand.
4.3.2.03	Verschlechterung der Pensionierungs-Konditionen.

Tab. 1a Fortsetzung

4.3.3   Kündigung
4.3.3.01   Außerordentliche Kündigungen (ohne Erfolgsaussicht), um den Betroffenen zu zermürben.
4.3.3.02   Wiederholte ordentliche und/oder außerordentliche Kündigungsverfahren bzw. -versuche.
4.3.3.03   Aufforderungen zur Zustimmung zu Auflösungsverträgen.

Auch die **Mobbing-Intensität** kann stark variieren, was das folgende Beispiel verdeutlichen soll:

Tab. 3 „Begrüßung" als Beispiel für unterschiedliche Mobbing-Intensitäten

Mobbing-Intensität *)	Dosierung der Begrüßung
100%	– Dem anderen aus dem Wege gehen (meiden).
x%	– Den anderen/die andere „übersehen" (schneiden).
x%	– Den anderen ansehen, ohne sichtbar zu reagieren.
x%	– Dem anderen (ohne zu lächeln) zunicken.
x%	– Dem anderen lächelnd zunicken.
x%	– Dem anderen zunicken und mit der Hand winken.
50%	– Dem anderen zunicken, mit der Hand winken und „Guten Tag." sagen.
x%	– Auf den anderen zugehen, ihn freundlich ansehen, die Hand geben, freundliche Grußworte.
x%	– Auf den anderen zugehen, ihn freundlich ansehen, die Hand geben, freundliche Grußworte mit Smalltalk.
x%	– Auf den anderen zugehen, ihn freundlich ansehen, die Hand geben, freundliche Grußworte (ggf. Umarmung und Wangenkuß) mit Smalltalk.
0%	– Auf den anderen zugehen, ihn freundlich ansehen, die Hand geben, freundliche Grußworte (ggf. Umarmung und Wangenkuß) mit Small-talk und ggf. Einladung zu einer Tasse Kaffee.

*) x% = Jeweiliger Prozentsatz der maximal möglichen Mobbing-Intensität von 100%.

Der **Zeitraum, in dem sich Mobbing vollzieht**, ist in diesem Modell (Abb. 1) die 4. Dimension, die sich graphisch leider nicht mehr darstellen läßt, ohne die Übersichtlichkeit des Modells erheblich zu beeinträchtigen.

Als 5. Dimension sind die **Mobbing-Täter** in Betracht zu ziehen. Am Arbeitsplatz haben mögliche Mobbing-Opfer Kontakt mit vielen möglichen Mobbing-Tätern (z. B. Kollegen bzw. Kolleginnen in derselben oder in anderen Abteilungen, Führungskräften der verschiedenen Hierarchiestufen, dem Personal der Betriebskantine, der Hausmeisterei, dem Botendienst etc. Jede von diesen Personen kann mobben. Sie können dieselben oder auch unterschiedliche Mobbing-Handlungen ausüben. Sie können gleichzeitig (als Gruppe) oder zu unterschiedlichen Tageszeiten oder an verschiedenen Wochentagen ihre Mobbertätigkeit – zudem auch noch in unterschiedlicher Intensität – ausüben.

Eine 6. Dimension stellen schließlich die möglichen **Mobbing-Opfer** selbst dar. Schon aus den Forschungen zur Viktimologie wissen wir, daß manche Menschen sich in einer bestimmten Weise so verhalten, daß sie von Tätern leichter als Opfer ausgewählt werden als andere. Allerdings ist keineswegs jeder, der irgendwelche Schwächen zeigt (seien es körperliche, seien es Leistungsmängel) dadurch auch unter allen Umständen als Opfer prädestiniert. In manchen Konstellationen erwachen geradezu Beschützer-Instinkte bei möglichen Tätern, und dann bleibt das Opfer (überraschenderweise) unbehelligt.

Schließlich ist noch eine 7. Dimension denkbar: die **gesellschaftlichen Rahmenbedingungen von Mobbing**. Dazu zählen vor allem die durch Gesetze, durch religiöse und ethische Wertvorstellungen in einer Gesellschaft geltenden Verhaltensnormen. Wo Betrug, Epressung, Nötigung und Mord gesellschaftlich geächtet sind und unter Strafe stehen, da wird mancher mögliche Mobbing-Täter abgeschreckt. Wo er hingegen mit keinerlei Sanktionen oder persönlichen Nachteilen zu rechnen hat, wird er sich möglicherweise wagemutiger mobbend gegen andere durchzusetzen versuchen.

Unter Einbeziehung von Mobbing-Tätern und Mobbing-Opfern sowie der gesellschaftlichen Rahmenbedingungen von Mobbing kann das Modell der Abbildung 1 zum umfassenden „Mehrdimensionalen Mobbing-Prozeß-Modell" erweitert werden, wie es in Abbildung 2 dargestellt ist. Auch bei diesem Modell ist noch gedanklich als 4. die kontinuierliche Zeitdimension zu berücksichtigen, da die Abbildung im wesentlichen nur einen Augenblickszustand wiedergibt, der in folgenden Zeitabschnitten laufend in neue Konstellationen übergehen kann.

Die verschiedenen Systemkomponenten der Täterseite stehen mit denen der Opferseite erfahrungsgemäß in vielfältigen Wechselwirkungen. Dieses Netzwerk wiederum arbeitet in Wechselwirkung zu den gesellschaftlichen Rahmenbedingungen des gesamten Interaktionssystems.

Auf die sich daraus für den jeweiligen Einzelfall ergebenden Konsequenzen bezüglich der Eruierung der Mobbing-Ursachen und der Gestaltung erfolgreicher Vorbeugungs- und Abwehrmaßnahmen werde ich in den folgenden Kapiteln ausführlicher eingehen.

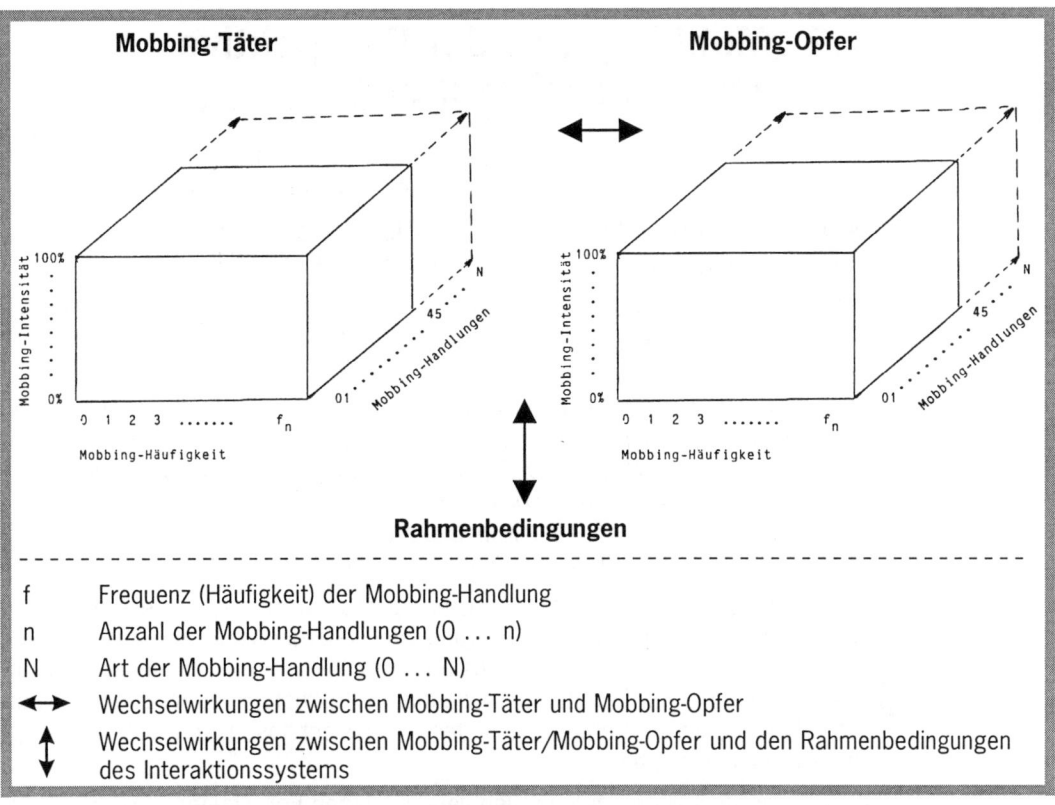

Abb. 3 Mehrdimensionales Mobbing-Prozeß-Modell

Mit Mobbing und Schikane
lebt mancher in dem Wahne,
er könnte sich zum Schaden,
wie andernorts die Maden
auf Kosten der Kollegen
durchfressen oder pflegen.

Doch manchmal geht's daneben.
So ist das eben
im Leben!

1.2 „Mobbing" aus der Perspektive der Konfliktforschung

„Mobbing" ist in gewisser Weise ein Modebegriff für Sachverhalte, die wir grundsätzlich bereits seit langem aus der Konflikt- und Streßforschung kennen. Die wissenschaftliche Erforschung der Mobbing-Problematik hat noch nicht zu einem überzeugenden wissenschaftlichen Fundament geführt.

Mit Recht hat deshalb z. B. NEUBERGER (1993) im Zusammenhang mit detaillierten sachkritischen Analysen der Forschungssituation zusammenfassend festgestellt:

„Die pragmatische und empiristische Argumentation LEYMANNs und der meisten anderen AutorInnen wird mit verschiedenen theoretischen Perspektiven konfrontiert, die die Mobbing-Diskussion an vorliegende Erklärungsansätze anzuschließen erlauben (z. B. sozialisations- und lerntheoretische, streßtheoretische, gruppendynamische, labelling- und attributionstheoretische, psychodynamische und konflikttheoretische Zugangsweisen)."

Dieser Mangel an theoretischer Fundierung erschwert auch unsere pragmatische Ausrichtung und die Akzentuierung von Erklärungsansätzen aus der Konflikt- und Streßforschung. Er darf uns aber letztlich nicht daran hindern, zumindest aus den derzeit bereits überschaubaren bruchstückhaften Erkenntnissen alle Möglichkeiten zur Verbesserung der oft aussichtslosen Lage von „Mobbing-Opfern" auszuschöpfen.

Wir können deshalb an den auf den verschiedenen Forschungsgebieten schon gewonnenen Erkenntnissen anknüpfen und müssen mit der Analyse nicht erst wieder „bei Adam und Eva" beginnen (s. z. B. DEUTSCH 1976; OECHSLER 1979; GLASL 1980; LAY 1980; RÜTTINGER 1980; KURTZ 1983; WEEDE 1986; HUGO-BECKER & BECKER 1992; JANDT 1994 sowie zur Soziologie des Opfers die Darstellung der Theorie, Methoden und Empirie der Viktimologie von KIEFL & LAMNEK 1986) oder auf die Erarbeitung eines die verschiedenen Forschungsansätze integrierenden und die Gesamtproblematik widerspruchsfrei erklärenden wissenschaftlichen Theoriegebäudes warten.

„Konflikt [lat., zu confligere „zusammenschlagen"], Zwiespalt, Auseinandersetzung, Streit [zw. Personen, Staaten u. a.]; auch innerer Widerstreit von Motiven, Wünschen, Bestrebungen.
■ (sozialer K.) Interessengegensatz und daraus folgende Auseinandersetzungen verschiedener Intensität und Gewaltsamkeit zw. Personen, Gruppen, Organisationen, Gesellschaften, Staaten, Staatengruppen. Inhalt von K. sind Differenzen über Werte, Lebensziele, Status-, Macht- oder Verteilungsverhältnisse. Über die Entstehung von K. konkurrieren verschiedene Theorien: Die biologisch orientierte Verhaltensforschung geht von der Annahme nichtvariabler biolog. Grundtriebe beim Menschen aus, postuliert ein allg. Potential von Aggression und erhebt den K. damit zu einem „natürl." sozialen Tatbestand. Sozialpsychologie und Soziologie führen K. zurück auf Gegensätzlichkeiten zw. den psych. Antrieben und Motivationen der Menschen einerseits und den [Normen]ansprüchen gesellschaftl. Ordnung andererseits oder auf Widersprüche im Gefüge der für die Menschen verbindl. Verhaltensnormen selbst (sozialstruktureller Konflikt). Vom Marxismus werden die K. auf die Eigentumsverhältnisse zurückgeführt."

„Mobbing" läßt sich daher beispielsweise ohne weiteres als Coping-Strategie, d. h. als Strategie zur Konflikt-Bewältigung einordnen.

Was ein „Konflikt" ist, weiß gefühlsmäßig jeder. Wer sich damit nicht zufriedengeben will, der kann z. B. im Konversationslexikon nachlesen (MEYERS GROSSES TASCHENLEXIKON, 1992, Bd. 12, S. 89 f., s. vorige Seite).

Mit solchen Konflikten kann man auf unterschiedliche Weise umgehen. In der folgenden Tabelle sind fundamentale Coping-Strategien zusammengestellt, die dann in der praktischen Umsetzung durch die Konfliktpartner mannigfache Variationen erfahren können.

Im wesentlichen geht es Mobbern aber weniger darum, die wahren Konflikturschen herauszufinden, um diese dann im Hinblick auf eine alle Beteiligten befriedigende Lösung zu beseitigen. Es scheint ihnen vielmehr vor allem darauf anzukommen, die eigenen Interessen mit allen, notfalls auch „unlauteren" Mitteln durchzusetzen. Dabei versuchen sie, nach Möglichkeit die Solidarisierung anderer mit ihrem (eventuell dafür vorgetäuschten „honorigen") Anliegen zu erreichen. Dem Konfliktpartner bzw. dem von ihnen ausgewählten Konfliktgegner wollen sie die alleinige Schuld am Konflikt selbstunkritisch zuschieben, um dadurch die Grundlage zu schaffen und nach Möglichkeit sogar noch eine „moralische" Berechtigung abzuleiten, diesen aus der sozialen Gemeinschaft (d. h. hier: von seinem Arbeitsplatz) zu vertreiben.

Tab. 4 Coping-Strategien zur Konfliktbewältigung

passive Strategien (Die Erledigung des Konflikts ohne eigenes Eingreifen abwarten.)	**aktive Strategien** (Selbst aktiv zur Konfliktlösung beitragen.)
Lösung durch die Umstände erwarten – Erwarten, daß sich der Konflikt als Mißverständnis herausstellt und gar nichts unternommen werden muß. – Den Tod des Konfliktgegners und damit die Lösung des Konflikts abwarten.	**Problemorientierte Strategien** – Problemursachen systematisch eruieren und beseitigen. – Sachgerechte Kompromißlösungen erarbeiten (so daß alle gewinnen bzw. Nutzen haben; nach BERNE 1981 bzw. HARRIS 1982).
Erwartung der Konfliktlösung durch andere – Erwartung, daß andere den Konflikt durch Einsicht lösen. – Erwartung, daß Gegner von anderen (z. B. durch Wahlen) abgelöst werden. – Erwartung, daß Gegner durch andere notfalls mit Gewalt beseitigt werden.	**Selbstdurchsetzungs-Strategien** – Kooperative, kompromißbereite Durchsetzung eigener Ziele. – Autoritär-aggressives Überfahren der Gegner. – Andere fertigmachen und sie als Gegner körperlich zu vertreiben versuchen (z. B. von ihrer Arbeitsstelle).

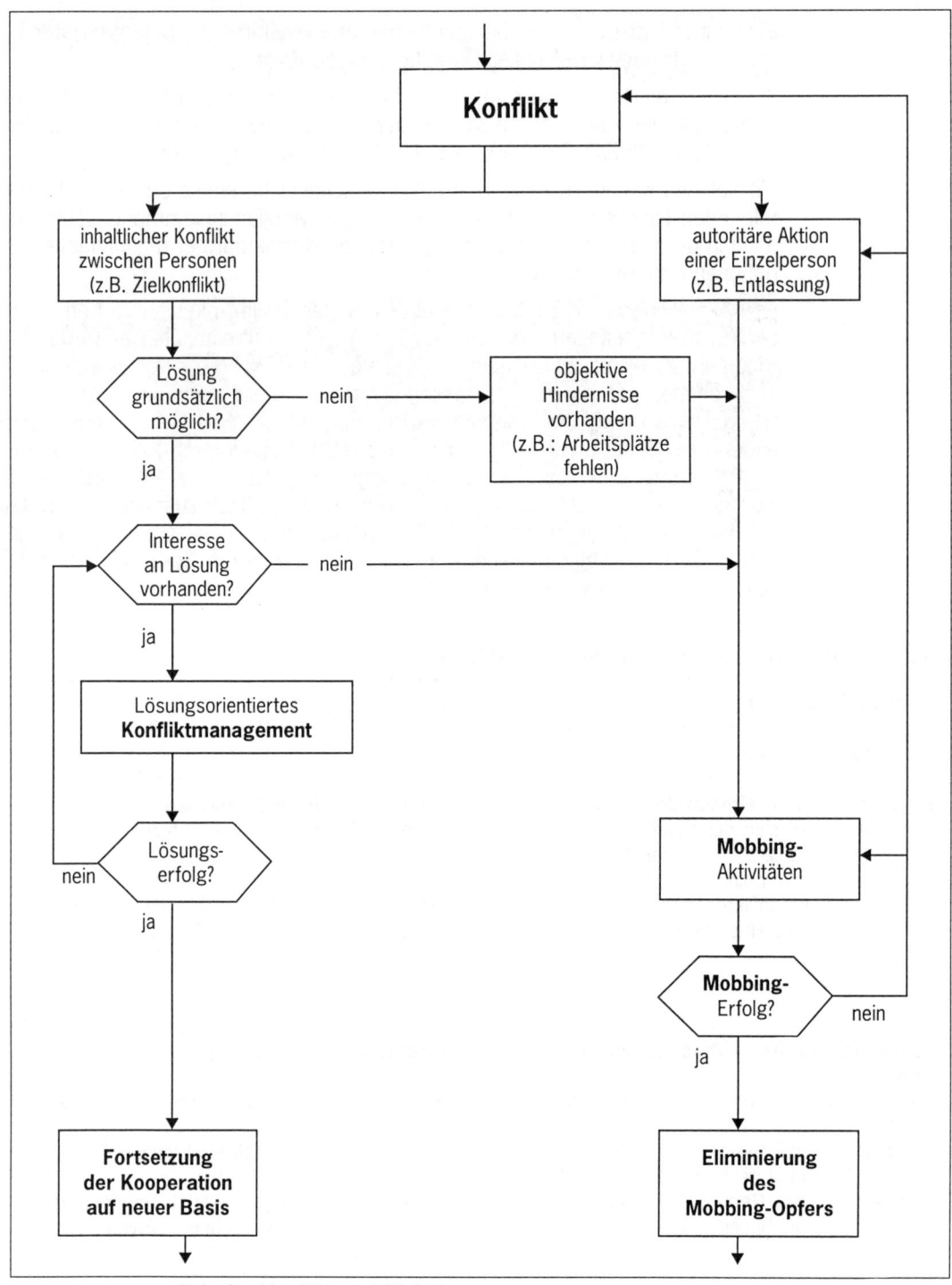

Abb. 3a Konflikt und Mobbing

Bei „Mobbing" handelt es sich demzufolge um eine aktive Selbstdurchsetzungs-strategie von Menschen bei Konflikten – die wir hier insbesondere hinsichtlich ihres Auftretens in der Arbeitswelt betrachten wollen.

Das Ablaufdiagramm „Konflikt und Mobbing" soll die Beziehung zwischen Konflikten und daraus möglicherweise entstehenden Mobbing-Aktivitäten transparent machen.

Das wesentliche Ziel eines sachgerechten Konfliktmanagements (s. linker Strang) ist auf eine Lösung des jeweiligen Konflikts gerichtet, bei der sich gegebenenfalls alle Beteiligten um eine unter den gegebenen Umständen optimale und erträgliche (Kompromiß-)Lösung bemühen.

Demgegenüber ist die Einleitung eines Konfliktes mit dem Hauptziel, den anderen zu schikanieren, zu terrorisieren und von seinem Arbeitsplatz zu vertreiben (s. rechter Strang) gerade nicht auf eine (Kompromiß-)Lösung gerichtet, um durch diese (oftmals rechtswidrige) Initiative eine neue Grundlage für eine durch den Konflikt beeinträchtigte Kooperation zu finden.

Vielmehr besteht das eigentliche Ziel in der maximalen Konflikteskalation und der absichtlichen Blockierung möglicher (Kompromiß-)Lösungen, um den anderen (das „Mobbing-Opfer") unter allen Umständen aus dem bisherigen Arbeitsbereich zu eliminieren.

Daraus ergeben sich wichtige Erkenntnisse über mögliche und zweckmäßige Ansatzpunkte von Gegenmaßnahmen, die im Kapitel 5 behandelt werden.

1.3 „Mobbing" ein Streß

Auch die Bedeutung des Begriffes „Streß" kann leicht – auf das Wesentliche konzentriert – durch einen Blick in das Konversationslexikon erschlossen werden (MEYERS GROSSES TASCHENLEXIKON, 1992, Bd. 21, S. 178):

> *„Streß* [engl., zu distress „Qual, Erschöpfung"], von H. SELYE 1936 geprägter Begriff für ein generelles Reaktionsmuster, das Tiere und Menschen als Antwort auf erhöhte Beanspruchung zeigen. Die Belastungen *(Streßfaktoren, Stressoren)* können physikal. (Kälte, Hitze, Lärm), chem. (Schadstoffe, Drogen), medizin. (Infektionen) oder psych. Art (Isolation, Prüfungen, Leistungsdruck in der Schule oder in der Berufswelt) sein. Die dadurch ausgelösten Körperreaktionen umfassen eine über den Hypothalamus im Zwischenhirn ausgelöste Überfunktion der Nebennieren (erhöter Tonus des sympath. Nervensystems, Ausschüttung von Adrenalin, Vergrößerung der Nebennierenrinde mit erhöhter Kortikosteroidproduktion) und Schrumpfung des Thymus und der Lymphknoten. Wird dabei die physiolog. Reaktionsbreite des Organismus überschritten, führen die S.faktoren zum sog. *Distreß,* der einen krankheitsbegünstigenden Wert hat; häufig entstehen Magengeschwüre, Bluthochdruck oder Herzinfarkt. Ein gewisses Maß an S. (Eustreß) ist lebensnotwendig und ungefährlich."

Einzelheiten der Streßforschung können in der einschlägigen Fachliteratur nachgelesen werden (z. B. SELYE 1974, LAZARUS 1966, GRAY 1971, NITSCH 1981, SCHWARZER 1881, GOLDBERGER & BREZNITZ 1982, VESTER 1982,

HACKER & RICHTER 1984; LAZARUS & FOLKMAN 1984, MURPHY 1984, HOB-FOLL 1988; GREIF, BAMBERG & SEMMER 1991).

In unserem Zusammenhang ist es vor allem von Bedeutung festzustellen, daß das, was von LEYMANN (1993, 1995) und anderen als „Mobbing" bzw. „psychosozialer Streß" bezeichnet wird, ein spezieller Aspekt (oder anders ausgedrückt: eine Teilmenge der Gesamtmenge) dessen ist, was durch SELYE und andere bereits als Streß im Sinne von „Distress" beschrieben und definiert worden ist.

Bei der Darstellung der Folgen von Mobbing (s. Kapitel 4) können wir uns deshalb an den Ergebnissen der Streßforschung und der im Rahmen des „Allgemeinen Adaptationssyndroms" auftretenden psychosomatischen Symptomatik orientieren.

Wir sehen im Hinblick auf Eustreß/Distreß bzw. Arbeitsbeanspruchung/Mobbing eine Parallele zwischen der normalen psychischen Beanspruchung von Menschen im Rahmen ihres Arbeits- und Soziallebens einerseits, die gesunden und belebenden „Eustreß" bewirken, und andererseits der psychischen Überlastung durch permanente Schikane im Sinne von Mobbing am Arbeitsplatz, dem gesundheitsschädlichen „Distreß".

Tab. 5 Beanspruchung und Streß

Beanspruchung	normal, gesundheitsfördernd	nicht normal, gesundheitsgefährdend
Beanspruchung durch Arbeit	Eustreß: normale Beanspruchung	Distreß: Überlastung
Psychische Beanspruchung	Eustreß: normale Beanspruchung	Distreß: Schikane am Arbeitsplatz **(Mobbing)**

Stressoren, denen Menschen grundsätzlich ausgesetzt sein können, lassen sich in folgende Gruppen ordnen:

- Umweltbelastungen (z. B. Lärm, Staub, Strahlung, Kälte)
- Aufgabenbezogene Stressoren (z. B. Zeitdruck, Aufgabenschwierigkeit)
- Organisatorische Stressoren (z. B. Betriebshierarchie, Arbeitsorganisation)
- Soziale Stressoren
  - Mehr oder weniger sporadisch auftretende **alltägliche Ärgernisse und Konflikte**
  - Systematisch über einen längeren Zeitraum sich erstreckende **zielgerichtete Schikanen** (d. h. **Mobbing**).

1.4 Mobbing als Straftatbestand _____

Wenn es sich beim „Mobbing" um vorsätzliche Attacken von Mobbern gegen Mitmenschen am Arbeitsplatz handelt, die zu gesundheitlichen Schäden führen, wie z. B. psychosomatischen Erkrankungen, dann ist die Betrachtung dieses Sachverhalts im Hinblick auf die mögliche strafrechtliche Relevanz naheliegend.

Jeder Staatsbürger hat nach dem „Grundgesetz für die Bundesrepublik Deutschland" Grundrechte, die ihn – in Verbindung mit den u. a. im Strafgesetzbuch getroffenen Regelungen – schützen sollen. Dazu zählen insbesondere:

Tab. 6 Anti-Mobbing-Grundlagen im Grundgesetz

„Artikel 1
(1) Die Würde des Menschen ist unantastbar. Sie zu achten und zu schützen ist Verpflichtung aller staatlichen Gewalt. Das Deutsche Volk bekennt sich darum zu unverletzlichen und unveräußerlichen Menschenrechten als Grundlage jeder menschlichen Gemeinschaft, des Friedens und der Gerechtigkeit in der Welt. . . .

*Artikel 2
(1) Jeder hat das Recht auf die freie Entfaltung seiner Persönlichkeit, soweit er nicht die Rechte anderer verletzt und nicht gegen die verfassungsmäßige Ordnung oder das Sittengesetz verstößt.
(2) Jeder hat das Recht auf Leben und körperliche Unversehrtheit. Die Freiheit der Person ist unverletzlich. . . .*

*Artikel 3
(1) Alle Menschen sind vor dem Gesetz gleich.
(2) Männer und Frauen sind gleichberechtigt.
(3) Niemand darf wegen seines Geschlechts, seiner Abstammung, seiner Rasse, seiner Sprache, seiner Heimat und Herkunft, seines Glaubens, seiner religiösen oder politischen Anschauungen benachteiligt oder bevorzugt werden."*

Wenn Mobber bei ihren Attacken gegen Mitmenschen deren geschützte Grundrechte verletzen, machen sie sich grundsätzlich strafbar. Ob sie jedoch im konkreten Einzelfall nach den Vorschriften des Strafgesetzbuches dafür verurteilt und bestraft werden, hängt vor allem davon ab, ob die Straftaten den Strafverfolgungsbehörden (d. h. Staatsanwaltschaft und Polizei) bekannt werden.

Insbesondere schwere Rechtsverletzungen, wie z. B. Mord, werden den Strafverfolgungsbehörden erfahrungsgemäß leichter bekannt als weniger gravierende, wie z. B. Beleidigungen. Deshalb kommt es auch bei schweren Delikten schneller bzw. öfter zur öffentlichen Anklage, insbesondere weil die Staatsanwaltschaft in solchen Fällen bei Bekanntwerden zur selbständigen Ermittlung des Tatbestands verpflichtet ist. Demgegenüber tritt sie bei leichteren Delikten – wie dies im Gesetz jeweils festgelegt ist – nur auf Antrag in Aktion.

Deshalb kann es im Interesse von Mobbing-Opfern liegen, rechtzeitig zu prüfen – und dafür gegebenenfalls justiziables Beweismaterial zu beschaffen –, ob sie sich gegen allzu dreiste Mobbing-Täter durch einen entsprechenden Strafantrag zur Wehr setzen können. Erfahrene Rechtsanwälte werden ihnen dabei gern behilflich sein.

Wenn das Mobbing-Opfer selbst prüfen will, ob und in welchem Maße die Mobbing-Aktivitäten seines Peinigers Straftatbestände erfüllen, kann es sich an den im Strafgesetzbuch (StGB) aufgeführten Tatbeständen schon zumindest etwas vororientieren, bevor es sich mit einem Auftrag zur Strafverfolgung an seinen Rechtsbeistand wendet. Einige Anhalspunkte dafür gibt die folgende Tabelle:

Tab. 7 Mobbing-Aktivitäten als Straftatbestände	
Tatbestand	§§ des StGB
Amt: Straftaten im Amt	331 ff.
– Vorteilsannahme	331
– Bestechlichkeit	332
– Vorteilsgewährung	333
– Bestechung	334
– Unterlassung der Diensthandlung	335
– Rechtsbeugung	336
– Körperverletzung im Amt	340
– Aussageerpressung	343
– Verfolgung Unschuldiger	344
– Falschbeurkundung im Amt	348
– Verletzung des Post- und Fernmeldegeheimnisses	354
– Verleitung eines Untergebenen zu einer Straftat	357
Bedrohung	241
Begünstigung	257
Beleidigung	
– Beleidigung	185
– Üble Nachrede	186
– Verleumdung	187
– Üble Nachrede und Verleumdung gegen Personen des politischen Lebens	187 a
– Verunglimpfung des Andenkens Verstorbener	189
Betrug und Untreue	263 ff.

Tab. 7 Fortsetzung

Diebstahl

– Diebstahl	242
– Besonders schwerer Fall des Diebstahls	243
– Diebstahl mit Waffen; Bandendiebstahl	244
– Haus- und Familiendiebstahl	247
– Diebstahl und Unterschlagung geringwertiger Sachen	248 a
– Unbefugter Gebrauch eines Kraftfahrzeugs	248 b

Erpressung

– Erpressung	253
– Räuberische Erpressung	255

Freiheitsberaubung

– Freiheitsberaubung	239
– erpresserischer Menschenraub	239 a
– Geiselnahme	239 b

Gemeingefährliche Straftaten — 306 ff.

– Schwere Brandstiftung	306
– Herbeiführen einer Sprengstoffexplosion	311
– Gefährliche Eingriffe in den Bahn-, Schiffs- und Luftverkehr	315
– Gefährliche Eingriffe in den Straßenverkehr	315 b
– Räuberischer Angriff auf Kraftfahrer	316 a
– Störung öffentlicher Betriebe	316 b
– Beschädigung wichtiger Anlagen	318
– Gemeingefährliche Vergiftung	319

Körperverletzung

– vorsätzliche K.	223
– gefährliche K.	223 a
– Mißhandlung von Schutzbefohlenen	223 b
– beabsichtigte schwere K.	225
– fahrlässige K.	230
– K. mit Todesfolge	226

Mord

– Merkmale	211
– Androhung	126 I Nr. 2
– Brandstiftung in Mordabsicht	307

Nötigung — 240

Politische Verdächtigung — 241 a

Raub

– Raub	249
– schwerer Raub	250
– Raub mit Todesfolge	251
– Räuberischer Diebstahl	252

Sachbeschädigung — 303 ff.

Urkundenfälschung — 267 ff.

Diese Auswahl der im Strafgesetzbuch aufgeführten strafbaren Handlungen zeigt die mögliche Bandbreite für Mobber, sich durch Mobbing-Aktivitäten strafbar zu machen und gegebenenfalls auch dafür zur Rechenschaft gezogen zu werden.

Erfahrungsgemäß kommen diese Straftaten beim Mobbing am Arbeitsplatz, im Privatleben und in der Freizeitgestaltung (z. B. Vereinsleben) sowie bei politischen Auseinandersetzungen nicht mit gleicher Häufigkeit und Intensität vor.

Für Mobbing in der Arbeitswelt dürfte aber gelten, daß beispielsweise Bedrohungen, Beleidigungen (einschließlich übler Nachrede, Verleumdung, Verunglimpfung), Erpressungen sowie Nötigungen und Verdächtigungen und nicht zuletzt auch Körperverletzungen (vor allem psychosomatische Schädigung) gewissermaßen zur Schikane-Grundausstattung von Mobbern gehören.

Wie die Erfahrung zeigt, erfolgen derartige Straftaten und auch Vertragsverletzungen sowie Vertragsbrüche keineswegs in allen Fällen unabsichtlich (gewissermaßen als ungewollt bedauerliches Fehlverhalten), sondern oftmals ganz gezielt durch Führungskräfte im Sinne von „Personalmanagement by Mobbing“. In solchen Fällen werden Vertragsverletzungen und Rechtsverstöße absichtlich mit der strategischen Zielsetzung geplant, andere Führungskräfte oder Mitarbeiter/innen aus dem Unternehmen herauszumobben, die man sonst bei Einhaltung der vertraglichen Verpflichtungen und des allgemeinen (Arbeits-)Rechtsrahmens nicht mehr loswerden könnte.

Gemeingefährliche Straftaten (wie z. B. Brandstiftung, Sprengstoffanschläge, Beschädigung wichtiger Anlagen) sowie Sachbeschädigung, Körperverletzung und Mordversuche sind demgegenüber verstärkt bei Konflikten mit Ausländern (und „Asylanten“), aber auch in politischen und wirtschaftlichen Auseinandersetzungen zu beobachten.

Wie weit das Spektrum von „noch gesellschaftsfähigen“ bis zu „strafbaren“ oder gar „extrem abscheulichen“ Mobbing-Handlungen reichen kann, zeigt Abbildung 4, die sowohl die Arbeitswelt als auch den Privat- und Freizeitbereich einbezieht.

Mancher Leser wird vielleicht die eine oder andere Mobbing-Handlung anders gewichten, als ich es in dieser Tabelle getan habe. Einige werden wahrscheinlich auch aus eigener Erfahrung noch an den entsprechenden Stellen der Skala weitere Mobbing-Handlungen einfügen wollen. Dagegen ist nichts einzuwenden.

Wichtig ist mir an dieser Stelle vor allem zu zeigen, daß Mobbing bereits bei zunächst für den Betroffenen noch unmerklichen Verhaltensweisen der Mobbing-Täter anfangen kann, um dann – je nach situativen Rahmenbedingungen und „krimineller Mobbing-Potenz“ der Täter – unter Umständen bis zu den im oberen Bereich der Skala aufgeführten strafbaren und z. T. sogar besonders abscheulichen Mobbing-Handlungen zu eskalieren.

„extrem abscheulich"	– den anderen (z. B. persönliche, berufliche oder politische Gegner) **töten** (erstechen, erschießen, vergiften, durch Bomben umbringen etc.; Genozid) – den anderen **körperlich attackieren** (schlagen, foltern, verletzen, vergewaltigen, verstümmeln etc.) – das Opfer **ausweisen** (z. B. ethnische Säuberung) – die **Familie des anderen schädigen** – Arbeitnehmer **abmahnen, versetzen, kündigen** – den anderen in seiner **Bewegungsfreiheit einengen** (das Opfer einsperren im Zimmer, Lager, Gefängnis) – den anderen an seinem **Vermögen schädigen** (Eigentum stehlen, beschädigen, zerstören) – den anderen **bedrohen, nötigen, erpressen** (psychiatrische Untersuchung des anderen auf seinen Geisteszustand betreiben; Androhung körperlicher Gewalt; psychisch unter Druck setzen) – den anderen **zu gesundheitsschädlichen Arbeiten zwingen** (z. B. Zwangsarbeit) – den anderen **persönlich belästigen** (z. B. sexuell) – den anderen **sozial isolieren** (räumlich entfernen, von Informationen abschneiden etc.) – dem anderen **Angst machen** („Strafen" bzw. negative Folgen androhen) – dem anderen die **Arbeitsfreude nehmen** (durch Versetzung, Zuteilung unbefriedigender Arbeiten, Unter- oder Überforderung, Auferlegen von „Strafarbeiten" etc.) – den anderen **diffamieren** (verleumden, verdächtigen, böse Gerüchte verbreiten) – den anderen **kompromittieren** (lächerlich machen) – den anderen **ungerecht kritisieren** (z. B. bezüglich seiner „schlechten" Arbeitsleistung oder des Sozialverhaltens laufend ermahnen) – **abwertende Blicke und Gesten**
„noch gesellschaftsfähig"	– den anderen durch **„Nichtbeachtung"** strafen (z. B. freundlich „wie Luft" behandeln) – Vorhandensein unbewußter **Antipathiegefühle**

Abb. 4 Spektrum von Mobbing-Handlungen

> Ist der Mobber ein Verbrecher,
> fürchte er mit Recht den Rächer!

2 URSACHEN VON MOBBING: SYSTEMKOMPONENTEN _____

2.1 Die Situation am Arbeitsplatz bei der Einstellung _____

Manchmal herrscht am Arbeitsplatz ein ausgesprochen gutes Arbeitsklima, und alle sind zufrieden. An Mobbing denkt überhaupt keiner.

Aber eines Tages ist es plötzlich mit dem ganzen Frieden vorbei: Mobbing-Täter schikanieren Mobbing-Opfer.

Wie kann es dazu kommen?

Klar ist, daß sich gegenüber der früheren Situation irgendetwas geändert haben muß. Denn hätte sich nichts geändert, wäre der bislang herrschende Betriebsfrieden ja erhalten geblieben.

Die folgenden beiden Tabellen zeigen einerseits aus der Arbeitnehmerperspektive und andererseits aus der Perspektive des Unternehmens einige Möglichkeiten auf, wie Veränderungen beim Personal, der Art der Tätigkeit und der Betriebsorganisation zu Problemen und Konflikten führen können, deren Lösung einige Beteiligte dann nicht sachgerecht, sondern durch Mobbing zu bewältigen versuchen.

Gehen wir davon aus, daß bei der Einstellung eines neuen Mitarbeiters bzw. einer neuen Mitarbeiterin bereits ein Arbeitsteam vorhanden ist, in das der bzw. die Neue integriert wird. Wenn diese nach Auffassung der Einstellenden über die erforderlichen fachlichen und persönlichen Qualifikationen verfügen, dann ist mit den in Tabelle 8 aufgeführten Dispositionen für die Erhaltung der vorhandenen Stabilität bzw. für das Entstehen von Konflikten mit der Gefahr von Mobbing-Aktivitäten zu rechnen.

Tabelle 8 zeigt verschiedene mögliche Qualifikationszustände, die insbesondere bei Fehleinschätzungen durch den Neuling selbst oder durch die bereits am Arbeitsplatz tätigen Mitarbeiter bzw. deren Vorgesetzte zu Konflikten führen und dadurch Mobbing-Aktivitäten Vorschub leisten können.

Entscheidend ist dabei auch, in welchem Maße durch die Neulinge deren eigene Erwartungen und Zielsetzungen sowie diejenigen der bereits im Unternehmen Tätigen unter den gegebenen Bedingungen erfüllt oder enttäuscht werden.

Nichterfüllung bedeutet erfahrungsgemäß Konflikt. Die Konflikte können dann entweder sachgerecht gelöst werden oder aber ungelöst das Arbeitsklima permanent belasten. Meistens versuchen die verschiedenen Beteiligten in solchen Fällen, für ihre eigene Interessenlage – auch auf Kosten anderer – das bestmögliche Arrangement zu erkämpfen. Dabei schrecken sie notfalls vor Mobbing-Aktivitäten nicht zurück.

Tab. 8 Mögliche Dispositionen für Stabilität bzw. Konflikte aus der Perspektive des neu Eingestellten

Qualifikation	Ist tatsächlich vorhanden	Ist bloß vorgetäuscht	Ändert sich im Laufe der Zeit
Persönliche Qualifikation des Neulings (Teamfähigkeit)	trifft zu/ trifft nicht zu	trifft zu/ trifft nicht zu	ändert sich/ bleibt konstant
Fachliche Qualifikation des Neulings	trifft zu/ trifft nicht zu	trifft zu/ trifft nicht zu	ändert sich/ bleibt konstant

Wenn der Neuling in ein Unternehmen eintritt, findet er dort bereits bestimmte Bedingungen vor – bezüglich Arbeitsteam, Arbeitsaufgabe und Betriebsorganisation. Schätzt er diese richtig ein, geht er von zutreffenden Voraussetzungen mit geringem Konflikt-Risiko aus. Schätzt er die Situation aber infolge unzureichender Information von der Unternehmensseite oder aufgrund eigener Vorurteile falsch ein, dann ist die Gefahr groß, daß sich dies alsbald nachteilig dadurch manifestiert, daß er nämlich bei der alltäglichen Arbeit auf unvorhergesehene Schwierigkeiten stößt.

Manche versuchen, diese Konflikte sachgerecht, andere wieder egoistisch und auf Kosten anderer – beispielsweise durch Mobbing – zu lösen. Möglich ist natürlich auch, daß die Alteingesessenen aus der Fehleinschätzung des Neulings noch vor diesem Konsequenzen ziehen und versuchen – gegebenenfalls durch Mobbing –, ihn nach ihrem Geschmack umzuziehen oder möglichst schnell wieder loszuwerden.

In der folgenden Tabelle sind die kritischen Situationen erfaßt:

**Tab. 9 Mögliche Dispositionen für Stabilität bzw. Konflikte
aus der Perspektive von Team, Tätigkeit und Organisation**

	Ist der Sachlage angemessen	Ist der Sachlage nicht angemessen	Ändert sich im Laufe der Zeit
Arbeitsteam (Toleranz- bereitschaft, Kollegialität, Arbeitsstil etc.)	trifft zu/ trifft nicht zu	trifft zu/ trifft nicht zu	ändert sich/ bleibt konstant
Tätigkeit (Arbeitsaufgaben)	trifft zu/ trifft nicht zu	trifft zu/ trifft nicht zu	ändert sich/ bleibt konstant
Organisation des Unternehmens (z. B. Hierarchie)	trifft zu/ trifft nicht zu	trifft zu/ trifft nicht zu	ändert sich/ bleibt konstant

2.2 Die Bedeutung der Systemkomponenten

Oft wird Mobbing von den beteiligten Tätern ebensowenig erkannt wie von den Opfern oder der Umgebung. Das Phänomen „Mobbing" ist entweder gar nicht bekannt, oder es wird in dem vorhandenen Interaktionsrahmen einfach nicht für möglich gehalten.

Dies zeigt, daß **Mobbing nicht in jedem Fall absichtlich** erfolgt, um jemanden in Schwierigkeiten zu bringen oder zu schädigen. Es geschieht vielmehr auch unabsichtlich im Rahmen der Selbsterhaltung oder der für normal gehaltenen Selbstdurchsetzung einzelner Personen in Unternehmen und in Arbeitsteams.

Abzugrenzen davon ist der **Mobbing-Vorsatz.** In diesem Fall überlegt sich jemand eine Schikane-Strategie, um damit gegen die berechtigten Interessen anderer (vielleicht sogar höchst fragwürdige) persönliche eigene Ziele durchzusetzen.

Abzugrenzen davon sind **krankhafte Mobbing-Antriebe**. In diesen Fällen können die Mobbing-Aktivitäten vom Täter nicht mehr willentlich beherrscht werden, sondern sie vollziehen sich gewissermaßen automatisch wie eine Zwangshandlung („Mobben als Sucht").

Wie wir bereits im Mobbing-Prozeß-Modell (Abb. 2) gesehen haben, darf sich die Mobbing-Analyse jedoch nicht nur auf den/die Täter beschränken, sondern sie muß auch das Mobbing-Opfer einbeziehen. Denn ein Täter benötigt für den Erfolg seiner Mobbing-Aktivitäten Menschen als Opfer. Mobbing ohne Opfer würde völlig ins Leere gehen.

Diese Problemstellung erinnert mich an die sinnige Sentenz:

Stellt Euch vor: Es ist Krieg, und keiner geht hin !

Analog dazu könnte man formulieren:

Stellt Euch vor: Jemand mobbt, aber kein Opfer ist da !

Deshalb muß bei der Analyse der Mobbing-Ursachen das gesamten Interaktionssystems am Arbeitsplatz betrachtet werden, in dem Mobbing überhaupt möglich ist und erfolgreich praktiziert werden kann. Dazu gehören als wesentliche Komponenten:

Tab. 10 Komponenten des Interaktionssystems am Arbeitsplatz

- Mobbing-Täter
- Mobbing-Opfer
- gesellschaftliche Rahmenbedingungen
  - Arbeitsbedingungen (Arbeits- und Betriebsorganisation)
  - Rechtssystem (z. B. Arbeits-, Zivil- und Strafrecht)
  - soziale Normen (religiöse, ethische Überzeugungen und Werthaltungen)

Manche Mobber
erkennt man am freundlichen Lächeln

2.3 Ursachen im Mobbing-Täter _____

Weshalb mobbt der Täter?

Die sachgerechte Beantwortung dieser Frage ist nach meiner Überzeugung die ausschlaggebende Voraussetzung dafür, geeignete Maßnahmen gegen Mobbing-Aktivitäten einleiten zu können.

Etwas pointierter formuliert lautet die „Gretchenfrage" zur Klärung der Mobbing-Ursachen im konkreten Einzelfall letztlich:

> **Weshalb mobbt dieser Mobbing-Täter**
> **gerade dieses Mobbing-Opfer**
> **mit genau dieser Mobbing-Methode**
> **zu eben diesem Zeitpunkt?**

Um das herauszufinden, müssen wir erst einmal die Handlungs-Antriebe bzw. - Motive des Mobbing-Täters erkennen. Sie bestehen erfahrungsgemäß, wie in anderen Lebenssituationen auch, im wesentlichen einerseits aus erfolgsorientierten, positiven Zielsetzungen und andererseits aus Ängsten vor Versagen, vor dem Erleiden von Verlusten, Schäden etc.

In den folgenden Tabellen sind – verständlicherweise ohne Anspruch auf Vollständigkeit – einige Beispiele zusammengestellt, um Ihnen die weiterführende Denkrichtung zu verdeutlichen. Wenn Sie sich in Ihrem eigenen Lebens- und Erfahrungsbereich etwas genauer umsehen, werden Sie diese Beispiele vermutlich leicht durch weitere ergänzen können.

Tab. 11 Mobbing-Motive: mögliche Ziele von Mobbing-Tätern

Möglicherweise von Mobbing-Tätern angestrebte Ziele (und dabei beschrittene Wege):

Mögliche Ziele von Führungskräften in bezug auf Mitarbeiter/innen:

- Mitarbeiter/innen disziplinieren und gefügig machen.
- Freude an der Machtausübung haben.
- Sich autoritär gegen andere Interessen durchsetzen.
- Anderen Informationen vorenthalten, um Informationsvorsprung zu behalten oder zu erreichen.
- Durch arrogantes Auftreten wichtig erscheinen wollen.
- Durch ständiges Kritisieren und Befehlen die eigene Kompetenz demonstrieren wollen.
- Bestrafung von Mitarbeitern durch Nichtbeachtung mit pädagogischen Absichten (d. h. als Strafe für Fehlverhalten).
- Ausschluß von Mitarbeitern von betriebsüblichen Privilegien als Strafmaßnahme, um sie zu „Wohlverhalten" zu nötigen.
- „Abwimmeln" von Mitarbeitern wegen Arbeitsüberlastung.
- Isolierung von Mitarbeitern, um diesen das Intrigieren zu erschweren.
- Erschwerung der Arbeit durch kostensenkende Maßnahmen, ohne explizite Schikane-Absicht.
- Maximale Ausnutzung der Arbeitskraft von Arbeitnehmern zur Profitoptimierung (z. B. durch den ständigen Hinweis darauf, daß die Abteilung nicht kostendeckend arbeite), jedoch ohne bewußte Schikane-Absicht.

Tab. 11 Fortsetzung

- Mitarbeiter von ihrem Arbeitsplatz wegekeln (aus Antipathie, wegen mangelhafter Leistung oder zur Personaleinsparung aus Kostengründen).
- Überlastung von Mitarbeitern zur eigenen Entlastung und persönlichen Bequemlichkeit.
- Sich am Ärger und an der Wut anderer ergötzen (Sadismus).
- Schikane von Mitarbeitern aus Rache für tatsächlich oder vermeintlich von diesen verursachten Ärger.
- Mitarbeiter hinausekeln, um deren attraktiven Posten Freunden oder Verwandten zuzuschieben und diese finanziell abzusichern.
- Mitarbeiter von wichtigen Positionen entfernen, um sie mit persönlichen Freunden oder Familienmitgliedern zur Stärkung der eigenen Machtposition zu besetzen.
- Die Macht der eigenen Stellung gegenüber Abhängigen zu sexuellen Übergriffen nutzen.

Mögliche Ziele von Mitarbeitern/Mitarbeiterinnen in bezug auf andere Mitarbeiter/innen:

- Kolleginnen/Kollegen wichtige Informationen vorenthalten, um durch diesen Informationsvorsprung den eigenen Arbeitsplatz zu sichern.
- Durch schlechtes Reden über bestimmte Mitarbeiter deren Intrigen entgegenzutreten versuchen.
- Attacken gegen andere Mitarbeiter aus Rache für tatsächlich oder vermeintlich von diesen verursachten eigenen Ärger.
- Attacken gegen Mitbewerber/innen um die Gunst des Chefs/der Chefin, die als vermögende Heiratskandidaten ins Auge gefaßt werden.
- Ärgerliche Reaktionen gegen „Drückeberger", deren Arbeit andere dann zwangsläufig miterledigen müssen.
- Attacken gegen Akkord-Verderber.
- Neutralisations-Aktionen gegen ungerechtfertigt bevorzugte „Günstlinge".
- Ablehnung anderer Mitarbeiter/innen aus objektiven Gründen (z. B. wegen mangelhafter Körperpflege: „der/die stinkt").
- Attacken gegen Ausländer infolge negativer Erfahrungen oder sachlich unbegründeter Vorurteile.
- Verweigerung der Kooperation mit Mitarbeitern, die bekanntermaßen Aufträge zu umständlich oder verzögert bearbeiten und dadurch die Arbeitseffizienz anderer beeinträchtigen.
- Umgehung der Kooperation mit Mitarbeitern, die Aufträge erfahrungsgemäß schlampig und fehlerhaft erledigen und die dadurch Probleme bei der Projektabwicklung insgesamt verursachen.

Mögliche Ziele von Mitarbeitern/Mitarbeiterinnen (ggf. auch Führungskräften) in bezug auf (andere) Führungskräfte:

- Mißliebige Führungskräfte diskreditieren, um ihre Ersetzung durch angenehmere Führungskräfte zu bewirken.
- Führungskräfte durch irgendwelche Attacken beschäftigen, um sie von für den Mitarbeiter unangenehmen Aufsichtspflichten abzulenken.
- Führungskräfte unter Druck setzen, um sie für die Durchsetzung eigener Ziele bereitwilliger zu machen (zu nötigen).
- Führungskräfte demonstrativ nicht beachten, um auf sich selbst und ein eventuelles Problem aufmerksam zu machen.
- Führungskräften so viel Ärger machen, daß sie selbst kündigen.
- Führungskräften möglichst viel Ärger verursachen, damit sie dem Mitarbeiter kündigen (damit er Arbeitslosengeld in Anspruch nehmen kann) oder damit sie ihn vorzeitig mit einer guten Abfindung in Pension schicken.
- Führungskräfte einer höheren Hierarchiestufe in Mißkredit bringen, um dann selbst ihre Stellung einnehmen zu können.

Tab. 11 Fortsetzung

- Führungskräfte aus wichtigen Positionen entfernen, um sie mit persönlichen Freunden oder Familienmitgliedern zur Stärkung der eigenen Machtposition im Unternehmen zu besetzen.
- Führungskräfte finanziell unter Druck setzen (z.B. durch Vorhalten angeblich erwirtschafteter „roter Zahlen"), um sie besser für zweifelhafte eigene Ziele manipulieren zu können.

Die Übersicht zeigt, daß alle im Gesamtsystem mitwirkenden Menschen, in welcher Hierarchieposition auch immer sie tätig sein mögen, sehr unterschiedliche Ziele mit ihren Handlungen verfolgen können. Diese können auch dann objektiv den Tatbestand der Schikane oder des Mobbing darstellen, wenn sie gar nicht absichtlich erfolgen.

Wir werden deshalb weiter unten bei der Besprechung von geeigneten Maßnahmen zur Vorbeugung gegen Mobbing bzw. zur wirksamen Abwehr von Mobbing-Aktivitäten auch die in Tabelle 11 aufgeführten Ziele zu beachten haben. Sie können nämlich wesentliche Motive für den Handelnden oder – anders ausgedrückt – für seine **Handlungsantriebe** sein.

Erst wenn ich diese in einer für mich zweckmäßigen Art und Weise verändern oder gar beseitigen kann, darf ich damit rechnen, dem Mobber erfolgreich sein Handwerk zu legen.

Eine andere Gruppe von Handlungsantrieben stellen – wie bereits erwähnt – die in den folgenden Tabellen dokumentierten Ängste von Mobbern dar.

Tab. 12 Mobbing-Motive: mögliche Ängste von Mobbing-Tätern

Mögliche Ängste von Mobbing-Tätern:

Mögliche Ängste von Führungskräften in bezug auf Mitarbeiter/innen:
- Angst vor Autoritätsverlust und Machteinbuße im Unternehmen.
- Angst davor, daß ihnen Mitarbeiter „auf der Nase herumtanzen" könnten.
- Angst davor, daß sich Mitarbeiter/innen über offenkundige Schwächen der Führungskraft lustig machen und das womöglich noch für ihre Karriereentwicklung wichtigen Führungskräften zutragen.
- Angst vor der Informationsweitergabe, weil sie fürchten, durch Verlust des Wissensvorsprungs in eine existenzbedrohende Defensive zu geraten.
- Angst davor, von anderen für nicht ausreichend informiert, unfähig oder sogar dumm gehalten zu werden.
- Angst davor, daß andere den Eindruck gewinnen könnten, sie seien ihrer (Arbeits- oder Führungs-) Aufgabe nicht gewachsen.
- Angst davor, daß ihr pädagogisches Geschick zur sachgerechten Anleitung, Kontrolle und Führung der ihnen zugeordneten Mitarbeiter/innen nicht ausreicht.
- Angst davor, daß unzureichend angetriebene Mitarbeiter faulenzen.
- Angst vor Intrigen der Mitarbeiter, denen sie sich nicht gewachsen fühlen.
- Angst davor, daß ihnen die Kosten der Abteilung „über den Kopf wachsen", wenn sie nicht ganz dirigistisch und restriktiv vorgehen.
- Angst davor, daß Mitarbeiter/innen die Führungskraft aus ihrer Position verdrängen.
- Angst vor Imageverlust gegenüber Mitarbeitern und Vorgesetzten.

Tab. 12 Fortsetzung

- Sie befürchten zu intime, ggf. sogar sexuelle Ansinnen anderer, die ihnen unangenehm wären oder die Schwierigkeiten mit ihrer Familie verursachen könnten.

**Mögliche Ängste von Betroffenen
in bezug auf andere Mitarbeiter/innen:**

- Mitarbeiter/innen haben Angst davor, zugunsten anderer an einen unattraktiven Arbeitsplatz umgesetzt, abgeordnet, versetzt oder gar gekündigt zu werden.
- Sie fürchten, daß andere über sie „tratschen" und dabei unangenehme Tatsachen über sie ausplaudern oder peinliche Gerüchte in Umlauf setzen.
- Sie fürchten, daß andere ihnen ihren Arbeitsplatz streitig machen wollen.
- Sie fürchten, daß andere sie aus der Gunst des Chefs vertreiben wollen.
- Sie haben Angst, von anderen Mitarbeitern (oder Vorgesetzten) nicht ausreichend über wichtige Vorgänge informiert zu werden und dadurch Fehler zu machen.
- Sie haben Angst vor hinter ihrem Rücken gesponnenen Intrigen.
- Sie haben Angst, einen möglichen Lebenspartner an andere Interessentinnen zu verlieren.

**Mögliche Ängste von Mitarbeitern/Mitarbeiterinnen
in bezug auf Führungskräfte:**

- Angst, daß sie von Vorgesetzten wegen mangelnder Qualität Ihrer Arbeitsleistung getadelt werden.
- Angst, daß sie von Vorgesetzten zur Rechenschaft gezogen werden, weil ihre Abteilung nicht kostendeckend arbeitet.
- Angst vor Intrigen, die das Image nachhaltig schädigen oder sogar die Stellung kosten können.
- Angst davor, zu unangenehmen Arbeiten herangezogen zu werden.
- Angst vor Unter- oder Überforderung.
- Angst, die selbst gesetzten oder vorgegebenen Leistungsziele nicht zu erreichen.
- Angst vor Versetzung, Entlassung oder Frühpensionierung.
- Angst vor Entmachtung.
- Angst vor Verlust mühsam erkämpfter Privilegien.

Auch Angst vor Außenstehenden kann darüber hinaus eine Rolle spielen. So kann ein Arbeitnehmer z. B. Angst vor dem Druck von Freunden und Verwandten haben, wenn es ihm nicht gelingt, diesen im Unternehmen einen passenden Arbeitsplatz zu beschaffen.

Der Mitarbeiter oder die Führungskraft kann sich auch dem Drängen von Kameraden aus dem Sportverein etc. ausgesetzt sehen, die einen Arbeitsplatz in dem Unternehmen anstreben oder die sich einfach nur arbeits- oder einkommensmäßig verbessern wollen.

Denkbar ist es auch, daß Verbände oder politische Parteien etc. Einfluß auf die Besetzung bestimmter Schlüsselpositionen nehmen wollen und deshalb Mitarbeiter oder Führungskräfte bestimmter Unternehmen unter Druck setzen.

Mobbing-Täter werden leicht zur Fortsetzung oder gar noch zur Verstärkung ihrer grundsätzlich strafbaren Mobbing-Aktivitäten (s. Tab. 7) ermutigt, wenn ihnen dabei niemand Einhalt gebietet. Ängste der Opfer und die Furcht der bisher noch Unbeteiligten, möglicherweise auch noch in diese Sache hineingezogen und dann selbst auch Opfer zu werden, leisten der Dreistigkeit der Mobbing-Täter ebenso

Vorschub, wie (auf Autoritätshörigkeit basierender) Untertanengeist und mangelnde Zivilcourage. Wohin das führen kann, haben uns z. B. in Deutschland die Randgruppen-Stigmatisierungen im Dritten Reich und später in der DDR nachdrücklich vor Augen geführt.

Daher sollten Mobbing-Ursachen nicht nur bei Mobbing-Tätern gesucht werden, sondern auch bei Mobbing-Opfern.

Welche Signale senden mögliche Mobbing-Opfer – vor allem unbewußt – aus, die Mobbing-Täter zum Mobbing ermutigen?

2.4 Ursachen im Mobbing-Opfer

Nach den bisherigen Erkenntnissen kann zwar grundsätzlich jeder Mobbing-Opfer werden. Aber die Wahrscheinlichkeit dafür ist nicht für alle Menschen gleich. Dafür gibt es verschiedene Ursachen.

Bedauerlicherweise werden gerade die durch die umfangreiche wissenschaftliche Psychologie-Forschung erarbeiteten Ergebnisse über persönlichkeitsspezifische Verhaltensunterschiede von Mobbing-Experten bisher nicht ausreichend beachtet.

So resümiert z. B. LEYMANN (1993, S. 141 f.) seine Erkenntnisse mit der Feststellung:

> „Viele der bisher gefundenen Erkenntnisse über Mobbing lassen sich also mit Persönlichkeitstheorien nicht erklären. ... Abgesehen von diesen wissenschaftlichen Defiziten der Persönlichkeitstheorien gibt es noch ein moralisches Defizit. ...
> Im Kielwasser dieser Praxis schaukelt dann allerhand Vulgärpsychologie herum, mit der man Menschen andichtet, daß sie dank ihrer „Persönlichkeit" eben dazu prädestiniert seien, Unfälle oder Krach am Arbeitsplatz heraufzubeschwören. Ein besseres Argument, um bei Mobbingverläufen nicht helfen zu brauchen, kann man sich nicht vorstellen ...
> Was also sind, zusammenfassend gesehen, die Ursachen des Mobbing? Aufgrund klinischer arbeitsmedizinischer Erfahrungen und entsprechender Forschungsresultate betrachte ich als die hauptsächlichen Ursachen für Mobbingverläufe die schon genannten drei organisatorischen Faktoren: Organisation, Gestaltung und Leitung der Arbeit."

Mit einer derart eingeschränkten Betrachtungweise würden wir uns jedoch unnötigerweise wichtige Zugänge zur Klärung der Mobbing-Problematik und zur Entwicklung realistischer und praxisgerechter Gegenmaßnahmen verbauen.

So hat beispielsweise eine ganze Forschungsrichtung, die Viktimologie als Teilgebiet der Kriminologie, unter Beteiligung der Psychologie die besonderen Verhaltenseigenarten und die diesen zugrundeliegenden Attitüden von Opfern sehr sorgfältig analysiert und empirisch überzeugend belegt (z. B. WEIS & BORGES 1973, SCHNEIDER 1975, MIYAZAWA 1982, KAISER 1983, KAISER et al. 1985).

Wir können LEYMANN zwar bei der Feststellung folgen, daß die auf Persönlichkeitstheorien basierende Typisierung von Mobbing-Opfern kein geeignetes Verfahren darstellt, um allen psychologischen Besonderheiten des jeweiligen Individuums gerecht zu werden. Das bedeutet aber andererseits keineswegs, daß nicht potentielle Mobbing-Opfer durch ihr Verhalten (Sprachverhalten, Mimik, Gestik, Körpersprache, Wahl von Ort und Zeit öffentlichen Auftretens) im zwischenmenschlichen Kommunikationsprozeß zumindest teilweise andere Signale aussenden als Menschen mit geringerer Opfer-Affinität.

Unsere Feststellung resümiert allerdings lediglich die auch aus der Alltagserfahrung bekannte Tatsache, daß Mitmenschen allein aufgrund von wahrnehmbaren Merkmalen einer Person aus der Gesamtgruppe als Randgruppe ausgegrenzt und bei günstigen gesellschaftlichen Rahmenbedingungen auch attackiert, verfolgt und gegebenenfalls sogar getötet werden. Einige Beispiele dazu sind in der folgenden Tabelle zusammengestellt:

Tab. 13 Zur Ausgrenzung benutzbare stigmatisierende Merkmale von Personen

- Menschen mit ansteckenden Krankheiten (z. B. Aussätzige im Mittelalter; HIV-Infizierte)
- Behinderte in Rollstühlen
- Bestimmte Menschengruppen im Deutsche Dritten Reich
  (z. B. Juden, „Zigeuner", psychisch Kranke, Homosexuelle)
- Angehörige der „Intelligenz" in der ehemaligen DDR und in anderen sozialistischen Ländern
- Farbige
- „Asylanten" (d. h. Asylbewerber)
- Politisch Links- oder Rechtsradikale (z. B. Skin-heads)
- Kinder, „Kinderbanden"
- „Tattergreise"
- Autofahrer (z. B. MANTA-, BMW-, Mercedes-Fahrer)
- „Penner"
- Angehörige einer anderen Religionsgemeinschaft
- Frauen am Arbeitsplatz (speziell an „Männer-Arbeitsplätzen")

Ich will diese noch beträchtlich erweiterbare Liste nicht im einzelnen kommentieren. Erschreckend daran ist, daß anscheinend nahezu beliebige Merkmale von Einstellungen, Aussehen oder Verhalten unter bestimmten gesellschaftlichen Rahmenbedingungen ausreichen, um Menschen zu stigmatisieren, aus der Gemeinschaft auszugrenzen und zu schikanieren.

Insofern ist Schikane und Mobbing am Arbeitsplatz (leider) nichts Außergewöhnliches, sondern letztlich nur die Fokussierung des unerfreulichen Geschehens auf diesen Ort und auf die dort zusammentreffenden Personen.

Es scheint auch in der Arbeitswelt besondere Risikogruppen zu geben, deren Mitglieder mit größerer Wahrscheinlichkeit Mobbing-Opfer werden.

Weshalb werden bevorzugt Angehörige solcher Risikogruppen, daneben aber auch keineswegs sichtbar normabweichende Menschen an ihren Arbeitsplätzen gemobbt?

Was strahlen diese Menschen aus, was die Mobbing-Täter zur Attacke ermutigt?

Einige „viktimologische Anreize" sind in der folgenden Tabelle zusammengestellt. Dabei ist zu beachten, daß die dort angeführten Besonderheiten nicht automatisch dazu führen, daß die betreffenden Personen gemobbt werden. Vielmehr bedarf es dazu sowohl dafür geeigneter, innerbetrieblicher Interaktionsbedingungen als auch zumindest eines zum Mobbing bereiten Täters.

Tab. 14 Vom potentiellen Opfer ausgehende viktimologische Anreize

(1) Leistungsprobleme

- Erforderliche Kenntnisse und Fertigkeiten fehlen.
- Keine ausreichende Leistungsbereitschaft vorhanden.
- Hohe Fehlerquote bei der Arbeit infolge mangelhafter Konzentration.
- Überaktivität: verdirbt den Akkord.

- -

(2) Gestörte Persönlichkeit

- Ist arrogant gegenüber Kollegen und Vorgesetzten.
- Verhält sich distanzlos und geht dadurch anderen auf die Nerven.
- Ist nervös und unkonzentriert.
- Intrigiert gegen Kollegen und Führungskräfte.
- Verhält sich anderen gegenüber hinterhältig und gemein.
- Belügt und betrügt Arbeitskollegen und Führungskräfte.
- Bestiehlt Kollegen und/oder das Unternehmen.
- „Kriecht anderen (besonders Vorgesetzten) in den Hintern."
- Reagiert unangemessen cholerisch bei unbedeutenden Anlässen.
- Ist oft unpünktlich und unzuverlässig.
- Unterliegt starken Stimmungsschwankungen (mal freundlich, mal abweisend oder aggressiv).
- Verhält sich oft selbstunsicher und hilflos.

- -

(3) Soziale Anpassungsprobleme

- Sondert sich selbst von den Arbeitskollegen ab.
- Nimmt nicht an gemeinsamen Aktivitäten teil.
- Schüchternes Auftreten.
- Reißt die Arbeit anderer Kollegen an sich.
- Greift unerlaubt in die Kompetenzen des Vorgesetzten ein.
- Baut heimlich Fehler ein in die Arbeiten anderer Mitarbeiter bzw. fälscht Unterlagen.
- Unterschlägt Gelder.
- Hetzt Mitarbeiter gegeneinander auf.
- Hetzt Mitarbeiter gegen Führungskräfte auf.
- Diffamiert Mitarbeiter bei Führungskräften.
- Diffamiert Mitarbeiter und/oder Führungskräfte bei Betriebsfremden (z. B. Kunden).
- Hält sich nicht an die betriebsüblichen Arbeitszeiten.
- Verführt andere zu Verstößen gegen die betriebliche Ordnung.
- Enthält anderen Mitarbeitern und Führungskräften wichtige Informationen vor.

- -

(4) Auffälligkeit der äußeren Erscheinung

- Zu groß gewachsen oder kleinwüchsig.
- Zu fettleibig oder klapperdürr.
- Bucklig, mit Klumpfuß, fehlende Extremitäten oder deutlich sichtbare und störende Unfall- oder Kriegsverletzungen am Kopf.

Tab. 14 Fortsetzung

- Dunkelhäutig oder durch Gestalt, Gesichtsform, Haarfarbe deutlich als Ausländer identifizierbar (oder zu Unrecht als Ausländer eingeschätzt).
- Auffällige Fortbewegung (z. B. affektierter Gang, hinken)
- Auffällig modern oder völlig unmodern gekleidet.

- -

(5) Krankheiten

- Epilepsie mit plötzlichen Anfällen.
- Pubertäts-Akne.
- Hautausschlag (z. B. Schuppenflechte).
- Körperbehinderung (die Gehen am Stock, Sitzen im Rollstuhl erfordert).
- Alkoholismus (mit Trunkenheitsauffälligkeiten am Arbeitsplatz, häufigen Krankfehlzeiten, Führerscheinverlust).
- Drogenabhängigkeit.
- Medikamentenabhängigkeit.
- Herz-, Kreislauferkrankungen.
- Tics.
- Diabetes (mit besonderen Diätvorschriften).
- Penetranter Mund- oder Körpergeruch.

Die kritische Durchsicht der Aufstellung läßt unschwer erkennen, daß Menschen auch am Arbeitsplatz in manchen Punkten ihren Arbeitskollegen oder Vorgesetzten **konkreten Anlaß zu Ablehnung und Aggression** geben (z. B. lügen, betrügen, stehlen, intrigieren, Unpünktlichkeit, „Schwänzen", Drückebergerei, mangelhafte Arbeitsleistung, Sabotage).

Die Angehörigen dieser ersten Gruppe von Personen (1 in Abb. 5) werden mit Recht zu korrektem und sozialverträglichem Verhalten oder zum Erbringen einer vertragsgemäßen und zufriedenstellenden Arbeitsleistung ermahnt.

Abzugrenzen von dieser Gruppe ist eine zweite (2 in Abb. 5). Dies sind **Menschen, die sich nicht sozialschädlich verhalten, sondern lediglich durch ihre Gestalt, ihr Outfit, die Art ihrer Berufstätigkeit oder bestimmte Verhaltensweisen Aufmerksamkeit erregen:**

So gibt es beispielsweise eine Gruppe von Mobbing-Opfern, bei denen persongebundene Merkmale (z. B. kleinwüchsig, dunkelhäutig, Gesichtsakne, körperbehindert, Bodybuilding-Figur) vorhanden sind, die eigentlich an sich kein Ärgernis darstellen und deshalb auch keinen sachlich begründeten Anlaß für Mobbing bieten. Sie werden aber trotzdem von entsprechend disponierten Mobbern zum Mobbing-Anlaß genommen.

Dazu können auch Menschen zählen, die in einer bestimmten (z. B. „vornehmen" oder auch gerade „nicht vornehmen") Gegend wohnen oder die einer bestimmten Berufsgruppe angehören (z. B. Müllwerker, Zahnärzte, Polizisten [„Bullen"], Politiker, Lehrer). Auch bestimmte, an sich nicht anstößige Verhaltensweisen (wie z. B. langsamer Gang, leises oder lautes Sprechen, Schüchternheit, Kumpeligkeit, Alkohol-Abstinenz) können für böswillige Mobber ausreichend Ansätze für Schikane bilden.

Von diesen beiden genannten Hauptgruppen kann man noch eine dritte (3 in Abb. 5) abgrenzen: **alle diejenigen, die sozusagen „völlig normal und unauffällig" sind**. Diese dürfen sich deshalb mit Recht darüber beklagen, daß sie ohne unmittelbares eigenes Verschulden von anderen attackiert, abgelehnt – „gemobbt" werden.

Das kann z. B. Menschen treffen, die einfach nur jung, alt, männlich bzw. weiblich oder lediglich größer als der Vorsetzte sind. Dann liegen die Mobbing-Gründe nicht (in erster Linie) beim Mobbing-Opfer, sondern vielmehr beim Mobbing-Täter, der seine eigenen unberechtigten Interessen, üblen Launen, Minderwertigkeitskompexe oder sadistischen Impulse auf Kosten des von ihm auserkorenen Mobbing-Opfers befriedigen bzw. abreagieren will.

Es ist daher meines Erachtens wichtig, vor allem im Hinblick auf die Entwicklung sachgerechter Maßnahmen gegen Mobbing hier festzuhalten, daß es sich beim Mobbing nicht in jedem Fall um willkürliche und aus der Sicht des Opfers völlig unbegründete Schikane handeln muß. Vielmehr kann Mobbing auch eine methodisch und moralisch fragwürdige Aktivität von Mitarbeitern, Kollegen oder Vorgesetzten darstellen, die ein tatsächlich vorhandenes und zwar **vom Opfer verursachtes Problem** nicht auf anderem Wege und mit „manierlicheren" (Konfliktmanagement-) Methoden sachgerecht zu bewältigen vermögen.

Auszugehen ist also von folgendem Sachverhalt:

Mobbing-Opfer	Mobbing-Täter
1. Liefert berechtigten Anlaß zur Kritik	Maßnahmen gegen Fehlverhalten sind berechtigt, aber in der Form von „Mobbing" falsch gewählt. **Die wesentlichen (Teil-)Ursachen liegen beim Mobbing-Opfer.**
2. Liefert unabsichtlich Anlaß zu unberechtigter Kritik	Mobbing ist willkürliche Schikane durch den Mobbing-Täter. **Die Ursachen liegen nicht primär im Mobbing-Opfer, sondern in besonderen Empfindlichkeiten des Mobbing-Täters in Verbindung mit seinem sozialen Umfeld.**
3. Liefert keinen Anlaß zu berechtigter Kritik.	Mobbing ist willkürliche Schikane durch den Mobbing-Täter. **Die Ursachen liegen primär bei ihm und nicht beim Mobbing-Opfer.**

Abb. 5 Die Mobbing-Basis im Opfer- und Täter-Verhalten

Darauf wird im Kapitel 2.5 bei der Darstellung der aus der Ursachenanalyse zu ziehenden Konsequenzen noch genauer einzugehen sein.

2.5 Ursachen im System der Arbeitsorganisation

Im Kapitel 2.3 ist bereits ein Kernsatz der LEYMANNschen Thesen aus seiner Zusammenfassung (1993, S. 145) zitiert, den ich hier noch einmal in Erinnerung rufen möchte:

> „ ... betrachte ich als die hauptsächlichen Ursachen für Mobbingverläufe die schon genannten drei organisatorischen Faktoren: Organisation, Gestaltung und Leitung der Arbeit."

Wie wir schon gesehen haben und anhand der folgenden Beispiele noch einmal in Erinnerung rufen, sind diese Faktoren zwar nicht die einzig relevanten, aber sie sind doch auch aus meiner Sicht so bedeutsam, daß sie hier noch etwas genauer betrachtet werden sollten:

- Im Sportverein wird der Vorsitzende „rausgeekelt".
- In der Ehe wird der Partner/die Partnerin durch Aufnahme außerehelicher Beziehungen zur Scheidung gedrängt.
- In der Schule wird ein „störender" Schüler zum Verlassen der Schule gedrängt.
- Im Kindergarten wird ein schüchternes Kind von einem aggressiven so lange geärgert, bis es nicht mehr in den Kindergarten kommt.
- In der Familie wird ein „lästiges" Kind so schikaniert, daß es diese bei der erstbesten Gelegenheit verläßt.
- In der Kirchengemeinde wird einem Gemeindemitglied wegen angeblich falscher moralischer Haltung so lange zugesetzt, bis es nicht mehr zum Gottesdienst erscheint.
- In der politischen Partei wird ein Mitglied mit eigenständiger Meinung so lange unter Druck gesetzt, bis es aus der Partei ausscheidet.

Aber welches sind denn nun die spezifischen Charakteristika im Arbeitsleben?

Bei der Beantwortung dieser Frage sollte berücksichtigt werden, daß die Arbeitswelt mit ihrer Organisation, ihren Verhaltensregeln und dem rechtlichen Rahmen nicht „gottgegeben" ist, sondern daß sie von Menschen in ihrer jeweiligen Form gestaltet wurde.

Dabei haben jeweils einzelne Menschen mitgewirkt und nach Möglichkeit ihre persönlichen Interessen durchzusetzen versucht. Dementsprechend sind dann auch die Ergebnisse ausgefallen.

Aus den unterschiedlichen Interessenlagen der Beteiligten entsteht nahezu zwangsläufig Konfliktpotential.

Die erfolgreiche Änderung mobbing-freundlicher Arbeitsbedingungen wird daher nur möglich sein, wenn schon dabei die möglichen Zielsetzungen und Ängste potentieller Mobber ebenso berücksichtigt werden wie mobbing-erleichternde Persönlichkeitseigenarten und Verhaltensdispositionen der möglichen Mobbing-Opfer.

Da jedoch schon aus Prinzip nicht alle Interessenkonflikte aus der Welt geschafft werden können, wird es immer wieder neue Ansatzpunkte für Mobbing-Täter zum Mobbing geben. Ideologien, die diese Grundvoraussetzung menschlichen Interaktionsverhaltens außer acht lassen, sind zum Scheitern verurteilt.

Man wird das Mobbing-Problem sicherlich nicht grundsätzlich beseitigen können. Aber man kann sich doch zumindest darum bemühen, es zu reduzieren und es nicht auch noch durch Begünstigung mobbing-freundlicher Rahmenbedingungen jeweils weiter zu fördern und zu eskalieren.

In der folgenden Tabelle sind deshalb einige Gegebenheiten zusammengestellt, die erfahrungsgemäß in der Arbeitswelt leicht zur Entstehung bzw. Verschärfung von Interessengegensätzen der Beteiligten führen und die dadurch zu Streß und schließlich zu Mobbing-Aktivitäten als Bewältigungsstrategie ausarten können.

**Tab. 15 Rahmenbedingungen der Arbeitswelt
mit der Wirkung von Mobbing fördernden Ursachen**

	Mobbing fördernde Umstände und Regelungen
Arbeitsbedingungen	
– Profitorientierung des Unternehmens	Ausübung von Leistungsdruck zur Erfüllung der Sollvorgaben.
– Hierarchie	Umständliche Dienstwegregelungen, die schnelles und eigenverantwortliches Arbeiten erschweren.
– Betriebsstandort(e)	Zeitaufwendige und umständliche Anreise. Möglichkeiten unerwünschter Versetzungen.
– Produktion	Gesundheitsgefährdende Produktionsmethoden.
– Arbeitszeit	Die Freizeitgestaltung und das Familienleben beeinträchtigende Arbeitszeitregelungen.
– Arbeitsaufgabe	Unbefriedigende, langweilige, unter- oder überfordernde Tätigkeit.
– Arbeitsgruppe	Unfreundliche, gleichgültige, mißgünstige, intrigante Arbeitskollegen. Hohe Mitarbeiterfluktuation.
– Vorgesetzte	Unfähige, überfordernde, mißgelaunte, entscheidungsschwache, opportunistische, intrigante „Fieslinge".

Tab. 15 Fortsetzung

– Arbeitsmarkt und Wettbewerb	Großer Leistungsdruck durch starken Wettbewerb. Gefährdung des eigenen Arbeitsplatzes.

Rechtssystem

– Arbeitsvertrag	Zahlreiche Ansatzpunkte, Arbeitnehmer (z. B. wegen tatsächlichen oder angeblichen Verstoßes gegen den A.) unter Druck zu setzen.
– Betriebsvereinbarungen, Tarifverträge	Können ohne direkte Einflußmöglichkeit des betroffenen Arbeitnehmers selbst abgeschlossen oder geändert werden und ihn in Schwierigkeiten bringen.
– Kündigungsregelungen	Mit der Androhung der fristlosen oder der fristgerechten Kündigung können Arbeitnehmer diszipliniert werden.
– Betriebsrat	Problematisch, wenn der Betriebsrat seine Mitbestimmungsrechte (z. B. bei personellen Einzelmaßnahmen) nicht zuverlässig im Sinne der Arbeitnehmer wahrnimmt.
– Rentenregelung	Durch Änderung der Renten- bzw. Pensionszusagen, des Rentenalters, der ungewollten Versetzung in den vorzeitigen Ruhestand etc. kann der Arbeitnehmer in Schwierigkeiten gebracht werden.
– Krankenversicherung	Unzureichende Versicherung oder längere Krankheiten können zu finanziellen Problemen und zu Verlust des Arbeitsplatzes führen.
– Zivilrecht (Haftung)	Zivilrechtliche Haftung für mangelhafte Arbeit und Rechtsverstöße können Anreize für die Entfernung des Arbeitnehmers aus seinem Arbeitsverhältnis sein.
– Strafrecht	Straftaten und Ordnungswidrigkeiten können den Arbeitsplatz gefährden, aber auch Nötigung oder Erpressung zur Folge haben.

soziale Normen

– Religionszugehörigkeit	Mohammedaner, Buddhisten, Hindus etc. können in christlich dominierten Ländern und den dortigen Arbeitsstätten als Normabweichler Probleme bekommen. Analoges gilt z. B. für Christen in den anderen Kulturbereichen.
– Moralvorstellungen	Von der Mehrheitsauffassung abweichende Moralvorstellungen können zur Stigmatisierung und Verfolgung führen (z. B. bezüglich Empfängnisverhütung, Sterbehilfe, Verzehr von Schweinefleisch, Verhüllung/Entblößung des Körpers).
– Kulturelle Bindungen	Das Nichtbeherrschen der Landessprache durch Ausländer, Unkenntnis der Landessitten und -gebräuche können Feindseligkeiten provozieren.
– Berufsethik	Kompromißloses Beharren auf oder Ablehnen von berufsethischen Grundsätzen kann zu Konflikten führen.

Auch diese Beispiele könnten noch problemlos durch viele weitere ergänzt werden. Zeigen sollen sie, daß jeder Konflikt in der Arbeitswelt, auf welcher Ursache auch immer er beruhen möge, geeignet ist, bei anderen Menschen (hier vor allem: Mitarbeitern, Kollegen, Vorgesetzten) Ablehnung, Widerstand, Aggression und im Gefolge natürlich auch Mobbing-Aktivitäten zu provozieren.

Allerdings sollte niemand dem Trugschluß unterliegen, ein bestimmtes Verhalten bzw. eine bestimmte persönliche Eigenart eines Menschen führe sozusagen automatisch zu Mobbing-Aktivitäten des Gegenübers.

So kann beispielsweise ein dunkelhäutiger Ausländer, wenn er in eine Arbeitsgruppe von ausländerfeindlich gesonnenen Kollegen kommt, auf einhellige Ablehnung stoßen und dabei erleben, wie die ganz Gruppe versucht, ihn zu schikanieren und wieder loszuwerden. Wenn er Pech hat, sind diese beim systematischen Rausekeln so hartnäckig und konsequent, daß ihm – auch bei guten Nerven und großer Bereitschaft, manches einzustecken – letztlich keine Chance bleibt.

Gerät aber derselbe Ausländer in eine andere Arbeitsgruppe, in der weltoffene und humanitär gesonnene Arbeitskollegen problemlos arbeitswillige und kollegiale Ausländer jeder Art gern in ihr Team integrieren, findet er unter Umständen nicht nur freundliche und hilfsbereits Arbeitskollegen, sondern sogar Freunde und Anschluß im privaten Rahmen (z. B. in Familie und Vereinsleben).

Das Betriebsklima im Unternehmen, in dem sich dies alles abspielt, kann natürlich nachhaltig durch die Einstellung der Unternehmensleitung beeinflußt und geprägt werden. Vertritt diese nämlich betriebsintern – und vielleicht sogar darüber hinaus in der Öffentlichkeit – (weil der Chef z. B. politischer Mandatsträger ist) die Parole „Ausländer raus!", dann wird auch der liebenswerteste, arbeitsamste und einsatzfreudigste Ausländer kaum eine Chance bekommen, in einem solchen Unternehmen einen Arbeitsplatz zu finden oder – nach Chef-Wechsel – zu behalten.

Es kommt also bei der Gestaltung des Betriebsklimas und der daraus möglicherweise resultierenden Mobbing-Gefahr grundsätzlich auf die Einstellungen, die Zielsetzungen und das Verhalten **aller** Beteiligten an.

Wenn Mobbing-Aktivitäten am Arbeitsplatz ablaufen, könnte man vielleicht vermuten, daß auch die Ursachen dafür ausschließlich oder doch vorwiegend in der Arbeitswelt zu suchen sind.

Vielleicht wäre eine solche Betrachtungsweise aber zu oberflächlich, vielleicht müssen wir hier doch noch etwas mehr in die Tiefe gehen und auch zwischen **Mobbing-Ursachen** und **Mobbing-Anlässen** unterscheiden.

Aus der Soziologie und der sozialpsychologischen Forschung (z. B. SECORD & BACKMAN 1974, STROEBE et al. 1990) sowie aus der Differentiellen Psychologie (z. B. Zwillingsforschung; s. NEWMAN et al. 1937, ANASTASI 1963, ZAZZO 1980, AMELANG (im Druck), PAWLIK (im Druck)) wissen wir inzwischen, daß der Mensch mit Geist und Psyche nicht als „tabula rasa" auf die Welt kommt und dann erst alles, aber wirklich alles lernen muß. Wir wissen heute, daß Menschen bei ihrer Geburt bereits über ein reichhaltiges Verhaltensrepertoire verfügen. EDV-freaks werden dabei vielleicht an einen mit Software geladenen Computer denken.

Leider hat die wissenschaftliche Forschung uns bis heute noch keine hieb- und stichfesten Ergebnisse liefern können, mit denen wir das Entstehen von Verhalten und Verhaltensänderungen aus dem Zusammenspiel von genetischen Anlagen und erfahrungsabhängigen Lernprozessen zuverlässig erklären bzw. vorhersagen könnten.

Trotz der mir bewußten Problematik der Übertragbarkeit von an Tieren gewonnenen ethologischen Forschungsergebnissen (z. B. von LORENZ 1969, TINBERGEN 1956, EIBL-EIBESFELD 1969) mit ihren strittigen Thesen über genetisch angelegte Verhaltensprogramme auf menschliches Verhalten möchte ich diesen Forschungsansatz bei der Ursachenforschung in dem hier betrachteten Bereich des Mobbing-Verhaltens nicht völlig unbeachtet lassen.

Es ist meines Erachtens durchaus denkbar, daß das menschliche Verhalten – auch das Mobbing-Verhalten – nicht ausschließlich durch den „freien Willen" oder durch Lernprozesse entsteht und gesteuert wird. Es ist nicht grundsätzlich auszuschließen, daß auch ein zumindest teilweise genetisch determinierter Verhaltensrahmen existiert.

Das würde bedeuten, daß beispielsweise die Veränderung störender Verhaltensweisen (z. B. Mobbing), die einen Komplex aus genetischen Anlagen und lebensgeschichtlich gelerntem Verhalten darstellen, nicht unbegrenzt möglich ist. Bei der Auswahl und Gestaltung von Reaktionsmaßnahmen gegen Mobbing wären solche Rahmenbedingungen angemessen zu berücksichtigen.

Ein weiterer wichtiger Komplex von Verhaltensursachen, wie sie auch beim Mobbing eine Rolle spielen können, entwickelt sich im Verlaufe der kindlichen Sozialisation innerhalb der Herkunftsfamilie bzw. der Menschengruppe, in der ein Kind aufwächst.

Schon in der Familie, aber auch im Kindergarten und in der Schule erwerben Kinder Verhaltenskonzepte und adaptieren diese je nach Intelligenz und äußeren Rahmenbedingungen auf der genetischen Grundlage nach ihren Bedürfnissen.

Zu diesen übernommenen Verhaltenskonzepten gehören logischerweise auch solche von „Mobbing in der Familie". Jugendämter, Kinderpsychologen, Kindergärtnerinnen und Lehrer können über die Auswirkungen solcher Konzepte in den verschiedenen Lebensbereichen der Kinder z. T. sehr unrühmliche Erfahrungen berichten.

Erfahrungsgemäß ahmen Kinder zunächst ihre Eltern und andere Bezugspersonen als Vorbilder oder „Verhaltens-Modelle" nach. Dabei übernehmen sie auch schikanöse Aktivitäten, wenn Eltern ihre Kinder ohne für diese einsehbaren Grund schimpfen, schlagen oder sonstwie bestrafen und drangsalieren.

Wenn Kinder solche Eltern als die Starken erleben, entwickeln sie leicht aus unterdrückter Wut das Bedürfnis, auch so stark zu sein, um sich gegen die Schikane erfolgreich wehren zu können. Das Bedürfnis nach Selbsterhaltung zwingt sie zwar, Schläge, Herabwürdigungen, Nötigungen und Erpressungen in dieser Position der Schwäche zu ertragen. Aber sie lernen dabei, wie man sich anscheinend verhalten muß, um stark zu sein und sich im Leben durchzusetzen.

Mit diesem Konzept versuchen sie dann selbst, ihr Leben optimal zu gestalten und zu bewältigen.

Möglichkeiten des Schikanierens haben aber nicht nur die starken Eltern. Auch etwas clevere Kinder haben oft ziemlich schnell begriffen, wie sie ihrerseits die Eltern, von denen sie so häufig schikaniert werden, unter Druck setzen können.

Hier und bei einigen weiteren Überlegungen werden mir vermutlich manche Leser wütend widersprechen. Ich werde diesen außerordentlich wichtigen Themenbereich aber trotzdem nicht auslassen. Wut und Widerspruch entsteht nämlich oft dort, wo wir selbst gewissermaßen einen „blinden Fleck" in unserem Sehfeld haben (der entsteht bekanntlich dadurch, daß die Netzhaut im Auge dort auf einer kleinen Fläche keine Sehzellen hat, wo der Sehnerv in das Auge eintritt). Das kann entweder darauf zurückzuführen sein, daß wir etwas objektiv nicht sehen können (wie aufgrund der anatomisch/physiologischen Bedingungen beim blinden Fleck im Auge) oder daß wir es nicht sehen wollen, weil es uns unangenehm ist.

Für eine sachgerechte Analyse der Mobbing-Ursachen ist es jedoch unumgänglich, gerade solche besonders kritischen, oft nicht ausreichend beachteten und verdrängten Ursachenkomplexe einzubeziehen, da wir sonst aufgrund falscher Voraussetzungen auch zu falschen Maßnahmen gegen Mobbing kommen würden und damit letztlich erfolglos blieben.

So werden es wahrscheinlich die meisten Eltern weit von sich weisen, daß sie ihre Kinder mobben. Andererseits werden auch die nicht zu bändigenden Kinder vermutlich ihr Tun nicht als Mobbing einordnen können oder wollen – solange sie es in Familie und Freizeitgruppen erfolgreich und sozusagen „automatisch" praktizieren.

Ich kenne aus meiner eigenen psychotherapeutischen Praxis genügend genervte Eltern, die mit ihren aggressiven oder renitenten Kindern nicht mehr fertigwerden und die mit daraus resultierenden neurotischen und psychosomatischen Symptomen zur Behandlung kommen. Man könnte sich hier die Frage stellen, ob vielleicht die Eltern von ihren Kindern schikaniert werden. Ich sehe aber auch Kinder mit analogen psychischen Störungen und gravierenden Verhaltensauffälligkeiten als Folgen extremer Erziehungspraktiken.

Das könnte wiederum die Frage aufwerfen, ob die Kinder von ihren Eltern schikaniert werden. Von „Mobben" könnte man zumindest in den Fällen sprechen, wo die Kinder ihre Eltern oder die Eltern ihre Kinder aus dem Haus treiben. So erklärte mir beispielsweise ein Vater die Beziehung zu seinen drei (18–23 Jahre alten) Kindern mit der Feststellung, er habe sie alle drei „rausgeworfen", weil sie sich seinen Anordnungen nicht gefügt hätten (u. a. bei der Partnerwahl).

„Mobbing" könnte man zweifelsohne vergleichbares Verhalten am Arbeitsplatz nennen. Jedoch liegen die eigentlichen **Ursachen** nicht erst und ausschließlich in den Arbeitsbedingungen. Sie sind vielmehr schon viel früher in der individuellen lebensgeschichtlichen Entwicklung der Mobbing-Täter und -Opfer zu suchen. Der Arbeitsplatz bietet nur einen anderen Rahmen und damit zugleich wieder neue **Anlässe**, Mobbing als Mittel der Selbstdurchsetzung in der Gemeinschaft zu praktizieren.

Da also auch das menschliche Verhalten in der Arbeitswelt einerseits durch genetisch angelegte Dispositionen und andererseits durch in langen Lernprozessen erworbene Einstellungen, Kenntnisse, Fertigkeiten und Gewohnheiten mitbestimmt wird, dürfen auch bei der Analyse der Mobbing-Ursachen diese Ursachenkomplexe nicht außer acht gelassen werden.

Mobber verfolgen in der Regel vor allem das Ziel, den von ihnen erlebten Konflikt durch Entfernung des Konfliktverursachers aus ihrem Lebens- bzw. Arbeitsbereich zu beseitigen. Durch diese Bewältigungsstrategie versuchen sie, gewissermaßen ihre „Seelenruhe" wiederherzustellen und vielleicht in Ermangelung ausreichender Selbstkritik und Toleranz gegenüber anderen und andersdenkenden Menschen ihren „Dornröschenschlaf" fortzusetzen. Sie wollen gar nicht aus ihrer Erstarrung, aus der Borniertheit und Intoleranz geweckt werden. Neues irritiert, beunruhigt und ängstigt sie. Deshalb möchten sie lieber ungestört auf dem Althergebrachten (Langweiligen, Falschen) beharren und ungestört weiterschlafen.

Bestimmte Gegebenheiten in der Arbeitswelt können sich in besonderer Weise mobbing-gefährdend auf Menschen in kritischen Phasen der Berufstätigkeit auswirken. Es handelt sich dabei vor allem um Situationen, wie z. B. den Eintritt in ein Unternehmen, den Wechsel des Arbeitsplatzes oder der Position in der Betriebshierarchie, in denen die betreffenden Personen „geschwächt" sind. Ihnen fehlen noch die für effizientes Arbeiten und für die eigene Selbstbehauptung erforderlichen Kenntnisse über die Betriebsstruktur, über Arbeitsvorgänge, über die neue Arbeitsgruppe etc.

Wer hier unbedacht und unvorbereitet auftritt, sich damit gleichsam aufs Glatteis begibt bzw. – bildlich anders ausgedrückt – in das Revier eines bereits vorhandenen Platzhirsches eindringt, der hat oft mit Konflikten zu rechnen und kann leicht Mobbing-Opfer werden.

Einige Beispiele dazu sind in der folgenden Tabelle zusammengestellt:

Tab. 16 Besonders mobbing-gefährdete Arbeitnehmer

(1) Neu eintretende Mitarbeiter/innen mit mangelnder Kenntnis der Arbeitsvorgänge und der innerbetrieblichen Usancen

- Wenn sie sich zu viele Unverschämtheiten von den schon länger beschäftigen Mitarbeitern gefallen lassen, können sie schnell ein „Sündenbock-Image" bekommen, und alle hacken auf dem Neuling herum.
- Zu viel ungeschicktes Fragen kann andere ermutigen, den „Dummen" für eigene Zwecke auszunutzen.
- Wer zu forsch auftritt, kann leicht „in Fettnäpfchen treten" und dadurch andere gegen sich aufbringen.
- Wer naiverweise in Unkenntnis der relevanten Tatsachen und Empfindlichkeiten andere brüskiert, kann dadurch Antipathie, Widerstand und folglich Mobbing provozieren.

(2) Neulinge, die einer Gruppe von bereits eingearbeiteten Mitarbeitern/Mitarbeiterinnen als Führungskraft vorgesetzt werden

- Wenn sie eine neu geschaffene Position besetzen, die von den Mitarbeitern nicht für erforderlich gehalten wird, sich autoritär verhalten und nicht konziliant um Akzeptanz bemühen.

Tab. 16 Fortsetzung

- Wenn der Neuling die bislang geltenden Gruppennormen nicht respektiert und selbst verordnete neue Normen undiplomatisch durchsetzen will, kann das Widerstände hervorrufen.
- Wenn der Neuling keine ausreichende Fachkompetenz mitbringt oder umgehend erwirbt, wird er nicht ernstgenommen oder wieder rausgeekelt, wenn er die Arbeit der anderen behindert.
- Wer (vielleicht aus Unsicherheit) arrogant auftritt, bringt andere gegen sich auf und muß mit Angriffen rechnen.
- Je unfairer sich der Neuling gegenüber den Mitarbeitern verhält, desto mehr muß er mit offenen oder unterschwelligen Gegenattacken rechnen.

(3) Personen (d. h. Konkurrenten), die sich um dieselbe Position bemühen

- Wer von zwei Gleichrangigen in der Konkurrenz um eine attraktive Position unterliegt, muß mit der Rache des Unterlegenen und damit rechnen, daß dieser doch noch versuchen wird (vielleicht auf „krummen Wegen"), den Sieger zu stürzen, um dann seine Position einzunehmen.
- Wer persönlich oder fachlich einer Position nicht gewachsen ist und sie daher einem geeigneteren Konkurrenten überlassen muß, wird möglicherweise hartnäckig gegen diesen intrigieren.

(4) Personen, die kurz vor der Pensionierung stehen und aus dem Unternehmen herausgeekelt werden sollen

- Unternehmensleitungen versuchen oft, ältere Mitarbeiter/innen durch Frühpensionierung aus dem Unternehmen zu drängen, weil sie sich an Krankfehlzeiten, Leistungsabbau des Mitarbeiters oder an seinem hohen Gehalt und den dadurch verursachten höheren Betriebskosten stören.
- Manche Nachwuchskräfte versuchen, ihre Vorgesetzten rauszuekeln, um endlich deren besser dotierten Posten einnehmen zu können.
- Mitarbeiter versuchen bisweilen, ältere Kollegen/Kolleginnen loszuwerden, um sich von deren fachlicher Bevormundung zu befreien und selbst gegenüber jüngeren und unerfahrenen Nachwuchskräften eine Rolle mit größerer Autorität spielen zu können.
- Unzureichend im Betrieb sozial integrierte Arbeitnehmer (auch Führungskräfte) werden unter Umständen dann unter Druck gesetzt, wenn wegen ihres schwindenden Einflusses niemand mehr glaubt, ihre Rache fürchten zu müssen.

(5) Personen mit befristeten Arbeitsverträgen

- Wer als Arbeitnehmer nur einen für eine bestimmte Zeit befristeten Arbeitsvertrag hat, kann sich der Schikane ausgesetzt sehen, wenn Kollegen/Kolleginnen oder Mitarbeiter nicht fürchten müssen, daß der Vertrag verlängert wird und daß der/die Schikanierte sich später noch rächen könnte.
- Wer eine wahlabhängige Position innehat (z. B. Betriebsrat, Dezernent, Minister, Präsident, Dekan oder Rektor einer Hochschule) kann unter Druck gesetzt werden von Leuten, die für eine Wiederwahl wichtiges Stimmrecht haben, oder von solchen, die den Inhaber der Position von einer erneuten Kandidatur abhalten wollen.

Diese Beispiele sollten zeigen, daß der Kreis der möglichen Mobbing-Opfer keineswegs nur – gewissermaßen exklusiv – auf bestimmte Arbeitnehmer-Gruppen beschränkt ist. Grundsätzlich kann jeder männliche oder weibliche Arbeitnehmer jeder Altergruppe, jeder Hierarchieposition, jeder Fachrichtung und jeder Dauer von Betriebszugehörigkeit unter entsprechenden Umständen Mobbing-Opfer werden.

Leider ist es auch nicht so, daß jemand, der schon zwanzig Jahre im Unternehmen problemlos gearbeitet hat, nicht mehr in Gefahr wäre, Mobbing-Opfer zu werden. Ändern sich seine persönlichen Lebensverhältnisse (z. B. Ehescheidung,

Austritt aus der Kirche, Tod des einflußreichen Ehepartners) oder ändert sich die Situation am Arbeitsplatz (z. B. Installation neuer Maschinen, Automatisierung, neuer Vorgesetzter, neue Arbeitskollegen/-kolleginnen, veränderte Auftragslage, Wechsel der Besitzverhältnisse eines Unternehmens, politische Schwerpunktverlagerung nach Regierungswechsel oder wirtschaftliche Probleme durch allgemeine Rezession), dann kann sogar aus einem früheren Mobbing-Täter unter den neuen Gegebenheiten ein Mobbing-Opfer werden.

Mobbing-Opfer	Mobbing-Struktur in der Arbeitswelt
1. Liefert berechtigten Anlaß zur Kritik	Die unzweckmäßige Struktur in der Arbeitswelt **provoziert Fehlverhalten** der Arbeitnehmer, auf das dann Betrieb und/oder Arbeitnehmer mit Mobbing reagieren.
2. Liefert keinen Anlaß zu berechtigter Kritik	Die neurotisierende Struktur der **Arbeitswelt stimuliert dort arbeitende Menschen zu Mobbing-Aktivitäten**.

Abb. 6 Die Mobbing-Basis in der Arbeitswelt

In der folgenden Abbildung sind die Auswirkungen unzweckmäßiger und neurotisierender Strukturen in der Arbeitswelt den Anlässen gegenübergestellt, die das Mobbing-Opfer unter solchen Bedingungen als Mobbing-Basis bietet.

Auch wenn das Mobbing-Opfer sowohl in seiner persönlichen Erscheinung als auch in seinem Verhalten überhaupt keinen Anlaß für Mobbing zu bieten scheint, können doch mögliche Mobbing-Täter nicht nur aus sich selbst heraus (s. Abb. 5), sondern auch durch unzweckmäßige und/oder neurotisierende Strukturen in der Arbeitswelt zu Mobbing-Aktivitäten animiert werden.

Welche Konsequenzen ergeben sich aus diesen Erkenntnissen für das praktische Vorgehen – d. h. die Mobbing-Prophylaxe einerseits und die Unterbindung von bereits eingeleiteten Mobbing-Aktivitäten?

2.6 Konsequenzen der Ursachen-Analyse für das praktische Vorgehen_____

Die Ursachen-Analyse hat gezeigt, daß es nicht ausreicht festzustellen, wer im Einzelfall Mobbing-Opfer und wer Mobbing-Täter ist, um letzterem dann durch entsprechende Maßnahmen „das Handwerk zu legen".

Es handelt sich vielmehr um zwischenmenschliche Interaktionen in einem komplexen Sozialsystem, der Arbeitswelt. Die Beschäftigung mit einer einzelnen Systemkomponente wird daher in der Mehrzahl der Fälle allenfalls Zufallserfolge bringen, aber das Problem nicht grundlegend beseitigen können, wenn nicht alle für das aktuelle Geschehen relevanten Teilursachen identifiziert und nach Möglichkeit eliminiert werden.

Dabei ist zu berücksichtigen, daß es unterschiedliche Arten von Ursachen gibt, die in unterschiedlicher Weise beeinflußbar sind.

In der folgenden Tabelle sind daher die wesentlichen Aspekte zusammengefaßt:

Tab. 17 Systematische Übersicht über mögliche Mobbing-Ursachen

(01) Phylo- und ontogenetische Ursachen in Mobbing-Opfern und in Mobbing-Tätern

01 **Phylogenetisch** (stammesgeschichtlich) determinierte Ursachen;
d. h. Triebe bzw. Bedürfnisse, wie z. B.:
– Selbsterhaltung durch Essen, Trinken, Defäkation, Schlaf;
– Arterhaltung durch Fortpflanzung und Aufzucht von Nachkommen;
– Sicherheits- und Schutzbedürfnisse in Verbindung mit sozialen Kontaktbedürfnissen und Aggressivität;

02 **Ontogenetisch** (in der eigenen Lebensgeschichte durch Lernprozesse) entstandene Ursachen, wie z. B.:
– Bindung an die eigene Familie;
– Art und Weise der Sozialisierung;
– religiöse und weltanschauliche Überzeugungen sowie Werthaltungen;
– Lebens- und Berufsziele;
– seelisch-geistige Entwicklung mit Leistungsmotivation, Ängsten, neurotischen Entwicklungen, Erwartungshaltungen etc.;
– Schul- und Berufsausbildung mit Erwerb von speziellen Kenntnissen und Fertigkeiten.

(02) Spezielle Ursachen im Mobbing-Täter

01 Mögliche **Ziele**
– von Führungskräften in bezug auf Mitarbeiter/innen;
– von Mitarbeitern/Mitarbeiterinnen in bezug auf andere Mitarbeiter/innen;
– von Mitarbeitern/Mitarbeiterinnen (ggf. auch Führungskräften) in bezug auf (andere) Führungskräfte;

02 Mögliche **Ängste**
– von Führungskräften in bezug auf Mitarbeiter/innen;
– von Mitarbeitern/Mitarbeiterinnen in bezug auf andere Mitarbeiter/innen;
– von Mitarbeitern/Mitarbeiterinnen (ggf. auch Führungskräften) in bezug auf (andere) Führungskräfte.

(03) Spezielle Ursachen im Mobbing-Opfer

01 Leistungsprobleme
02 Gestörte Persönlichkeit
03 Soziale Anpassungsprobleme
04 Auffälligkeit der äußeren Erscheinung
05 Krankheiten

Tab. 17 Fortsetzung

(04) Ursachen in den Rahmenbedingungen (der Arbeitswelt)

01 **Arbeitsbedingungen**
- Profitorientierung des Unternehmens
- Hierarchie
- Betriebsstandort(e)
- Produktion
- Arbeitszeit
- Arbeitsaufgabe
- Arbeitsgruppe
- Vorgesetzte
- Arbeitsmarkt und Wettbewerb

02 **Rechtssystem**
- Arbeitsvertrag
- Betriebsvereinbarungen, Tarifverträge
- Kündigungsregelungen
- Betriebsrat
- Rentenregelung
- Krankenversicherung
- Zivilrecht (Haftung)
- Strafrecht

03 **Soziale Normen**
- Religionszugehörigkeit
- Moralvorstellungen
- kulturelle Bindungen

Die in Tabelle 17 aufgeführten Systemkomponenten sind wesentliche inhaltliche Konkretisierungen des in Abbildung 3 dargestellten mehrdimensionalen Mobbing-Prozeß-Modells.

Damit haben wir den theoretischen Hintergrund für unsere weiteren Betrachtungen dargelegt.

Im Arbeitsalltag tritt die Mobbing-Problematik normalerweise in Gestalt vielfältiger Einzelschikanen auf, wie sie sich z. B. in den Handlungen manifestieren, die schon in Tabelle 1 zusammengestellt sind.

Wir können daher jetzt versuchen herauszufinden, welche Ursachen möglicherweise maßgebend sind, damit sich derartige Mobbing-Aktivitäten im Einzelfall überhaupt entwickeln können (s. Kapitel 3). Danach können wir die möglichen Folgen für Mobbing-Täter, Mobbing-Opfer und das betroffene Unternehmen abschätzen (s. Kapitel 4), um schließlich aus diesen Ergebnissen zweckmäßige Maßnahmen abzuleiten (s. Kapitel 5).

Such' den Grund für die Schikane,
nimm das nicht so einfach hin.
Fühl' dem Mobber auf dem Zahne,
schlag ihn nicht gleich unter's Kinn.

Kennst du seine Ängst' und Ziele
– davon gibt es reichlich viele –,
dann kannst du mit schlauem Plan
als Profi geh'n die Sache an.

Auf sich'rem Boden wirst du steh'n:
dem Schuft wird Hör'n und Seh'n vergeh'n!

3 ANSATZPUNKTE FÜR MOBBING-AKTIVITÄTEN IM ARBEITSLEBEN

3.1 Der Aktionsrahmen

Mobbing vollzieht sich auch im Arbeitsleben logischerweise nicht in einem „luftleeren Raum", sondern unter den realen Rahmenbedingungen, die durch die Institution selbst (d. h. durch das Unternehmen, den Betrieb, die Behörde, wo Mobbing-Täter und -Opfer beschäftigt sind) und durch die in ihr arbeitenden Menschen geschaffen werden.

Wollte man sich deshalb bei der Ursachenanalyse und der Planung von Anti-Mobbing-Maßnahmen ausschließlich auf Mobbing-Opfer („weil sie geschützt werden müssen") und auf Mobbing-Täter („weil ihnen das Handwerk gelegt werden muß") konzentrieren und die übrigen Rahmenbedingungen des Arbeitsplatzes nicht beachten, dann würde man ganz wesentliche Komponenten des Gesamtproblems übersehen und dadurch natürlich den Interventionserfolg gefährden.

Es gibt verschiedene Möglichkeiten, das breite Spektrum von Mobbing-Aktivitäten zu strukturieren. In der Sachlogik relativ leicht nachvollziehbar erscheint mir ein pragmatisches Vorgehen, bei dem man zunächst von den möglichen Ansatzpunkten für Mobbing ausgeht:

---

(1) Mobbing durch Eingriffe in die **Arbeitsbedingungen**:
Gestaltung des Arbeitsplatzes und Organisation der Arbeitsabläufe;
(2) Mobbing durch Angriffe auf die **Person des Arbeitnehmers**
und auf seine Arbeitsleistung;
(3) Mobbing durch Eingriffe in die **sozialen Beziehungen** im Unternehmen
(zwischen Vorgesetzten, Kollegen, Mitarbeitern)
und mit externen Kontaktpersonen (z. B. Geschäftspartnern).

In der Tabelle 18 sind diesen drei Ansatzpunkten die aus meiner Sicht wesentlichen Einzelaspekte zugeordnet.

Veranschaulicht wird, welche Ansatzpunkte Mobber für ihre schikanösen Aktivitäten haben, und daß sie sich – nicht zuletzt auch in Abhängigkeit von ihrer eigenen Position im Unternehmen – auf einen einzelnen dieser möglichen Ansatzpunkte beschränken, aber auch mehrere oder vielleicht sogar alle in ihre massiven Attacken einbeziehen können.

Tab. 18 Aktionsrahmen für Mobbing-Aktivitäten

(1) Arbeitsbedingungen	(2) Person des Arbeitnehmers	(3) Soziale Beziehungen
Gestaltung des Arbeitsplatzes	Qualifikation für die Tätigkeit	Kontakte innerhalb des Unternehmens
Organisation der Arbeitsabläufe	Menschliche Qualitäten	Verbindungen zu externen Kontaktpersonen
Arbeitsvertrag und Besoldung	Gesundheit des Arbeitnehmers	
	Familie des Arbeitnehmers	

Andererseits kann aber auch der Mobbing-Gefährdete erkennen, von wo überall ihm Gefahren drohen können. Eine solche Systemübersicht erleichtert erfahrungsgemäß Vorbeuge- und Abwehrmaßnahmen gleichermaßen.

Die verschiedenen Möglichkeiten, innerhalb der Bereiche dieses Aktionsrahmens jeweils Eingriffe in die Arbeitsbedingungen vorzunehmen, Angriffe auf die Person eines Arbeitnehmers zu starten oder ihn in seinem sozialen Umfeld im Unternehmen zu isolieren, sind in den folgenden Kapiteln (3.2, 3.3 und 3.4) genauer dargestellt und kommentiert.

3.2 Eingriffe in die Arbeitsbedingungen ____

Mit Eingriffen in die gewohnten Arbeitsbedingungen hat das potentielle Mobbing-Opfer nicht nur durch Führungskräfte (d. h. Vorgesetzte) zu rechnen, sondern auch durch Arbeitskollegen bzw. gegebenenfalls sogar durch die eigenen Mitarbeiter.

Solche Eingriffe sind oft das erste, was ein mobbing-gefährdeter Arbeitnehmer irritiert oder verärgert registriert. Sie werden beispielsweise von Vorgesetzten nicht nur in Wahrnehmung ihrer dienstlichen Aufsichtspflicht und zur Sicherung reibungsloser Arbeitsabläufe vorgenommen, sondern sie können sich – zwar zunächst auf diese Weise getarnt – bald als völlig sachfremd und bloße Schikane herausstellen.

Wenn Mitarbeiter in die Kompetenzen ihrer Vorgesetzten eingreifen, dann tun sie das bisweilen, um sich dadurch im Kollegenkreise wichtig zu tun.

So hatte ich einmal einen Mitarbeiter, der in dreister Art und Weise die von mir sortierte Post neu verteilte, mir Geschäftspost unterschlug und außerdem während meiner dienstlich verursachten Abwesenheiten den anderen Mitarbeitern erklärte, wenn ich nicht da sei, dann brauche man sich um meine Anordnungen (z. B. auf Grund von Mitarbeiterbeschwerden vereinbartes Rauchverbot in den

Diensträumen oder bestimmte Maßnahmen zur Qualitätssicherung) auch nicht zu kümmern.

Oft ist in solchen Fällen nicht leicht zu erkennen, ob es sich bei dem Verhalten um Dreistigkeit, Dummheit, Unerfahrenheit oder um absichtliche Mobbing-Initiativen handelt. Das kann notwendige und vernünftige Gegenmaßnahmen bremsen, da es ja keineswegs fair wäre, einem Dummen oder Unerfahrenen völlig zu Unrecht üble Absichten zu unterstellen und dementsprechend scharf darauf zu reagieren.

Gerade deshalb ist es aber besonders wichtig, das Geschehen im eigenen Arbeitsbereich – sei es als Führungskraft, als Mitarbeiter/in oder Arbeitskollege/-kollegin – jederzeit dementsprechend kritisch zu beobachten, daraus die erforderlichen Schlußfolgerungen zu ziehen und gegebenenfalls sachgerechte (Gegen-)Maßnahmen zu ergreifen.

Um in dieser Hinsicht die eigene Beobachtungs- und Wahrnehmungsfähigkeit der Leser zu steigern und als Denkanstöße werden in den folgenden Kapiteln zahlreiche Beispiele von Mobbing-Aktivitäten in der Arbeitswelt dokumentiert.

3.2.1 Veränderung des Arbeitsplatzes

Wer Sie schikanieren will, kann beispielsweise Ihnen unliebsame, lästige, störende, Ihre Arbeit behindernde Veränderungen vorschlagen, veranlassen oder sogar selbst durchführen.

Einige Beispiele sind in der folgenden Tabelle zusammengestellt. Ziel der schikanösen Maßnahmen ist es vor allem, einen bestimmten Arbeitnehmer oder sogar eine ganze Arbeitsgruppe dadurch möglichst langdauernd zu ärgern, daß der Arbeitsplatz unbequem, gesundheitsschädigend oder das Prestige beeinträchtigend verändert wird.

Die Freude an der Arbeit soll dem/den Betroffenen vergällt werden.

Tab. 19 Eingriffe in die Gestaltung des Arbeitsplatzes

- Verkleinerung des Arbeitsraumes, um die Arbeit zu erschweren bzw. das Prestigebedürfnis des Betroffenen zu treffen;
- Ausstattung mit unzweckmäßigen Möbeln (z. B. ergonomisch falschen Stühlen und Tischen);
- Ausstattung mit entsprechenden Möbeln, Vorhängen etc., die für die innerbetriebliche Hierarchiestufe des Betroffenen nicht „standesgemäß" sind;
- Verweigerung der Genehmigung notwendiger Arbeitsmittel, um dem Betroffenen die Arbeit zu erschweren und ihn dadurch zusätzlichen Belastungen auszusetzen;
- den Betroffenen am Arbeitsplatz unnötigem und störendem Lärm aussetzen, um ihn psychisch zu zermürben;
- Veranlassung häufiger Störungen (z. B. Durchgangsraum);
- Schlechte Heizung und Lüftung, ggf. Geruchsbelästigungen aussetzen, um kein körperliches Wohlbehagen am Arbeitsplatz aufkommen zu lassen.

Die Schikane braucht sich jedoch keineswegs auf die Lage, Größe und Ausstattung des eigentlichen Arbeitsplatzes zu beschränken; sie kann auch durch gezielte Eingriffe in die organisatorischen Arbeitsabläufe ihre unheilvolle Wirkung entfalten.

3.2.2 Organisation der Arbeitsabläufe

Eingriffe in die Organisation der Arbeitsabläufe richten sich vor allem auf Verstärkung des Zeitdrucks für den Betroffenen, auf Kontrolle der Informationsflüsse, Entziehung von Kompetenzen, die Erschwerung der Arbeit und nicht zuletzt auch auf das Provozieren von Konflikten zwischen den Beteiligten.

Die Art der Schikane ist natürlich auch abhängig von der Art und Weise, in der ein Unternehmen oder eine Behörde organisiert ist, und davon, welche Aufgaben zu erfüllen sind (z. B. Dienstleistung, Verwaltung, Produktion, Verkauf).

Tab. 20 Eingriffe in die Organisation der Arbeitsabläufe

- Für den Betroffenen nachteilige Veränderung des vorgeschriebenen innerbetrieblichen Dienstwegs;
- Veränderung der Unterschriftsberechtigung zu Lasten des Betroffenen;
- Entziehung von Kompetenzen und Befugnissen;
- Abschneiden des Betroffenen von den innerbetrieblichen Informationen (durch räumliche Isolierung und Nichtweitergabe von Rundschreiben);
- Abschneiden des Betroffenen von Außenkontakten (z. B. durch Postkontrolle, Beschränkung auf innerbetriebliches Telefon ohne Außenverbindung);
- bevorzugte Verbesserung der Arbeitsbedingungen anderer Mitarbeiter als Ausdruck der Mißbilligung gegenüber dem Betroffenen;
- besondere arbeitsrechtliche Regelungen (insbesondere durch Arbeitsvertrag, Betriebsvereinbarungen, Änderungskündigung), um den Betroffenen zu benachteiligen oder unter einen von ihm nicht mehr sachgerecht zu bewältigenden Arbeitsdruck zu setzen.

Wenn jemand mit solchen angeblich „betriebsnotwendigen" Maßnahmen konfrontiert wird, die weder mit ihm abgestimmt sind noch in seinem Interesse liegen oder seine Arbeit erleichtern bzw. sinnvoll rationalisieren, dann sollte er sich zumindest vorsorglich schon einmal fragen, ob es sich dabei um eine Mobbing-Attacke handeln könnte.

Wichtig ist auch hier, daß die Betroffenen dies möglichst frühzeitig erkennen, um gegebenenfalls noch rechtzeitig Gegenmaßnahmen planen und einleiten zu können, bevor sie von den Mobbern in eine Sackgasse manövriert worden sind, aus der sie dann nicht mehr so leicht herauskommen.

3.2.3 Erschwerung oder Entziehung von Arbeit

Neben der unzweckmäßigen Gestaltung des individuellen Arbeitsplatzes und des perfiden Eingriffs in bislang sinnvolle und zweckmäßige Arbeitsabläufe haben Mobber weitere unangenehme Möglichkeiten, um Mobbing-Opfern das Leben im Unternehmen schwer zu machen. Indem sie z. B. als Führungskräfte Mitarbeitern Arbeit entziehen, als Mitarbeiter in die Kompetenzen der Führungskräfte eingreifen oder als Kollegen sich attraktive Arbeitsgebiete anderer Kollegen „unter den Nagel reißen", können sie deren Arbeit nachhaltig erschweren, sie unter Zeitdruck und unter Umständen in sehr peinliche Situationen bringen:

Tab. 21 Erschwerung oder Entziehung von Arbeit

- für reibungslosen Arbeitsablauf benötigtes Personal wird abzogen (z. B. wird die Stelle des Assistenten gestrichen, oder die Position der ausgeschiedenen Sekretärin wird nicht wieder besetzt);
- dringend benötigtes Personal wird dem Stelleninhaber nicht bewilligt, seinem Nachfolger aber problemlos zur Verfügung gestellt;
- dringend benötigte Arbeitsgeräte werden nicht beschafft;
- erforderliche Dienstreisen werden nicht genehmigt;
- das Arbeitsgebiet betreffende wichtige Informationen werden vorenthalten, um nachträglich Versäumnisrügen aussprechen zu können;
- die Betroffenen werden vorsätzlich falsch informiert;
- an den Betroffenen gerichtete Post wird einbehalten und nicht bzw. nicht rechtzeitig ausgehändigt, damit z. B. Termine platzen und wichtige Aufträge verlorengehen, wofür der Betroffene dann (vorsätzlich zu Unrecht) gerügt wird;
- Arbeiten werden mit erheblicher Verzögerung erledigt, damit der Betroffene unter Druck und in Verzug gerät;
- Arbeiten werden vorsätzlich fehlerhaft erledigt, verursachen Ärger und erzwingen dadurch Nacharbeit mit zusätzlichem Zeitaufwand;
- es werden sinnlose Arbeitsaufträge erteilt, um den Betroffenen durch diese Beschäftigung von wichtigeren Aktivitäten abzuhalten;
- es werden unterfordernde Arbeitsaufträge erteilt, die das Image des Betroffenen und sein Selbstwertgefühl schädigen sollen;
- es werden gefährliche Arbeitsaufträge erteilt, um den Betroffenen nervlich zu strapazieren;
- Ausgliederung einzelner wichtiger Arbeitsgebiete aus dem Arbeitsbereich des Betroffenen, um seinen Einfluß im Unternehmen zu schwächen;
- Übertragung von attraktiven Arbeiten aus dem Arbeitsbereich des/der Gemobbten an andere Mitarbeiter, um den Betroffenen in seinem Selbstwertgefühl zu treffen und ihn gegebenenfalls zu überschießend emotionalen Reaktionen zu provozieren, die dann die Grundlage für weitere Attacken bieten können.

Wenn es auch ursprünglich überhaupt keinen berechtigten Anlaß gibt, einen arbeitswilligen, sachkompetenten und sozial gut integrierten Mitarbeiter oder Arbeitskollegen zu kritisieren, dann schaffen hinterhältige Mobber sich oft selbst die benötigten Anlässe. Sie erreichen das, indem sie die ins Auge gefaßten Mobbing-Opfer nervös machen, was zu Arbeitsfehlern führen kann, und indem sie sie in eine Verteidigungshaltung drängen, aus der heraus die Opfer sich dann womöglich (unangemessen) aggressiv oder emotional zur Wehr setzen.

Läßt sich das Mobbing-Opfer in diese Falle locken, dann hat der Mobbing-Täter schon (fast!) gewonnen.

Gewinnt das Opfer aber noch rechtzeitig Ruhe und innere Ausgeglichenheit zurück, dann kann es seinerseits für den Mobber ziemlich gefährlich werden (s. dazu Kapitel 5).

3.2.4 Umsetzung, Versetzung an schlechteren Arbeitsplatz

Mobbing-willige Führungskräfte haben die Möglichkeit, ihre Opfer oft über Monate und Jahre hin dadurch in Angst und Schrecken zu versetzen, daß sie ihnen unerfreuliche Umsetzungen, Versetzungen oder gar die Kündigung androhen. Haben sie diese Möglichkeit ausgereizt, können sie die angedrohte Maßnahme auch noch durchführen und ihr masochistisches Vergnügen an der Verzweiflung des Opfers weiter pflegen.

Tab. 22 Umsetzung, Versetzung an schlechteren Arbeitsplatz

- Androhung der Umsetzung oder der Versetzung an einen Arbeitsplatz, wo der Ort, die Tätigkeit, die Arbeitskollegen oder die zuständige Führungskraft für den Betroffenen schwer erträglich sind;
- gegebenenfalls Vollzug der lange ohne ausreichende sachliche Erfordernis angedrohten Um- bzw. Versetzung, weil sich der Mobber am Unbehagen, dem Ärger oder der Verzweiflung des Opfers weiden will;
- Androhung von Kollegen oder Mitarbeitern, daß sie sich über den Betroffenen beschweren und seine Versetzung bei dessen Vorgesetzten oder beim Betriebs- bzw. Personalrat verlangen würden;
- Versetzung eines von dem Opfer abgelehnten anderen Mitarbeiters in dessen unmittelbaren Arbeitsbereich, um ihn unter diesem sozialen Streß zu zermürben;
- Umquartierung in ein Großraumbüro, um den Betroffenen dort herrschendem Arbeits- und Sozialstreß auszusetzen.

Manche Mobber sind mit der Ausgestaltung ihrer Mobbing-Aktivitäten so erfinderisch und dreist, daß Drohungen (§ 241 StGB) als solche oder sogar in der Form von Nötigung (§ 240 StGB) oder Erpressung (§ 253 StGB) den Tatbestand strafbarer Handlungen erfüllen können (s. Kap. 1.4).

Ist dies durch Schriftverkehr oder zuverlässige Zeugenaussagen beweisbar, dann kann auch ein geschundenes Mobbing-Opfer seinen Schikaneur das Fürchten lehren, wenn er damit nämlich durch einen kompetenten Rechtsanwalt Strafantrag bei Gericht stellen läßt und ihn mit der sachgerechten Vertretung der Strafsache beauftragt (s. auch Kap. 5.3.4.6 und 5.3.4.7).

3.2.5 Eingriffe in die Besoldung

Da Menschen normalerweise vor allem deshalb arbeiten, weil sie Geld für ihren eigenen Lebensunterhalt und gegebenenfalls auch den ihrer Familie verdienen müssen, bieten sie damit natürlich jedem Mobber reichlich Angriffsflächen.

Nicht nur Führungskräfte können in die Besoldung ihrer Mitarbeiter eingreifen, auch Mitarbeiter können öffentlich oder durch entsprechende Eingaben bei der Unternehmensleitung, beim Betriebs- oder Personalrat die Angemessenheit der Besoldung bestimmter Führungskräfte in Zweifel ziehen. Aber auch Kollegen können sich darüber beschweren, daß sie im Verhältnis zu anderen Kollegen zu schlecht bzw. nicht ihrer Leistung entsprechend besser bezahlt werden.

In solchen Fällen kann es um tatsächliche Ungerechtigkeiten bei der Besoldung gehen. Aber die angeblich falsche Bezahlung kann auch einem Mobber bloß als willkommener Anlaß dienen, um andere im Unternehmen persönlich oder bezüglich ihrer Arbeitsleistung herabzusetzen.

Tab. 23 Eingriffe in die Besoldung

- öffentliches oder durch entsprechende schriftliche Eingabe artikuliertes Zweifeln an der Angemessenheit der Besoldung des Mobbing-Opfers;
- Bevorzugung anderer und Zurücksetzung des Betroffenen bei Beförderung und Besoldung;
- Verweigerung der betriebsüblichen Besoldung des Mobbing-Opfers;
- Streichung von betriebsüblichen Zulagen etc. beim MobbingOpfer, um dieses zu „demütigen";
- rechtswidrige Verweigerung der Bezahlung von Mehrarbeit;
- Einbehalten fälliger Löhne, Gehälter oder Honorare, um den Betroffenen mit seinen eigenen Zahlungsverpflichtungen regelmäßig in Schwierigkeiten zu bringen;
- Aufweichen der arbeitsrechtlichen Absicherung der Arbeitnehmer (z. B. Kündigungsregelungen, Arbeitszeitregelungen, Lohnfortzahlungsregelungen für den Krankheitsfall, Reduktion von Betriebsrentenzusagen);
- Verursachung von finanziellen Problemen bei Mobbing-Opfern durch Veränderung von Besoldung und betrieblichen Privilegien (z. B. bei bestimmten mißliebigen Arbeitsgruppen oder Minderheiten).

Wer sich gegen derartige Übergriffe erfolgreich zur Wehr setzen will, der muß nach meiner Erfahrung vor allem die einschlägigen Rechtsgrundlagen gut kennen. Erst dann wird er seinen Handlungsspielraum einigermaßen zutreffend einschätzen und auch den Mobber, insoweit er sich rechtlich unzulässige Übergriffe leistet, in seine Schranken weisen können.

3.2.6 Gefährdung des Arbeitsplatzes

Noch kritischer als Eingriffe in die Besoldung sind normalerweise Mobbing-Aktivitäten, die den Arbeitsplatz des Opfers mittelbar oder unmittelbar gefährden.

Tab. 24 Gefährdung des Arbeitsplatzes

- Umsetzung oder Versetzung wird angedroht oder sogar vorgenommen;
- Entlassung wird angedroht;
- vorzeitige Pensionierung wird angedroht;
- „Degradierung" wird angedroht oder sogar vorgenommen;
- dem Betroffenen werden wichtige Arbeitsgebiete entzogen;
- das Arbeitsgebiet des Betroffenen wird nach und nach so weit reduziert, daß dadurch letztlich seine Weiterbeschäftigung in Frage gestellt ist;
- Kündigung einer Dienstwohnung bei Wohnungsknappheit;
- Veränderung der Unternehmensaufgabe mit der beabsichtigten Folge, daß (bestimmte) Arbeitnehmer dadurch überflüssig werden (z. B. Aufgabe oder Veräußerung von Betrieben oder Betriebsteilen);
- Familienmitglieder werden unter Druck gesetzt, um den Gemobbten zur Aufgabe seiner Arbeitsstelle zu bewegen;
- Kündigung von im gleichen Unternehmen beschäftigten Familienmitgliedern, um den Mitarbeiter durch Schaffen neuer Probleme zu zermürben und ihn zur Aufgabe seines Arbeitsplatzes zu nötigen.

Besonders heimtückisch sind dabei alle Maßnahmen, die zunächst gar nicht spektakulär sind, sondern eher den Eindruck von belanglosen Routineaktionen machen, sich aber nachträglich als langfristig geplant und höchst brisant herausstellen.

Wenn allerdings durch Aktionen von Führungskräfte die Arbeitsplätze der Mitarbeiter oder Kollegen in Gefahr gebracht werden, dann ist das keineswegs immer auf Mobbing-Absichten zurückzuführen.

Wir können fast täglich in Presse, Funk und Fernsehen oder im eigenen Unternehmen, aber auch in der einschlägigen Fachliteratur (z. B. Manager Magazin) verfolgen, daß Arbeitsplätze vor allem durch die Unfähigkeit und durch mangelnde Sachkompetenz von Führungskräften gefährdet werden. Mangelnde Erfahrung, Uninformiertheit über die arbeitsrechtlichen Grundlagen, Fehleinschätzung von Wettbewerb, von politischen und wirtschaftlichen Entwicklungen sowie ein bemerkenswerter Grad an völlig unkritischer Selbstüberschätzung kennzeichnen zahlreiche Management-Dilettanten.

Manche sind leider keineswegs wegen ihrer überragenden Intelligenz in das höhere Management aufgestiegen, sondern eher wegen egoistischer Cleverness in Verbindung mit einer geradezu unmoralischen Rücksichtslosigkeit gegenüber anderen und weil sich vielleicht eine bereits dort etablierte mittelmäßige Manager-Persönlichkeit durch Berufung von wenig Qualifizierten Unterstützung bei der Durchsetzung eigener egoistischer Ziele und keine die eigene Position bedrohende Konkurrenz erhofft.

Was in solchen Fällen von Betroffenen leicht als „Mobbing" empfunden wird, ist also nicht auf eine Schikane-Absicht eines wirklichen „Mobbers" zurückzuführen, sondern lediglich auf die Inkompetenz der Führungskraft und muß dann auch dementsprechend behandelt werden.

Viele insoweit kritische Fälle lassen sich relativ leicht dadurch erledigen, daß die Führungskraft-Ignoranz durch schriftliches Zitieren der einschlägigen Rechtsvorschriften (ggf. durch einen damit beauftragen Fachanwalt für Arbeitsrecht) oder auch nur durch Einschaltung der zuständigen Betriebs- oder Personalräte offengelegt und energisch behoben wird. Manche Unternehmensleitungen versuchen solchen Problemen bereits dadurch vorzubeugen bzw. ihnen zu begegnen, daß sie ihre Führungskräfte regelmäßig zu Arbeitsrechts-Seminaren schicken oder diese sogar selbst hausintern durchführen lassen.

> Die ignorante Führungskraft
> viel Ärger und Verdruß mir schafft,
> weil sie nicht weiß, was los ist.
> Was für 'ne Kraft das bloß ist!
>
> Man muß sie erst belehren,
> damit sie es begreift,
> daß sie im Abseits steht.
>
> Ich muß mich ihr' erwehren,
> ihr zeigen, wo es langgeht;
> werd' selbst sonst eingeseift!

3.3 Angriffe auf die Person

Natürlich kann es sich auch bei den im vorigen Kapitel dargestellten Eingriffen am Arbeitsplatz und in das Beschäftigungsverhältnis oder bei den im Kapitel 3.4 besprochenen Eingriffen in die sozialen Beziehungen letztlich um Angriffe auf die Person des Kollegen, des Mitarbeiters oder der Führungskraft handeln.

Darüber hinaus beobachten wir aber auch ganz unmittelbar auf die Person selbst gerichtete Mobbing-Aktivitäten, die vor allem die Integrität der eigenen Persönlichkeit der Betroffenen berühren. Sie greifen beim Aussehen der Betroffenen, bei persönlichen, politischen oder weltanschaulichen Einstellungen und bei damit verbundenen Verhaltensgewohnheiten an, ziehen auch unberechtigterweise die fachliche Qualifikation in Zweifel, schrecken vor üblen Diffamierungen nicht zurück und verletzen die Privatsphäre, notfalls auch unter Einbeziehung von Familienangehörigen, Verwandten und Freunden.

3.3.1 Mögliche Mobbing-Ansatzpunkte der Beteiligten

Im Hinblick auf Mobbing-Möglichkeiten und -Erfolge kommt es auch wesentlich darauf an, in welchen Funktionen Mobbing-Täter und Mobbing-Opfer im Unternehmen tätig sind. Denn dadurch werden die Handlungsmöglichkeiten beider Interaktionspartner in beträchtlichem Maße determiniert.

Das gilt sowohl für die Art und Weise, in der jemand andere Menschen im Unternehmen schikanieren kann, als auch für die Möglichkeiten, wie sich ein Gemobbter dagegen erfolgreich zur Wehr setzen kann. Ferner ist z. B. zu berücksichtigen, welchem Geschlecht und welcher Altersgruppe die Interaktionspartner angehören, da sich auch daraus spezifische Interaktionsbedingungen ergeben können.

Wer Mobbing erfolgreich begegnen will, sollte daher zumindest die als Täter und Opfer in dem betreffenden Unternehmen überhaupt in Frage kommenden Menschen (das sind grundsätzlich alle Beschäftigten) und möglicherweise mobbingfördernde Beziehungen zwischen ihnen zu erfassen versuchen.

Tabelle 25 zeigt daher einige der möglichen Relationen für männliche und weibliche Mobbing-Interaktionspartner in einem Unternehmen auf, an die dabei zu denken wäre.

Demnach könnte z. B. eine ältere Führungskraft, also ein Vorgesetzter (m, A), eine jüngere Mitarbeiterin (f, J) mobben – z. B. durch sexuelle Belästigung – oder ein junger Mitarbeiter (m, J) die ältere Vorgesetzte (f, A), indem er sie öffentlich als „alte Jungfer" apostrophiert.

Dabei können die Mobbing-Aktivitäten einzeln oder kombiniert sowohl Eingriffe in die Arbeitsbedingungen des Opfers als auch Übergriffe auf dessen Person und nicht zuletzt die Zerrüttung der sozialen Beziehungen des Opfers im Unternehmen und mit externen Kontaktpersonen umfassen.

Tab. 25 Mobbing-Interaktionspartner

Mobbing-Täter			Mobbing-Opfer																
			Führungskraft (Vorgesetzter)						Mitarbeiter						Arbeitskollege					
			m			f			m			f			m			f		
			J	M	A	J	M	A	J	M	A	J	M	A	J	M	A	J	M	A
Führungskraft (Vorgesetzter)	m	J																			
		M																			
		A																			
	f	J																			
		M																			
		A																			
Mitarbeiter	m	J																			
		M																			
		A																			
	f	J																			
		M																			
		A																			
Arbeitskollege	m	J																			
		M																			
		A																			
	f	J																			
		M																			
		A																			

m   männlich
f   weiblich
J   jung (≤ 20 Jahre)
M   im mittleren Alter (21–49 Jahre)
A   alt (≥ 50 Jahre)

Die Beachtung dieser Aspekte kann einerseits die Suche nach den Mobbing-Ursachen erleichtern (Weshalb attackiert gerade dieser Täter gerade dieses Opfer in eben dieser Art und Weise?). Andererseits könnte natürlich auch die rechtzeitige Auswahl geeigneter Maßnahmen (Welche Maßnahme kann gerade bei diesem Täter Mobbing-Aktivitäten gegenüber gerade diesem Opfer verhindern?) schon vorbeugend mit dazu beitragen, das Mobbing-Risiko wesentlich herabzusetzen.

Je nachdem, ob Führungskräfte, Mitarbeiter oder Arbeitskollegen (einzeln oder als Gruppe) als Mobber aktiv werden, können sich die Schikanen unterscheiden.

Daher stellen wir hier die Frage:

> Wo liegen erfahrungsgemäß die Aktionsschwerpunkte
> der verschiedenen Mobbing-Täter-Gruppen
> (d. h. der Vorgesetzten, Mitarbeiter und Arbeitskollegen)?

3.3.1.1 Mobbing-Ansatzpunkte von Führungskräften

Der Vorteil mobbing-wütiger Führungskräfte liegt gegenüber ihren Mitarbeitern erfahrungsgemäß in ihren innerbetrieblich verankerten größeren Machtbefugnissen. Sie können Arbeitsplätze und bestimmte Arbeiten zuweisen, Mitarbeiter um- und versetzen, Arbeitszeiten verändern, Urlaub und Freizeit genehmigen oder verweigern, Disziplinarmaßnahmen einleiten, Beförderungen veranlassen oder unterbinden oder sogar das Arbeitsverhältnis kündigen.

Da die Mitarbeiter mehr oder weniger abhängig von den Führungskräften und Unternehmensleitungen sind, können diese ihre Kompetenzen einerseits zum Wohle der ihnen anvertrauten Mitarbeiter nutzen, die Mitarbeiter aber andererseits auch entweder aus einsehbaren Gründen oder aber ganz willkürlich (d. h. nicht einsehbar) unter Druck setzen und schikanieren. Dabei kann sich die Führungskraft durchaus formal korrekt verhalten. Die Schikane kann dann gerade darin liegen, daß den betroffenen Mitarbeitern dadurch keinerlei Gelegenheit gegeben wird, sich „berechtigterweise" über die Führungskraft zu beschweren, da ihr „Schikane" eben nicht nachzuweisen ist. Sie kann alle Maßnahmen logisch nachvollziehbar begründen und sie lückenlos auf scheinbar sachliche Erfordernisse zurückführen.

Einige Beispiele sollen verdeutlichen, auf welche Weise Führungskräfte durch gezielte Angriffe auf die Person eines Mitarbeiters ihre Mobbing-Absichten realisieren können:

- Die Führungskompetenz unterstellter Führungskräfte wird in Zweifel gezogen. („Sie behandelt die Leute immer falsch!")
- Das Lebensalter vorwerfen. („Wer über 40 ist, hat in der EDV nichts mehr zu suchen!"; „Werden Sie erst einmal trocken hinter den Ohren, Sie Grünschnabel!")
- Das Aussehen der Betroffenen in Verbindung mit zweifelhaften Gesinnungen oder Aktivitäten bringen.
- Die (gute) Erziehung des Betroffenen in Zweifel ziehen und dadurch zugleich dessen Eltern diskreditieren.
- Die Nase rümpfen über die (angeblich fragwürdige) soziale Herkunft des Mobbing-Opfers.

Fortsetzung

- Persönlichkeitseigenarten des Betroffenen (z. B. Streitsucht, Boshaftigkeit, Neid, Mißgunst) für Probleme im Kontakt mit Arbeitskollegen oder Geschäftspartnern am Arbeitsplatz (zu Unrecht) verantwortlich machen.
- Diffamierung. („Diese Sekretärin benimmt sich ihrem Chef gegenüber wie ein Flittchen!"; „Ich habe gehört, die geht nach Dienstschluß auf den Strich!")
- Anspielungen auf Sexualverhalten der Betroffenen (oder sogar sexuelle Übergriffe).
- „Schlüpfrige" Witze auf Kosten der Betroffenen.
- Das Freizeitverhalten diskreditieren. („Wenn Sie sich immer die Nacht in Discos um die Ohren schlagen, braucht man sich nicht zu wundern, wenn Sie bei der Arbeit einschlafen!")

Mobbing-Opfer werden diese Sammlung von Beispielen vermutlich aus eigener leidvoller Erfahrung noch beträchtlich erweitern können.

> Wenn eine solche Führungskraft mit Hinterlist und Tücke schafft, daß man da nichts kann machen, dann hast du nichts zu lachen!
>
> Wer untersteht 'nem solchen Schwein, muß schlauer als dasselbe sein!

3.3.1.2 Mobbing-Ansatzpunkte von Mitarbeitern

Wie bereits angeführt, ist der Mitarbeiter von Führungskräften mehr oder weniger abhängig. Gerade diese Abhängigkeit gibt einem Vorgesetzten aber die Möglichkeit zur Schikane der Mitarbeiter, da sie ja schließlich qua Amt die Verantwortung für den Erfolg der Arbeit und gegebenenfalls auch für gute oder schlechte Umsatzentwicklung in der von ihnen geleiteten Abteilung zu tragen haben.

Bekannt ist die „Arbeit nach Vorschrift". Sofern diese nicht provokativ und mit öffentlicher Erklärung eingeleitet wird, kann sie von der Führungskraft allenfalls aus den schwachen Arbeitsergebnissen ihrer Mitarbeiter erschlossen werden. Die Mitarbeiter geben sich dabei keinerlei rechtliche Blöße. Alle Verzögerungen und Fehlleistungen können sie einsehbar erklären. Böswilligkeit kann man ihnen nicht nachweisen. Nur die Führungskraft „weiß", daß sie gemobbt wird.

Vielleicht glaubt mancher Leser, die Abhängigkeit der Mitarbeiter von Vorgesetzten sei in der Regel so groß, daß Mobbing-Versuche deshalb von vornherein unterblieben. Die Erfahrung lehrt allerdings, daß gegen die Vorgesetzten gerichtete Schikanen oftmals die Rache von Unterdrückten sind, die ihnen das Leben schwermachen und sogar ihren Job kosten können.

Einige Beispiele sollen das verdeutlichen:

- Die Anordnungen des Vorgesetzten werden „unterlaufen", d. h. heimlich und geschickt, vielleicht sogar offen provokativ umgangen.
- Die Mitarbeiter machen „Dienst nach Vorschrift", verzögern dadurch die Arbeiten unerträglich und bringen den Vorgesetzten gegenüber dessen Vorgesetzten oder Kunden etc. in Schwierigkeiten.

Fortsetzung

- Mitarbeiter erledigen Arbeiten wider besseres Wissen falsch, um einen mißliebigen Vorgesetzten bei der Weitergabe der falschen Ergebnisse „ins offene Messer laufen zu lassen".
- Andere Mitarbeiter oder Kollegen werden gegen den Vorgesetzten durch Hochspielen von Bagatellen oder gezielte Falschdarstellungen aufgehetzt.
- Die Autorität des Vorgesetzten wird dadurch untergraben, daß seine Arbeitsanweisungen nur in seiner Anwesenheit befolgt werden. Hinter seinem Rücken wird dagegen die Parole ausgegeben: „Wenn der Chef nicht da ist, können wir machen, was wir wollen."
- Dem Vorgesetzten wird zu Unrecht chaotisches Weisungsverhalten vorgehalten mit der falschen Behauptung, er ändere laufend seine Meinung, und niemand wisse, was er eigentlich wolle.
- Diskreditieren des Vorgesetzten durch Infragestellung seiner Fachkompetenz.
- Anmaßung von Kompetenzen des Vorgesetzten durch einen Mitarbeiter, um Führungsschwäche des Vorgesetzten zu demonstrieren und dessen Position im Unternehmen zu schwächen.
- Diffamierung des Vorgesetzten durch Ausstreuen von „peinlichen Gerüchten über sein Privatleben".
- Schwächung der Autorität des Vorgesetzten durch die falsche Behauptung, ihm fehle der Rückhalt in den höheren Führungsebenen des Unternehmens.
- Diffamierung des Vorgesetzten durch Verbreitung unzutreffender Gerüchte über angebliche körperliche oder psychische Erkrankungen, die seine Arbeitsfähigkeit oder sogar Zurechnungsfähigkeit beeinträchtigen und sein baldiges Ausscheiden wahrscheinlich bzw. erforderlich machen.

Diese und vergleichbare Mobbing-Attacken werden erfahrungsgemäß nicht nur – wie in diesem Kapitel dargestellt – gegen Vorgesetzte gerichtet, sondern auch von diesen gegen ihre Mitarbeiter oder von jenen wiederum gegen ihre eigenen Arbeitskollegen. Deshalb werden wir die Einzelaspekte dieser Problematik in den Kapiteln 3.3.1.3 ff., 3.4 und 3.5 noch differenzierter betrachten.

> Mobbt ein Mitarbeiter dich,
> ja, dann handelt es wohl sich
> um eine Schikane.
>
> Ohne daß der Schuft es ahne,
> laß es wissen alle.
> Dann sitzt dieser Bösewicht
> in seiner eignen Falle!

3.3.1.3 Mobbing-Ansatzpunkte von Arbeitskollegen

Anders als Führungskräfte oder Mitarbeiter sind Arbeitskollegen – und -kolleginnen natürlich – einander hierarchisch weder über- noch untergeordnet.

Es kann sich bei diesen also sowohl um Arbeitskollegen auf derselben Führungsebene handeln als auch um Arbeitskollegen, die einer bestimmten Führungskraft gemeinsam untergeordnet sind. Denkbar sind auch Gruppen von Kollegen, die verschiedenen Führungskräften unterstellt sind und die sich deshalb (z. B. wegen konkurrierender Arbeitsgebiete) untereinander bekriegen.

Dienst nach Vorschrift oder vorsätzlich fehlerhaftes Arbeiten kann natürlich auch von ihnen mit Mobbing-Absicht gegen Kollegen eingesetzt werden, um diese in

Schwierigkeiten zu bringen und ihr Ansehen beim Vorgesetzten herabzumindern (z. B. im Hinblick auf anstehende Beförderungen).

Insbesondere Menschen mit mangelndem Selbstwertgefühl, mit mangelhaftem Leistungsvermögen oder reduzierter Leistungsbereitschaft neigen bisweilen dazu, andere Arbeitsgruppen-Mitglieder durch Mobben in Streß und Mißkredit zu bringen, um sich dadurch selbst in der Gruppe aufzuwerten.

Auch dies sollen einige Beispiele verdeutlichen:

- Fragwürdige Beziehungen zu Vorgesetzten unterstellen. („Wie die sich hier aufführt. Die hat bestimmt was mit dem Chef!"; „Der ist nur durch Vitamin „B" auf diesen Posten gekommen!")
- Unerfreuliche Charaktereigenschaften unterstellen. („Der ist ein Kriecher, wie er im Buche steht."; „Das ist ein Spitzel."; „Das ist ein Verbrecher."; „Wegen seiner Unverträglichkeit ist der schon aus seiner letzten Stelle rausgeflogen."; „Das ist eine schmierige Type.")
- Mangelhafte Körperpflege zu Unrecht zum Mobbing-Anlaß nehmen. („Der stinkt. Mit dem will ich nicht in einem Zimmer sitzen!"; „Wann haben Sie denn das letzte Mal gebadet?")
- Dummheit unterstellen. („Schönes Lärvchen, aber saublöd!"; „Wenn einer von der Sonderschule kommt, kann man eben nicht mehr erwarten."; „Bei dem ist Hopfen und Malz verloren. Der begreift das nie!")
- Mangelhafte Arbeitsmotivation unterstellen. („Der hat auch die Arbeit nicht erfunden."; „Mit der Arbeitshaltung sollte der lieber gleich zu Hause bleiben; dann würde er hier wenigstens nicht dauernd im Wege stehen!")

Die meisten Menschen haben an ihrer Arbeitsstelle schon diese oder ähnliche Situationen erlebt, sei es, daß sie dabei selbst Opfer waren, sei es, daß sie nur beobachten konnten, wie andere auf solche Weise gemobbt wurden. Vielleicht haben sie sogar selbst (mit oder ohne kränkende Absicht) derartige Bemerkungen über andere gemacht.

Ich möchte deshalb an dieser Stelle noch einmal ausdrücklich in Erinnerung rufen, daß sich Mobbing zwar einerseits aus der Schikane-Absicht des Mobbing-Täters ergibt. Andererseits kann aber auch ein an sich „normales" Verhalten eines Arbeitskollegen aus der Sicht eines sensiblen „Mobbing-Opfers" auf diesen wie absichtliches „Mobbing" wirken (vgl. Definition auf S. 6).

Deshalb sollten wir alle ein bißchen darauf achten, daß wir zumindest nicht allzu unbedacht und sorgenlos Scherze auf Kosten anderer machen, die von diesen im Sinne einer „Mobbing-Absicht" – in solchen Fällen völlig zu Unrecht, aber natürlich nichtsdestoweniger mit den gleichen unerfreulichen Folgen für das Opfer – als „Mobbing" mißdeutet werden.

Mobbt dich dein Kollege,
geh ruhig deiner Wege.
Macht er dich dann runter,
bleib fröhlich, lächle munter.

Da wird er sich schön grämen
und außerdem:
sollt' er sich schämen !

3.3.2 Qualifikation für die Tätigkeit

Da jeder in mehr oder weniger anspruchsvollen und sich über viele Jahre erstreckenden Ausbildungsgängen Allgemeinbildung und fachliche Qualifikation erwirbt, bieten Zweifel am Erfolg dieser aufwendigen Maßnahmen erfahrungsgemäß leicht Ansatzpunkte für diffamierende Mobber-Aktivitäten.

3.3.2.1 Kritik an der Arbeitsleistung

Daß bei der Arbeit hin und wieder Fehler unterlaufen, ist wohl menschlich und systemimmanent. Deshalb wird sich normalerweise jedermann darum bemühen, seine Arbeit möglichst fehlerfrei zu erledigen und dankbar dafür sein, wenn ihn jemand noch rechtzeitig auf Fehler aufmerksam macht, bevor die fertige Arbeit (z. B. Schriftstücke) aus dem Haus geht oder (z. B. Montagearbeiten) irgendwelchen Schaden anrichten kann.

„Kritik" an der Arbeit geht aber nach üblichem Verständnis oft über diese sachlich erforderliche Feststellung von Fehlern und Mängeln hinaus. Man kann sich die Frage stellen, ob die Kritik noch wohlwollend und aus Interesse an der Beseitigung dieser festgestellten Fehler und Mängel erfolgt oder ob sie aus berechtigten oder auch unberechtigten (nichtigen) Anlässen heraus zur Schikane der Betroffenen eingesetzt wird.

Das ist oft nicht leicht zu erkennen bzw. zu beurteilen.

Um nicht von vornherein auf ein falsches Gleis zu geraten, sollten zumindest die verschiedenen **Fehlerursachen** unterschieden werden:

(1) Der Mitarbeiter **weiß gar nicht**, wie die Arbeit fehlerfrei zu erledigen ist, weil er unzureichend ausgebildet bzw. nicht informiert ist.

(2) Der Mitarbeiter **kann die Arbeit nicht fehlerfrei erledigen**, weil er körperlich, intellektuell oder psychisch durch die Arbeit überfordert ist.

(3) Der Mitarbeiter **will die Arbeit nicht fehlerfrei erledigen**, weil sie ihm gleichgültig ist bzw. weil er dadurch andere in Schwierigkeiten bringen will.

(4) Der Mitarbeiter **darf die Arbeit nicht sachgerecht erledigen**, weil ihm das aus sachfremden Überlegungen „von oben" untersagt ist.

Insbesondere bei der Fehlerursache (2) kann unberechtigterweise bei den betroffenen Mitarbeitern der Eindruck entstehen, sie würden gemobbt, weil sie ständig wegen ihrer „Fehlleistungen" kritisiert werden. Solche Mitarbeiter bemühen sich nach bestem Können um fehlerfreie Arbeitsleistungen. Dabei mühen sie sich bis über die Grenzen ihrer Leistungsfähigkeit hinaus ab. Aber aufgrund ihres beschränkten geistigen Horizontes (mangelnde Intelligenz oder fehlende Erfahrung) sind sie leider gar nicht in der Lage, überhaupt erkennen zu können, daß das Arbeitsergebnis – gemessen an den objektiv gestellten Anforderungen – mangel- bzw. fehlerhaft ist.

Der Ansatzpunkt für die Kritik ist daher sachlich berechtigt, und eine Schikaneabsicht des kritisierenden Vorgesetzten besteht dabei keineswegs.

Allerdings können sich im Gefolge Mobbing-Aktivitäten entwickeln. Wenn nämlich die Fehlerraten für den Arbeitsablauf und die Geschäftsabwicklung insgesamt so unerträglich werden, daß der Mitarbeiter durch einen besser qualifizierten ersetzt werden muß, dieser dafür aber erwartungsgemäß kein Verständnis aufbringt und deshalb mit Nachdruck und gegen seinen Willen von dem ihn überfordernden Arbeitsplatz entfernt werden muß.

Wenn der Mitarbeiter sich uneinsichtig gegen jede Umsetzung, Versetzung oder schließlich die Kündigung zur Wehr setzt, sehen Vorgesetzte (und oft auch Arbeitskollegen) häufig keine andere Möglichkeit, als dem Widerborstigen das Arbeitsleben durch Schikanen nach und nach so zu verleiden, daß er schließlich doch das Feld räumt.

Abgesehen von dieser Problematik ist es jedoch in diesem Zusammenhang wichtig, sich vor Augen zu führen, welche berechtigten oder unberechtigten kritischen Beurteilungen der fachlichen Qualifikation und der Arbeitsleistung häufig im Arbeitsleben vorkommen und leider auch die Gefahr der Schikane und des Mobbings in sich bergen können.

Tab. 26 Kritik an der fachlichen Qualifikation und der Arbeitsleistung

- Kritik an der Qualität der Arbeit (Fehler, Mängel).
- Kritik an der Art und Weise der Beseitigung der Fehler bzw. Mängel.
- Kritik an der Arbeitsmenge (Quantität pro Zeiteinheit).
- Kritik an der Art und Weise, wie eine bestimmte Arbeit fachlich erledigt wird.
- Kritik an mangelhafter Rationalisierung der Arbeit.
- Kritik an der Arbeitsplanung und Arbeitseinteilung.
- Kritik an der Arbeitsgeschwindigkeit.
- Kritik an der Kooperation mit anderen Mitarbeitern.
- Kritik an der Nichtbefolgung der Arbeitsanweisungen.
- Kritik an der Umgehung von Sicherheitsvorschriften.

Wenn jemand den Verdacht hat, in übler Weise schikaniert und gemobbt zu werden, sollte er sich entsprechend den im Kapitel 5.3.2 gegebenen Hinweisen zunächst einer selbstkritischen Überprüfung unterziehen. Kommt er dann – gegebenenfalls auch durch Befragung von nicht unmittelbar am Geschehen Beteiligten – zu dem Ergebnis, daß seine eigene mangelhafte Qualifikation wesentlicher Ausgangspunkt oder Anlaß für das vermeintliche oder tatsächliche Mobbing ist, dann sollte er in seinem eigenen Interesse nach geeigneten Möglichkeiten suchen, einen anderen Arbeitsplatz zu finden, dessen Anforderungen er eher gewachsen ist.

Dadurch kann er unter Umständen relativ leicht sowohl sich selbst als auch den Mobber vom Mobben befreien.

3.3.2.2 Aus-, Fort- und Weiterbildung

Bekannt geworden ist der Ausspruch des bekannten und vielfach geehrten (Ehrendoktor-Würden, Benennung von Flughafen, Straßen und Plätzen nach ihm) Politik-Mobbers F. J. Strauß:

„Haben Sie überhaupt Abitur?"

Viele Menschen haben kein Abitur. Trotzdem sind viele von ihnen z. T. hervorragend für die von ihnen ausgeübte Tätigkeit qualifiziert und aus moralisch-ethischer Perspektive vorbildlicher als der Genannte.

Durch die bei jeder „passenden" oder unpassenden Gelegenheit wiederholte und auch in zahlreichen Varianten – vielleicht auch nur beiläufig in einem Nebensatz – aufgegriffene Abiturfrage kann ein geschickter Mobber hinsichtlich ihres Selbstwertgefühls nicht ausreichend gefestigte Nicht-Abiturienten laufend schikanieren.

Auch Eltern von Nicht-Abiturienten, Geschwister, Verwandte, Freunde können gemobbt werden, sofern sie dieses objektiv zwar vorhandene, wenn auch in vieler Hinsicht keineswegs relevante Defizit selbst als traumatischen Makel empfinden.

Bisweilen werden Arbeitnehmer auch dadurch schikaniert, daß ihnen notwendige Fortbildungsmaßnahmen verweigert werden. Führungskräfte behalten sich die Entsendung der einzelnen Mitarbeiter zu Fortbildungsmaßnahmen als Privileg vor. Nur wer in den Augen der Führungskraft eine Fortbildungsmaßnahme wirklich „verdient" oder wem der Vorgesetzte einen persönlichen Gefallen tun will (z. B. Fortbildung als Incentive-Maßnahme), dem wird die Teilnahme großmütig, vielleicht sogar noch mit besonderen Auflagen (z. B. Erfahrungsbericht erstellen), genehmigt.

Die Ablehnung der vom Mitarbeiter beantragten Teilnahme wird durch Führungskräfte oft nicht einmal begründet. Wozu auch? Denn eine überzeugende Begründung existiert gar nicht. Maßgeblich ist der „Nasenfaktor" (d. h. willkürliche Bevorzugung bzw. Benachteiligung). Viele Mitarbeiter fühlen sich durch ein solches autoritäres Vorgehen, das sie in ihrer persönlichen und fachlichen Entwicklung behindert, schikaniert.

Sie empfinden diese Schikane umso mehr, weil andererseits von ihnen verlangt wird (das ist oftmals sogar ausdrücklich im Arbeitsvertrag oder in einer Betriebsvereinbarung festgelegt), daß der Arbeitnehmer sich laufend daraufhin zu prüfen habe, ob seine fachlichen Kenntnisse und Fertigkeiten noch auf dem aktuellen Stand sind. Da das Unternehmen und gegebenenfalls sogar der Mitarbeiter selbst für die Qualität einer sachgerechten Arbeit haften müssen, hat die Forderung nach ausreichender Fortbildung auch aus dieser Perspektive eine objektive Grundlage.

Besonders unangenehm kann es für Arbeitnehmer werden, die nicht energisch genug ihren subjektiv festgestellten Fortbildungsbedarf realisieren, sondern sich resignierend den sachwidrigen Anordnungen ihrer Vorgesetzten fügen.

In einem Fall aus meiner Praxis wurde diese Nachlässigkeit dem Arbeitnehmer, einem Assistenzarzt, in dem Augenblick zum Verhängnis, in dem der Arbeitgeber (die Klinikleitung) ihn loswerden wollte. Die Fortbildung zur Facharztqualifizierung war unterblieben, und deshalb hatte er nun Schwierigkeiten, in die freie Niederlassung überzuwechseln. Das Fortbildungsdefizit wirkte sich nunmehr in zweierlei Hinsicht negativ für ihn aus: einerseits fehlte ihm die Facharztqualifikation für seine Weiterbeschäftigung in der Klinik, aber andererseits fehlte sie ihm auch für die freie Niederlassung als Ausweichmöglichkeit.

Er wurde monatelang psychisch derart unter Druck gesetzt und durch ungünstige Schichtzeitregelungen mit erheblichem Überstundenanfall so zermürbt, daß er sich schließlich wegen gravierender psychosomatischer Beschwerden (u. a. Magengeschwür, schwere Schlaf- und Konzentrationsstörungen) krankschreiben lassen mußte. Wenn sich die Arbeitsbedingungen nicht grundsätzlich ändern und außerdem der zusätzliche Streß durch Mobbing künftig nicht entfällt, bleibt der Arzt unter solchen Bedingungen dauerhaft arbeitsunfähig. Er hat inzwischen aus „Selbsterhaltungstrieb" die Auflösung des Arbeitsverhältnisses ins Auge gefaßt, muß dafür aber notfalls auf dem Rechtswege erst für ihn erträgliche Übergangsregelungen erkämpfen.

Bei diesem „Mobbing-Opfer" waren zu dem Zeitpunkt, als es meine Praxis aufsuchte, Persönlichkeitsstörungen feststellbar. Allerdings war im Rahmen meines Arbeitsauftrages nicht mehr festzustellen, in welchem Maße diese psychischen Störungen Ursache oder Folge des erlittenen Mobbings waren.

Aus-, Fort- und Weiterbildung bietet Mobbern vielfältige Ansätze zur Schikane. Einige Beispiele zeigt die folgende Tabelle:

Tab. 27 Mobbing-Ansätze bei Aus-, Fort- und Weiterbildung

- Mitarbeitern die für sie wichtigen Informationen über notwendige und geeignete Fort- und Weiterbildungsmöglichkeiten vorenthalten.
- Anträge auf Fort- oder Weiterbildung nicht bearbeiten.
- Anträge regelmäßig ohne oder mit offensichtlicher Schein-Begründung ablehnen.
- Notwendige Aus-, Fort- oder Weiterbildungsmaßnahmen böswillig verhindern, um weitere Karriereschritte für den Betroffenen sozusagen „auf kaltem Wege" zu blockieren (d. h. nicht aus sachlichen Gründen, sondern mit dem Ziel, dem anderen zu schaden).
- Mitarbeiter zu für sie nutzlosen Fortbildungsveranstaltungen schicken.
- Mitarbeiter gegen ihren Willen zu solchen Veranstaltungen schicken (z. B. in entfernten Orten, langdauernd, an Wochenenden, in den Abendstunden, unter Anrechnung des Jahresurlaubs), die spürbar ihr Familienleben belasten.
- Einen Mitarbeiter von Fortbildungsmaßnahmen ausschließen, an denen alle anderen Mitarbeiter des Teams teilnehmen dürfen.

Und bildet sich die Führungskraft
als schikanöser Mobber ein,
Fortbildung müsse gar nicht sein,
dann ist sie nicht im Bilde.

Da sag ich nur ganz milde:
Ihr fehlt die rechte Durchblickkraft.
Laß kochen sie im eig'nen Saft
bis du sie dir vom Hals geschafft!

3.3.3. Menschliche Qualitäten

Jeder Mensch hat sein eigenes Selbstwertgefühl – und das braucht er auch. Weil das die Schikaneure wissen, setzen sie besonders gern dort an: Sie versuchen, ihren Opfern ihr positives Selbstwertgefühl zu nehmen. Denn wessen Selbstwertgefühl zerstört ist, der ist „Wachs in den Händen" seiner Peiniger.

Aber aus der Historie wissen wir ebenso wie aus der Betrachtung menschlicher Einzelschicksale, daß sich gerade in solchen Fällen die Wut der Opfer aufstauen kann, bis es dann eines Tages überraschend zur Revolution, zur unverhofften Attacke, zum plötzlichen Amoklauf oder zum alles zermalmenden Exzeß kommt. Dabei vergeht dann den Schikaneuren Hören und Sehen – und möglicherweise sogar das Leben.

Mancher mobbende Manager oder Politiker hat schon durch Unterschätzung der von ihnen provozierten Psychodynamik und der sich entwickelnden Rachegelüste langjährig schikanierter Mitarbeiter, Kollegen oder Konkurrenten unvorbereitet und recht unrühmlich seinen Posten verlassen müssen.

3.3.3.1 Persönliche Diffamierung

Diffamierung (d. h. Verleumdung, Verbreitung übler Nachrede) bietet dem Mobber die Möglichkeit, auch ohne sachlichen Anlaß untadelige Personen oder Persönlichkeiten öffentlich in Mißkredit zu bringen und dadurch dauerhaft ihr Image zu schädigen.

Tab. 28 Diffamierung

- wahrheitswidrig behaupten, die Person sei bei wichtigen Vorgesetzten in Ungnade gefallen
- hinterhältig behaupten, die Person habe eine andere Person diffamiert (obwohl das gar nicht stimmt)
- von einem Arbeitnehmer wahrheitswidrig behaupten, er verrate Betriebsgeheimnisse an die Konkurrenz
- die Familienangehörigen diskreditieren durch entsprechende Gerüchte (z. B. die Frau gehe auf den Strich, der Mann sei schwul, die Tochter sei drogensüchtig, der Sohn sei ein Sexualstraftäter und schlage zu Hause seine Frau)
- Gerücht verbreiten, die Mitarbeiterin habe ein Verhältnis mit dem verheirateten Chef (obwohl das nicht stimmt)
- Ausstreuen von Gerüchten über strafbare Taten eines Mitarbeiters (z. B. er habe in die Firmenkasse gegriffen, er habe Gelder unterschlagen, er sei bestechlich)
- Gerüchte über die angegriffene Gesundheit mit zu erwartender Arbeitsunfähigkeit verbreiten (z. B. ansteckende Krankheit, Geisteskrankheit)

Im Gegensatz zum üblichen alltäglichen „Tratsch" am Arbeitsplatz impliziert „Diffamierung" den Vorsatz, den Ruf einer bestimmten Person zu schädigen.

Ziel ist es meistens, die Person lächerlich zu machen und sie sozial zu isolieren. Gelingt diese Isolierung auch nur im Ansatz bei einer Einzelperson, kann dadurch eine Eigendynamik derart entstehen, daß auch andere Mitglieder der Arbeits- oder Bezugsgruppe den Eindruck gewinnen, mit dieser Person dürfe man nicht mehr sprechen bzw. Umgang pflegen, weil man dann selbst „in die gleiche

Schublade gesteckt werde" und ebenfalls Gefahr liefe, aus der Gemeinschaft ausgeschlossen zu werden.

Diffamieren kann der Mobber andere Menschen öffentlich und sich dabei an der Hilflosigkeit und dem Ärger seines Opfers erfreuen, das sich nicht oder nur mit größter Mühe gegen solche hinterhältigen Diffamierungen zur Wehr setzen kann. Aber er kann das Opfer auch heimlich hinter dessen Rücken diffamieren. Dann merkt das Opfer gar nicht, was gespielt wird, und wundert sich nur über die Reserviertheit oder gar Ablehnung, auf die es allenthalben trifft.

Einige Beispiele sind in Tabelle 28 genannt.

Diffamierung ist nicht notwendigerweise auf das Geschehen innerhalb eines Unternehmens beschränkt, sie kann sich auch der Medien (Presse, Funk und Fernsehen) bedienen, wie wir das fast täglich erleben können.

Häufig warten Führungskräfte als Mobbing-Täter darauf, daß das von ihnen ins Auge gefaßte Mobbing-Opfer einen „Anlaß" liefert. Es handelt sich dabei meistens um mehr oder weniger belanglose Vorgänge, die aber vom Mobbing-Täter gezielt als Dienstvergehen so aufgebauscht werden, daß z. B. eine darauf gestützte fristlose Kündigung des Arbeitsverhältnisses zumindest für Außenstehende als unvermeidbare Konsequenz erscheinen soll.

Mit besonderer Finesse werden bisweilen sowohl der Vorstand des Unternehmens, der Betriebs- bzw. Personalrat als auch die anderen Mitarbeiter/innen durch gezielte Diffamierung des Mobbing-Opfers für die Kündigungs-Initiative solidarisiert, wie das folgende Beispiel zeigt:

Der Leiter der Personalabteilung, der organisatorisch dem Vorstand des Unternehmens zugeordnet ist, schickt Mitarbeiter/innen des Unternehmens während des laufenden Kündigungsschutzprozesses des betroffenen Mitarbeiters folgenden Brief:

„Mitarbeiterinformation
An alle Mitarbeiterinnen und Mitarbeiter des (Name des Unternehmens)

Im Januar 1993 hat ein Mitarbeiter aus offensichtlich persönlichen Gründen schwerwiegende Vorwürfe gegen [Name des Unternehmens], seine Leitung und einige Mitarbeiter erhoben, die in hohem Maße rufschädigend und verleumderisch waren und in der Folge auch das Betriebsklima unerträglich belastet haben. Er hat versucht, seine Vorwürfe durch eine Vielzahl von Unterlagen zu untermauern. Er drohte gleichzeitig, diese Vorwürfe im Rahmen eines Gerichtsverfahrens an die Öffentlichkeit zu bringen, wenn wir nicht verschiedene Forderungen erfüllen würden. Wegen der dadurch befürchteten Image-Schäden waren wir von vornherein an einer vollständigen Klärung interessiert. Eine Arbeitsgruppe aus Vertretern der Fachabteilung, des Betriebsrates und der Personalabteilung hat daher über drei Monate hinweg eine Analyse der vorgelegten Unterlagen durchgeführt und festgestellt, daß die Behauptungen im Kern jeder Grundlage entbehrten. Trotz dieses Sachverhalts war mit dem Mitarbeiter kein Einvernehmen herzustellen. Statt seine Verleumdungen zu unterlassen, wiederholte und bekräftigte er sie. Das führte dann im November 1993 zur fristlosen Kündigung. . . . "

Der Mitarbeiter gewann die Kündigungsschutzklage in der ersten Instanz. Dagegen legte das Unternehmen Berufung ein und verlor auch in der zweiten Instanz.

Das Unternehmen mußte daraufhin den Mitarbeiter weiterbeschäftigen. Außerdem mußte es im Rahmen einer Widerrufsklage die gegen den Mitarbeiter im Unternehmen verbreitete diffamierende Falschbehauptung aufgrund gerichtlicher Anordnung schriftlich zurücknehmen.

Das Image des Mitarbeiters ist durch diese Art von „Rufmord" nichtsdestoweniger nachhaltig geschädigt, und seine gesundheitlichen Schäden sind jedoch auch durch einen solchen gerichtlich angeordneten Widerruf nicht mehr zu beseitigen.

Zur gerichtlichen Überprüfung der Straftatbestände (z.B. „Üble Nachrede" gemäß § 186 StGB bzw. „Verleumdung" gemäß § 187 StGB) und zur Verurteilung des Personalleiters ist es nach meiner Einschätzung nur deshalb nicht gekommen, weil der geschädigte Mitarbeiter keinen Strafantrag gestellt hat.

Unternehmen, die sich ein solches „Personalmanagement" leisten, unterschätzen die auf die gesamte Belegschaft ausstrahlende demotivierende Fernwirkung. Ohne Rechtssicherheit im Unternehmen schwindet die Loyalität der Mitarbeiter/innen gegenüber dem Unternehmen und ihr persönlicher Einsatz für den Unternehmenserfolg.

Die Beseitigung von Personalüberhang und das „Herausekeln" von unter normalen Umständen unkündbaren Mitarbeitern durch Mobbing aus dem Unternehmen wird zwar kurzfristig als „Erfolg" verbucht. Die langfristig geschäftsschädigenden Auswirkungen (z.B. erhöhte Reibungsverluste durch unternehmensinterne Intrigen, innere Emigration von Mitarbeitern, erhöhte Personalfluktuation und ggf. Wechsel zur Konkurrenz; Umsatzeinbußen und verborgene Kostensteigerungen) bleiben dabei jedoch unbeachtet.

Da grundlose Diffamierung jeden treffen kann, ist natürlich auch der Mobber selbst davor nicht sicher. Trifft er beispielsweise auf ein unerschrockenes, geistesgegenwärtiges und handlungsfreudiges Opfer, dann kann er sich unter Umständen ganz unverhofft selbst im Zentrum einer Diffamierungskampagne als Mittelpunkt und Opfer wiederfinden!

3.3.3.2 Verbale Attacken

Permanente verbale Attacken können Opfer unter Dauerstreß setzen und bis zum psychischen Zusammenbruch neurotisieren.

Menschen werden in vielen Fällen gezielt in die Rolle eines „Sündenbocks" manövriert. So werden unter Umständen ganze Bevölkerungsgruppen ins Abseits gestellt. Im deutschen Dritten Reich galt das z.B. für „Juden", „Zigeuner", „Homosexuelle", „Psychisch oder geistig Kranke". Neuerdings richten sich verbale und z.T. sogar körperliche Attacken gegen „Gastarbeiter", „Ausländer", „Asylanten", „Aidskranke".

Speziell gegen Frauen gerichtete verbale Attacken werden im Kapitel über sexuelle Belästigungen (3.3.4.2) mitbehandelt.

Aber auch junge Leute, Ältere, Behinderte, Angehörige einer bestimmten Partei oder Religionsgemeinschaft, eines Sportvereins etc. können sich der permanenten Anpöbelei ausgesetzt sehen.

Wer zu einer solchen Minderheit gehört, wird verbal fertiggemacht, gesellschaftlich isoliert, nach Möglichkeit vom normalen Arbeitsmarkt ferngehalten und in diffamierender Weise beschimpft. Ziel ist es auch dabei vor allem, diese Menschen aus dem eigenen Lebenskreis der Mobber zu vertreiben.

Beispiele für verbale Mobbing-Attacken, die sowohl „diplomatisch" verdeckte als auch offen aggressive Formen annehmen können, zeigt Tabelle 29.

Tab. 29 Verbale Mobbing-Attacken

- „Diese Ausländer nehmen uns nur die Arbeitsplätze weg!"
- „Ausländern steht hier kein Wahlrecht zu. Schließlich ist das ja immer noch unser Land!"
- „Diese Asylanten kosten unser Geld. Damit könnten wir sonst unsere eigenen Renten finanzieren. Diese Schmarotzer sollen sie wieder dahin zurückschicken, wo sie herkommen!"
- „Schon wieder so ein Zombi!"
- „Judensau!"
- „Wer einen solchen Haarschnitt hat, der hat hier bei uns nichts zu suchen!"
- „Na ja, die Frau Direktor ist eben etwas Besseres. Aber wir kennen Sie ja noch von früher!"

Hierbei handelt es sich natürlich nicht um einmalige Bemerkungen, gewissermaßen um Ausrutscher, sondern um eine Grundeinstellung des Mobbers, die sich bei jeder Gelegenheit wieder in vergleichbaren verbalen Attacken manifestiert. Dem Opfer wird immer wieder aufs neue deutlich vor Augen geführt, daß es unerwünscht und eine Belastung für alle diejenigen ist, „die eigentlich hierher gehören".

Verbale Attacken konzentrieren sich oft über einen längeren Zeitraum hinweg auf bestimmte Themenschwerpunkte, wie sie die folgende Tabelle zeigt:

Tab. 30 Themenschwerpunkte für verbale Mobbing-Attacken am Arbeitsplatz

(Unberechtigte) schikanöse Dauerkritik:
- am Arbeitsstil und der Organisation der Arbeit des Arbeitnehmers
- an der mangelhaften Qualität der Arbeitsleistung
- an mangelnder Fachkompetenz
- an ständigen Arbeitsrückständen
- an der Pünktlichkeit
- an überzogenen Arbeitspausen
- an den angeblich zu häufigen krankheitsbedingten Fehlzeiten, wobei die Krankheitsursache angezweifelt wird
- an mangelhaftem Arbeitseinsatz für das Unternehmen
- an mangelnder Freundlichkeit, Kooperationsbereitschaft, Kameradschaftlichkeit bzw. Kollegialität
- an den angeblich durch den Betreffenden laufend verursachten Streitereien und Störungen des Betriebsfriedens
- am persönlichen Erscheinungsbild (z. B. Garderobe, Körperpflege [„der/die stinkt"], Figur [zu dünn, zu fett, verwachsen], Frisur, Schmuck, Make-up)
- am angeblich zu laschen bzw. zu autoritären Führungsstil eines Vorgesetzten
- an der mangelhaften Wirtschaftlichkeit einer Abteilung („Ihre Abteilung schreibt laufend rote Zahlen!") und zu großem Personalbestand

---

Die besondere Gemeinheit von Vorgesetzten, Kollegen oder Mitarbeitern kann beim Herumreiten auf derartigen Themen sogar darin bestehen, daß sie selbst die organisatorischen Voraussetzungen und damit Ansatzpunkte für ihre Mobbing-Attacken schaffen.

Ein beliebtes Spiel ist es auch, Vorgesetzten bei irgendwelchen Arbeitsanordnungen wahrheitswidrig vorzuhalten: „Letzte Woche haben Sie genau das Gegenteil davon gesagt. Wie wollen Sie es denn nun wirklich haben? Man weiß ja bei Ihnen überhaupt nie, woran man ist!"

Diese Attacken, die über Jahre hin beliebig oft wiederholbar sind, können unerfahrene oder naive Vorgesetzte leicht zur Verzweiflung bringen. Ein wirksames Mittel dagegen sind „schriftliche" Arbeitsanweisungen bzw. -aufträge. Dann kann jeder jederzeit nachlesen, was der Vorgesetzte angeblich in der letzten Woche anderes gesagt haben soll als heute. Der Mobber läßt sich dadurch leicht und ohne großen Aufwand als solcher entlarven.

Das sind Mobber, die wegen ihrer Hinterhältigkeit und Unkollegialität zumindest von einigen bald durchschaut und dann – soweit sich das realisieren läßt – mit Recht nicht mehr gegrüßt werden.

Schockschwerenot,
er ärgert mich noch tot!

Mich mobbet ganz unsäglich
der blöde Mobber täglich.

Ich sitz' schön in der Tinte,
doch weiß ich eine Finte,
den Teufel zu besiegen
und kurz und klein zu kriegen:

Dem Mobber – mit Geschick –,
dem brech' ich das Genick!

3.3.4 Gesundheit

Wer kennt nicht den Ausspruch angesichts drohender Verluste oder drückender Geldsorgen: „Das macht alles nichts. Hauptsache: ich bleibe gesund!" ?

Gesundheit ist wichtig. Dafür wird manches Opfer gebracht.

Gerade deshalb ist der Angriff auf die Gesundheit auch ein so lohnendes Ziel für Mobber. Schon durch die bloße Möglichkeit der Bedrohung der Gesundheit von Mitmenschen – insbesondere auch in der Arbeitswelt – können Mobber Angst und Schrecken verbreiten. Aber dabei bleibt es meistens nicht. Vielmehr bewirken nahezu beliebige Mobbing-Aktivitäten bereits mehr oder weniger gravierende Beeinträchtigungen der psychischen und/oder körperlichen Gesundheit der Mobbing-Opfer.

3.3.4.1 Körperliche Angriffe

Besonders gefährdet sind Menschen, die bereits unter Gesundheitsschäden leiden, wie z. B. körperlich oder geistig Behinderte, Alkohol- oder Drogenabhängige, Patienten nach einem Herzinfakt oder Schlaganfall, Patienten, die auf die regelmäßige Einnahme bestimmter Medikamente angewiesen sind (z. B. Zukkerkranke, Bluter, Epileptiker) sowie gebrechliche ältere Menschen.

Mobber werden angesichts der Schwächen dieser Menschen besonders mutig, weil sie von ihnen keine oder nur schwache Gegenwehr befürchten. Daher sind ihre Attacken in solchen Fällen meistens risikoarm, was Mobber schamlos ausnutzen.

Die Gemeinheiten reichen vom Anspucken von Rollstuhlfahrern, dem Anrempeln auf der Straße bis zur Feststellung „lebensunwerten Lebens" und schließlich zum Anzünden der Wohnungen bzw. zum Verbrennen, Erschießen, Erdolchen oder Vergasen der als Opfer stigmatisierten Mitmenschen.

In der Arbeitswelt sind Behinderte durch das Schwerbehindertengesetz („Gesetz zur Sicherung der Eingliederung Schwerbehinderter in Arbeit, Beruf und Gesellschaft" vom 8.10.1979) zumindest formal vor einigen Arten von Attacken, der unüberwindlichen Isolierung und Ausgrenzung aus der Arbeitswelt geschützt. So gibt es z. B. eine Pflicht für Arbeitgeber, in ihren Unternehmen eine vorgeschriebene Anzahl von Behinderten auf angemessenen Arbeitsplätzen zu beschäftigen, sowie einen verschärften Kündigungsschutz für die behinderten Arbeitnehmer.

Aber auch, wenn der Arbeitgeber nicht kündigt, kann das Gesetz die Behinderten nicht davor schützen, daß sie durch Mobbing-Attacken so schikaniert und in Panik getrieben werden, daß sie schließlich selbst ihr Arbeitsverhältnis kündigen, um bloß endlich „dieser Hölle zu entfliehen".

3.3.4.2 Sexuelle Belästigung

Aus der Film- und Fernsehbranche ist die „Besetzungs-Couch" als ein schon lange tradiertes Schlagwort bekannt, das auf den Umstand hinweist, daß von Schauspielerinnen und Schauspielern besonders begehrte Rollen nur dann mit ihnen besetzt werden, wenn z. B. der Regisseur oder der Produzent erst einmal Gelegenheit hatte, sich „auf der Couch" (oder im Bett oder sonstwo) an dem sexuellen Entgegenkommen der Aspiranten zu delektieren.

Allerdings ist das Prinzip der Besetzungs-Couch keineswegs auf die genannten Branchen beschränkt. Es wird überall dort mehr oder weniger selbstherrlich praktiziert, wo interessante und lukrative Positionen zu besetzen sind (z. B. in der Arbeitswelt die der Chef-Sekretärin) und wo Menschen von anderen abhängig sind.

Sexuelle Übergriffe sind auch in Haftanstalten international an der Tagesordnung. Dort nehmen sich die Inhaber entsprechender Führungspositionen in der Häftlingshierarchie das Recht heraus, über Neulinge und Untergeordnete nach ihrem Belieben sexuell zu verfügen. Als Gegenleistung genießen diese dann einen gewissen Schutz gegenüber den möglichen Übergriffen durch andere Häftlinge.

Aber auch der „Tatort Arbeitsplatz" rückt zunehmend ins Blickfeld (z. B. PLOGSTEDT & BODE 1984, HOLZBECHER et al. 1990, SCHNEBLE & DOMSCH 1990, DEGEN & PLOGSTEDT 1992, MÜLLER & PLOGSTEDT 1992, GERHART et al. 1992, EICHINGER 1993, GRÄNING 1993, MESCHKUTAT et al. 1993, SADROZINSKI 1993, HULLMANN & WEBER 1995).

Zur Bandbreite sexueller Belästigungen zählen nach MESCHKUTAT et al. (1993, S. 25) beispielsweise:

Tab. 31 Sexuelle Belästigungen am Arbeitsplatz

- pornografische Bilder am Arbeitsplatz
- anzügliche Bemerkungen über Figur und sexuelles Verhalten im Privatleben
- unerwünschte Einladungen mit eindeutiger Absicht
- Po-Kneifen und Klapsen
- Telefongespräche, Briefe mit sexuellen Anspielungen
- Versprechen beruflicher Vorteile bei sexuellem Entgegenkommen
- unerwartetes Berühren der Brust
- Androhen beruflicher Nachteile bei sexueller Verweigerung
- Aufforderung zu sexuellem Verkehr
- aufgedrängte Küsse
- Zurschaustellen des Genitals
- erzwingen sexueller Handlungen, tätliche Bedrohung

- -

Demgegenüber werden die folgenden Vorkommnisse von den Befragten in der Erhebung mehrheitlich nicht als Belästigung gewertet:

- anzügliche Witze
- Hinterherpfeifen, Anstarren, taxierende Blicke
- „zufällige" Körperberührungen

Hierbei ist sinnvollerweise zu unterscheiden zwischen einmaligen „Entgleisungen" sowie einfach nur unreflektiert emotional gesteuerten Übergriffen zur Annäherung aus Sympathie (Flirt !) einerseits und schikanösen Attacken mit Mobbing-Qualität andererseits.

Aus der Perspektive der betroffenen Frauen und Männer mögen manche Vorkommnisse als Mobbing empfunden werden, ohne daß sie unter Berücksichtigung der Täterabsichten auch tatsächlich als solche eingeordnet werden müßten. Nichtsdestoweniger können sie – auch wenn es sich nicht um Mobbing im eigentlichen Sinn handelt – ausgesprochen lästig und ärgerlich sein und demzufolge geeignete Abwehrmaßnahmen erforderlich machen.

Strafrechtlich können sexuelle Belästigungen (nach § 184 c StGB) als Beleidigungen (nach § 185 StGB) durch Geld- oder Haftstrafen geahndet werden, „wenn *besondere Umstände* einen selbständigen beleidigenden Charakter erkennen lassen", d. h. wenn sie von einiger Erheblichkeit sind oder von anderen wahrnehmbar vorgenommen werden und von daher eine Ehrverletzung bewirken (DREHER & TRÖNDLE 1993, S. 1102).

3.3.4.3 Psychische Überlastung

Wie bereits festgestellt, ergibt sich psychische Überlastung im Arbeitsleben oft unbeabsichtigt und unbemerkt aus der Art der Berufstätigkeit und der Arbeitsaufgabe.

Die Überlastung kann durch den Betroffenen selbst verursacht sein, wenn z. B. ein ehrgeiziger Karrierist sich selbst laufend überfordert, um Mitbewerber um attraktive Positionen zu übertrumpfen oder um Vorgesetzten zu imponieren. Dabei bleiben häufig Familie und Gesundheit auf der Strecke.

Die Überlastung kann auch von außen bewirkt werden, wenn die Unternehmensleitung zu hohe Leistungsvorgaben macht und dadurch die Mitarbeiter unter übermäßigen Zeit- und Arbeitsdruck setzt. Der psychische Druck ist besonders dann stark, wenn es nicht nur um mehr oder weniger Leistung geht, sondern beim Versagen auch um den Arbeitsplatz und die Existenz.

Beides ist in der Arbeitswelt mehr oder weniger „normal".

Mobbing entsteht erst dann, wenn solche psychischen Überlastungen von außen vorsätzlich mit dem Ziel geschaffen werden, den Betroffenen zu schikanieren, ihm das Leben sauer zu machen, ihn psychisch so fertig zu machen, daß er resigniert, krank wird oder unter dem unerträglichen Druck seinen Arbeitsplatz freiwillig aufgibt. Das erspart manchem Arbeitgeber die andernfalls auf ihn zukommenden lästigen arbeitsrechtlichen Auseinandersetzungen (z. B. bei Kündigungschutzverfahren).

Dazu führen wir uns einige Beispiele, die wir z. T. bereits in anderen Zusammenhängen angeführt haben, hier noch einmal aus der Perspektive der psychischen Überlastung infolge von Mobbing-Aktivitäten vor Augen:

Tab. 32 Psychische Überlastung am Arbeitsplatz

- Mitarbeiter werden mit einer Menge von Arbeitsaufgaben überladen, die während der üblichen Dienstzeiten nicht mehr zu schaffen ist und deshalb die Einbeziehung der Freizeit, des Jahresurlaubs und der sonst üblichen Ruhezeiten erfordert. Verstärkt wird der psychische Druck durch Einkommenseinbußen bei Minderleistungen und die Drohung, daß beim Versagen der Betrieb, der eigene Arbeitsplatz sowie der der Kollegen gefährdet ist.
- Betroffenen werden Aufgaben übertragen, denen sie vorhersehbar aufgrund fehlender Ausbildung oder unzureichender Leistungsanlagen oder infolge des Fehlens geeigneten Personals oder der erforderlichen Geräte bzw. Maschinen nicht gewachsen sein werden.
- Mitarbeitern oder Führungskräften werden unmittelbare Konkurrenten oder Aufpasser an die Seite gestellt, die jede Fehlleistung zum Nachteil des Betroffenen ausschlachten und eine permanente existentielle Bedrohung darstellen.
- Die Betroffenen werden auf Stellen gesetzt, die sie fachlich und persönlich unterfordern, damit sie permanent unter dem Prestigeverlust leiden und nach Möglichkeit das Unternehmen freiwillig verlassen. Dabei werden sichtbar Privilegien entzogen und das Einkommen reduziert.
- Die Betroffenen werden in ihrer Arbeitsgruppe oder Abteilung sozial isoliert, von den üblichen Informationswegen abgeschnitten und bei jeder denkbaren Gelegenheit brüskiert.

3.3.5 Familie des Arbeitnehmers

Manchem Mobbing-Täter reicht Mobben am Arbeitsplatz noch nicht aus. Deshalb dehnt er die Schikane auch noch auf die Familie des Betroffenen aus.

3.3.5.1 Familientrennung

Es gibt Menschen, die sehr an ihrer Familie hängen und die deshalb gern jeden Abend zu Hause sind. Diese bieten ein leichtes Ziel für Mobber in Führungsetagen.

Mitarbeiter können leicht schikaniert werden, wenn man ihnen die Möglichkeit, den Abend mit der Familie zu verbringen, erschwert oder gänzlich nimmt. Dazu wieder einige Beispiele:

Tab. 33 Mobbing durch Familientrennung

- Abends werden geschäftliche Termine angesetzt (z. B. Aufarbeitung von Arbeitsrückständen, Verhandlungen mit Geschäftspartnern).
- Der Betroffene wird im Außendienst in so entfernten Regionen eingesetzt, daß tägliche Heimfahrten unmöglich sind und daß er allenfalls noch zum Wochenende nach Hause fahren kann.
- Der Betroffene wird ins Ausland versetzt. Seine Familie kann oder will vorhersehbar nicht mitkommen (z. B. wegen schulpflichtiger Kinder).
- Wenn Mitglieder aus derselben Familie bei dem Unternehmen arbeiten, werden sie in unterschiedlichen und weit auseinanderliegenden Niederlassungen eingesetzt.

Diese Art von Mobbing funktioniert allerdings dann nicht, wenn z. B. Singles keine Rücksicht auf eine Familie nehmen müssen, wenn die Familientrennung in einer ohnehin bereits gescheiterten Ehe oder Lebensgemeinschaft vom Mitarbeiter eher als Vorteil empfunden wird oder wenn Mitarbeiter und die Familie z. B. gern alle paar Jahre von einer Stadt in die andere oder von einem Land in das nächste umziehen.

Gewisse Grenzen sind derartigen Mobbing-Attacken glücklicherweise durch wirtschaftliche Rahmenbedingungen des Unternehmens, durch vernünftige und sachlich orientierte Personaleinsatzüberlegungen anderer Führungskräfte und – nicht zuletzt – natürlich auch durch die arbeitsrechtlichen Einschränkungen solcher Mobber-Willkür gesetzt.

3.3.5.2 Terrorisierung

Jemanden „terrorisieren" bedeutet bekanntlich, daß jemand durch Ausübung von Terror bedroht und eingeschüchtert werden soll. Dabei versteht man unter Terror bzw. Terrorismus (MEYERS TASCHENLEXIKON, Bd. 22, S. 51):

Terror [lat.], allg. svw. rücksichtsloses Vorgehen, Bedrohung, Unterdrückung. I. e. S. eine Erscheinungsform des [polit.] Machtkampfes, bei dem humanist. und demokrat. Normen außer acht gelassen werden; nach klass. Verständnis Gewaltmaßnahmen „von oben" (Staats-T. oder Polizei-T.), mit denen despot. oder totalitäre Herrscher Opposition oder Widerstandsbewegungen unterdrücken. Mittel solcher Schreckensherrschaften, die es schon im Altertum gab und deren herausragendste Formen im 20. Jh. die NS-Herrschaft in Deutschland sowie Stalinismus in der Sowjetunion darstellen, sind u. a. Vermögenskonfiskation, Deportation, Foltermaßnahmen, Zwangsaustreibung von Minderheiten und „Liquidierung" polit. Gegner. ...

Terrorismus [lat.], Sammelbez. für unterschiedliche Formen politisch motivierter Gewaltanwendung v. a. durch revolutionäre oder extremist. Gruppen und Einzelpersonen, die auf Grund ihrer zahlenmäßigen Unterlegenheit gegenüber dem herrschenden Staatsapparat mit auf bes. hervorragende Vertreter des herrschenden Systems gezielten, meist grausamen direkten Aktionen die Hilflosigkeit des Reg.- und Polizeiapparates gegen solche Aktionen bloßstellen, Loyalität von den Herrschenden abziehen und eine revolutionäre Situation schaffen wollen; ... "

Mancher Leser wird nun vielleicht einwenden, daß ich mit der Einbeziehung von „Terror" und „Terrorismus" in die Betrachtung von Mobbing und Schikane in der Arbeitswelt doch entschieden zu weit gehe.

Ist das wirklich so?

Ich habe auch bei LEYMANN (1993, S. 16 f.) ein Kapitel gefunden zum Thema „Der Terror am Arbeitsplatz". Er schildert dort in Printmedien publizierte und selbst erforschte Fälle, wo z. B.:

- eine spastisch behinderte Kollegin laufend als „Idiotin" stigmatisiert und ausgegrenzt wurde;
- eine schwangere Kollegin „wie eine Aussätzige" behandelt wurde;
- ein Angestellter als „Null", „Flöte" und „Versager" ständig schikaniert wurde;
- ein promovierter Wissenschaftler als homosexuell diffamiert und so lange schikaniert wurde, bis er kündigte;
- Kolleginnen und Kollegen gegen eine Spezialistin für Telefonmarketing hetzten, weil sie Angst vor der Umsetzung ihrer Verbesserungsvorschläge hatten;
- eine neue Chefin die Sachbearbeiterin nicht mehr beachtete und ihr nach und nach wichtige Arbeitsgebiete entzog, bis sie schließlich kündigte;
- in einem technischen Zeichenbüro eine Kollegin, die früher als Fotomodell gearbeitet hatte, durch ständige Spötteleien so lange ausgegrenzt wurde, bis sie kündigte;
- eine gelernte Schweißerin vom Werkmeister als Küchenhilfe eingesetzt wurde; sie bekam keine gerechte Lohneinstufung und wurde u. a. durch das Zusenden anonymer Drohbriefe so lange schikaniert, bis sie Weinkrämpfe und Magenschmerzen bekam und kündigte; infolge längeren Ausgestoßenseins erkrankte sie psychisch.

Ich habe den Eindruck, daß Menschen schon sehr erfinderisch sind, was das Ausdenken von Möglichkeiten des Schikanierens anbetrifft. Es scheint im übrigen so zu sein, daß sie die einmal in einem Lebensbereich (z. B. Machtpolitik) erfundenen und erprobten Methoden durchaus auch in anderen Lebensbereichen einzusetzen geneigt sind (z. B. im Beruf, im Familienleben, im Vereinsleben in der Freizeit).

Man sagt deshalb sicher auch nicht ganz zufällig über jemanden, von dem man sich schikaniert fühlt: „Der terrorisiert mich!" Bisweilen hört man das sogar von Eltern, wenn sie mit der Eigenwilligkeit ihrer Kinder nicht mehr fertig werden.

In der Arbeitswelt kann beispielsweise das Intrigieren gegen verhaßte oder bei der eigenen Karriereplanung im Wege stehende Kolleginnen bzw. Kollegen, gegen Mitarbeiter oder Führungskräfte diese erheblich unter Streß setzen, wenn sie in unterschiedlichster Weise bedroht und eingeschüchtert – bzw. sogar terrorisiert – werden.

Während Intrigen und Verleumdungen eher hinter dem Rücken der Betroffenen in Gang gesetzt werden, beschränkt sich das Terrorisieren oft nicht auf verdeckte Aktionen aus dem Unter- oder Hintergrund, sondern scheut auch vor offenen Attacken nicht zurück. Im Vordergrund steht dabei, daß der Betroffene möglichst intensiv in Angst versetzt werden soll, wobei Körperverletzung oder Sach- und Vermögensschäden durchaus nicht von vornherein ausgeschlossen, sondern unter Umständen sogar zur Verstärkung der schikanösen Wirkung gezielt mit in Betracht gezogen werden.

Tab. 34 Mobbing-Terror

- Menschen ungerechtfertigt kritisieren und fertigmachen durch Anschreien und Beschimpfen für Fehler, die nicht von ihnen zu vertreten sind.
- Menschen nötigen, unter Druck setzen und zu Handlungen zwingen, die mit ihren religiösen, moralischen oder weltanschaulichen Überzeugungen in Widerspruch stehen.
- Nächtliche Telefonanrufe zu Hause, um die Betroffenen durch Drohungen und Raub des Nachtschlafs zu zermürben.
- Die geistige Zurechnungsfähigkeit anderer in Abrede stellen und die Unterbringung in einer Heilanstalt betreiben, um dadurch die berufliche Existenz der Betroffenen zu vernichten.
- Die moralische Integrität anderer in Zweifel ziehen und zur Untermauerung der erfundenen Falschbehauptungen diffamierende und ehrenrührige Lügen in Umlauf setzen.
- Den Betroffenen durch diffamierende Lügen über angebliche Straftaten in Strafprozesse verwickeln und ihn dadurch öffentlich unmöglich zu machen versuchen.
- Das geparkte Kraftfahrzeug beschädigen (z. B. Lack zerkratzen, Luft aus den Reifen lassen, Reifen zerstechen).
- Das Haus des Betroffenen anzünden bzw. anzünden lassen, um ihn in Existenzangst zu versetzen und gleichzeitig den Druck über die Verängstigung der Familie und durch Verursachung von Vermögensschäden zu verstärken.
- Bei der „Entmietung" von Häusern die Mieter terrorisieren (z. B. durch Abstellen von Strom und Wasser, durch Umwandlung des Hauses in eine lärmige und schmutzige Dauerbaustelle, durch Wohnungseinbrüche oder durch gezielte Verursachung von Wasserschäden).

Spektakuläre terroristische Aktionen werden oft in den Medien (Presse, Funk und Fernsehen) publiziert.

Ich erinnere in diesem Zusammenhang beispielsweise an politisch motivierte Terroraktionen (durch RAF, IRA, Mafia, religiöse Fundamentalisten etc.), bei denen Bombenanschläge auch unter Unbeteiligten Angst und Schrecken verbreiten sollen, um bestimmte eigene Interessen durchzusetzen. Bisweilen werden auch Versuche der Erpressung höherer Geldbeträge durch terroristische Aktionen unterstützt (so beschießt ein Terrorist z. B. Fahrgäste in Zügen der Bundesbahn, um seinen Geldforderungen Nachdruck zu verleihen; ein anderer vergiftet Lebensmittel bekannter Hersteller, um von diesen Geld zu erpressen).

Derartige Aktivitäten markieren, wie im Kapitel 1.4 („Mobbing als Straftatbestand") bereits dargestellt, das obere Extrem in einem weiten Spektrum, in dem unterschiedlich gravierende Mobbing-Handlungen eingeordnet werden können. Die Spannweite kann dabei je nach situativen Rahmenbedingungen von der „Nichtbeachtung" eines Menschen bis hin zu seiner körperlichen Beseitigung aus dem eigenen Lebens- und Interessenbereich des Mobbers reichen.

Ich finde es erstaunlich, wie derartige Druckmittel (neben Terroraktionen auch Nötigungen, Erpressungen [z. B. Schutzgeld-Erpressungen], Kriegsdrohungen und andere Repressionen) einerseits in öffentlichen Bekenntnissen moralisch-ethisch verurteilt und geächtet, andererseits aber gleichzeitig (bisweilen sogar von denselben Menschen) beim Versuch der Durchsetzung eigener Interessen rücksichts- und gnadenlos eingesetzt werden.

Bei der Durchsetzung ihrer eigenen Interessen gelingt es offenbar vielen Menschen, die moralisch-ethische Selbstkritik als Handlungsbremse auszuschalten und dann im Extremfall sogar „über Leichen zu gehen" – und zwar über die ihrer Mitmenschen. Das sind bei den Auseinandersetzungen zwischen den Völkergruppen des ehemaligen Jugoslawien u. a. Nachbarn, ehemalige Freunde und Arbeitskollegen.

3.4 Eingriffe in die sozialen Beziehungen

Eingriffe in die sozialen Beziehungen beruhen vorwiegend auf Beschränkungen der Kommunikation und der Interaktion mit anderen Menschen. Dabei kommt es zu verschiedengradiger Isolation.

Während z.B. die **Isolierung der Kranken**, von denen eine große Infektionsgefahr für andere ausgeht, vernünftig ist, verfolgt die Isolierung von Menschen in Gefängnissen nur bedingt den Schutz anderer, sondern hat zumindest als Nebeneffekt auch einen ausgeprägten Strafcharakter als **„Freiheitsstrafe"** („Rache der Gesellschaft für ihr vom Delinquenten zugefügten Ärger und Schaden").

Allerdings sind die Freiheit der Person ebenso wie derartige von Amts wegen vorgenommene Isolierungsmaßnahmen durch entsprechende Gesetze geregelt (z.B. Freiheit der Person nach Art. 2 Grundgesetz, Einschränkungen der Freiheit nach Art. 104 GG; Freiheitsstrafe nach §§ 38 und 39 StGB, Freiheitsschutz nach §§ 234a und 241a StGB, Sicherungsverwahrung nach §§ 66 und 67 StGB, Freiheitsberaubung nach § 239 StGB).

Als Verschärfung normaler **Freiheitsstrafen** (seit der Strafrechtsreform 1969 der einheitliche Oberbegriff für die früheren Strafarten: Zuchthaus, Gefängnis, Einschließung, Haft) ist die **„Isolationshaft"** anzusehen. Dabei werden die Kontakte des Häftlings zur Außenwelt (bei Unterbringung in einer Isolierzelle auch zu anderen Häftlingen) aus Sicherheitsgründen eingeschränkt oder ganz unterbunden (sogenannte „Kontaktsperre"). Rechtsgrundlage dafür ist in Deutschland das Strafvollzugsgesetz (§§ 88 ff.). In Systemen, die sich rechtsstaatlicher Überwachung entziehen, wird unkontrollierte Isolationshaft als Folter praktiziert.

Eingriffe in die sozialen Beziehungen haben also eine lange Tradition, und sie werden – wie wir gesehen haben – teils aus vernünftigen und teils aus höchst zweifelhaften Gründen vorgenommen.

Das gilt auch für derartige Eingriffe in der Arbeitswelt. Sie können sich auf Kommunikation innerhalb des Unternehmens beschränken, aber auch die Kontakte nach außen (z.B. zu Geschäftspartnern, Besuchern, Fortbildungsinstitutionen, möglichen anderen Arbeitgebern) mit umfassen.

3.4.1 Kontakte innerhalb des Unternehmens

In allen Unternehmen gibt es formelle und informelle Informationswege und Kontaktstrukturen.

Bekannt ist die formelle Regelung über den „vorgeschriebenen Dienstweg" unter Berücksichtigung der Kompetenzen aller Ebenen der innerbetrieblichen Hierarchie.

Durch entsprechende Dienstwegvorgaben können Informationswege und Interaktionen nahezu beliebig erleichtert oder erschwert werden – für alle, für definierte Personengruppen oder für Einzelpersonen. Dabei bieten sich schon auf organisatorischem Wege viele Mobbing-Möglichkeiten der Isolation und Ausgrenzung.

Darüber hinaus werden Informationen auf informellen Wegen ausgetauscht zwischen Mitarbeitern, die sich persönlich – unter Umständen sogar von gemeinsamen Freizeitaktivitäten – gut kennen bzw. die sich aus irgendwelchen Gründen sympathisch sind. Sie besuchen sich eventuell auch an ihren Arbeitsplätzen, frühstücken dort gemeinsam oder treffen sich in der Betriebskantine zum Mittagessen.

Diese Kommunikation kann ebenfalls durch organisatorische Maßnahmen beeinflußt werden. Allerdings entstehen Mobbing-Probleme hier oft vor allem durch gruppendynamische Prozesse, bei denen Freundschaften und Feindschaften ausgelebt werden und wo auch zunächst Unbeteiligte im Rahmen von Solidarisierungsbemühungen der Mobber wie der Mobbing-Opfer mit hineingezogen werden.

3.4.1.1 Räumliche Isolierung im Unternehmen

Wenn man Menschen räumlich voneinander isoliert, wie man dies im Gefängnis tut, dann bedeutet das einen wesentlichen Eingriff in das soziale Kontaktverhalten. Dabei ist es entscheidend, unter welchen Prämissen dies geschieht.

Wird z. B. der Chef in ein Einzelzimmer umquartiert, dann bedeutet das normalerweise Prestigegewinn gegenüber Mitarbeitern einer niedrigeren Hierarchieebene, von denen sich mehrere einen Arbeitsraum teilen müssen.

Wird aber eine Mitarbeiterin oder ein Mitarbeiter mit bloß vorgeschobenen Scheingründen „ausquartiert" wegen Verbreitung übler Gerüche, zu lauten Schreiens, (angeblicher) Unverträglichkeit und Streitsucht, persönlicher Unansehnlichkeit etc., dann zielt dies auf eine Herabsetzung des Selbstwertgefühls und erfüllt den Mobbing-Tatbestand.

In diesen Zusammenhang gehören alle Aktivitäten zur Isolierung, die nicht durch die Arbeitsaufgabe, die Hierarchieposition im Unternehmen oder den persönlichen Wunsch des Betroffenen begründet sind, sondern der ausgesprochenen oder unausgesprochenen Absicht der Akteure entspringen: „Mit dem wollen wir nichts zu tun haben!"

3.4.1.2 Ausschluß von sozialen Aktivitäten

An Discotheken ist bisweilen das Schild ausgehängt mit der Aufschrift: „ Off limits!" – hier sind Ausländer nicht erwünscht und werden demzufolge auch nicht eingelassen. Aber auch die übrigen Eintrittswilligen werden erst vom Türsteher daraufhin kontrolliert, ob sie zu dem Publikum passen, für das die Inhaber die Disco vorgesehen haben. Wer deren Einlaßkriterien nicht entspricht, wird abgewiesen.

Abgewiesen werden aber in unserer Gesellschaft u. a. auch:

- zu klein gewachsene Menschen, wenn sie sich zur Ausbildung als Polizisten bewerben,
- Bewerber um eine Beamtenposition, wenn sie die Zulassungskriterien nicht erfüllen,
- Studienbewerber, wenn sie die Zulassungsbedingungen in Numerus-clausus-Fächern nicht erfüllen,
- wahlwillige Ausländer, weil sie die deutsche Staatsbürgerschaft nicht besitzen,
- unerwünschte Behinderte im Rollstuhl, indem man die Zugänge so konstruiert, daß sie die Hindernisse nicht bewältigen können.

Was ist Schikane, was ist durch sachliche Gründe bedingt?

Die Beantwortung dieser Frage ist manchmal nicht leicht. Gerade im Arbeitsleben werden beim Mobben gern sachliche Gründe vorgeschoben, wenn es darum geht, jemanden einfach nur loszuwerden, ohne dadurch selbst Ärger zu bekommen.

Wer nicht eingeladen wird zu bestimmten sozialen Aktivitäten (z. B. einem privaten Gartenfest, dem Dienstjubiläum eines Kollegen) der ist sozusagen auf kaltem Wege von vornherein ausgeschlossen.

Bisweilen werden aber auch die Termine für soziale Aktivitäten (z. B. Betriebsausflug, Geburtstagsfeier im Betrieb, Arbeitsbesprechung) so gelegt, daß das Mobbing-Opfer vorhersehbar nicht daran teilnehmen kann, weil es bereits einen Auslandsurlaub für diese Zeit fest gebucht hat oder weil es gerade an diesem Tag einen dienstlich angeordneten „unaufschiebbaren" auswärtigen Termin wahrzunehmen hat.

Bisweilen werden Termine Mobbing-Opfern auch erst so kurzfristig mitgeteilt, daß Umdisposition nicht mehr möglich ist oder daß das Opfer allenfalls noch sehr verspätet teilnehmen könnte. Sagt es seine Teilnahme doch noch überraschenderweise zu, wird der Termin kurzerhand noch einmal verlegt.

Vielleicht sind auch die Pkw-Plätze für die Dienstfahrt zu einem Kontaktbesuch bei einem anderen Unternehmen schon alle besetzt, so daß das Mobbing-Opfer „leider" nicht mehr mitfahren kann.

Manche Mobber enthalten ihren Opfern nach Möglichkeit überhaupt jegliche Information vor, wobei sie keinerlei Skrupel haben, sich bei Bekanntwerden ihrer Unterlassung sehr wortreich und herzlich für dieses „höchst bedauerliche Versehen" zu entschuldigen. Wenn sie sagen, das werde selbstverständlich nie wieder vorkommen, planen sie oft schon für das nächste Ereignis dasselbe Verfahren der Informationsunterschlagung erneut ein.

3.4.1.3 Mangelhafte Information

Wer nicht informiert ist, bekommt leicht Probleme. Im Unternehmen kann der Mobber beispielsweise sein Opfer einfach aus dem Postverteiler streichen, die an das Opfer gerichtete Post unterschlagen, als beabsichtigte „Irrläufer" an falsche Adressen schicken oder auch selbst im eigenen Schrank verschwinden lassen und erst ganz verspätet auf den richtigen Postweg geben.

In der Arbeitswelt kann Informationsdefizit für Mobbing-Opfer bedeuten:

- wichtige geschäftliche Termine werden versäumt (z. B. Gespräche mit Geschäftspartnern, innerbetriebliche Sitzungen)
- Arbeiten werden nicht rechtzeitig fertig
- für die sachgerechte Erledigung einer Arbeit notwendige Fakten sind nicht bekannt; daher ist das Arbeitsergebnis zwangsläufig fehlerhaft
- auf hinter dem Rücken des Betroffenen verabredete Veränderungen der Arbeitsabläufe, der Betriebsorganisation, der Arbeits- und Umsatzplanung kann sich der Betroffenen nicht rechtzeitig einstellen oder gar Einfluß auf die Entwicklung nehmen
- Nichtinformation über soziale Aktivitäten führt zur Isolierung und Ausgrenzung

---

Mobber erreichen dadurch, daß ihre Opfer innerhalb des Unternehmens und bei externen Geschäftspartnern wegen ihrer durch Informationsunterschlagung provozierten Fehlleistungen zunehmend in Mißkredit geraten. Sie geraten unter Dauer-Streß.

Neben der **Nichtinformation** gibt es auch noch die gezielte **Falschinformation**.

In diesem Fall sorgt der Mobber dafür, daß sein Opfer unvollständige oder völlig falsche Informationen erhält. Oftmals reicht das aus, um das Opfer auf Irrwege zu führen und die sinnvollere Nutzung der verfügbaren Arbeitszeit zu verhindern, um eventuell später noch ganz kurzfristig und selbst „völlig überrascht" den bedauerlichen „Irrtum" bzw. das „Mißverständnis" aufzuklären.

Der Mobber kann sein „außerordentliches Bedauern" jetzt ruhig zum Ausdruck bringen, denn sein Ziel hat er bereits erreicht: sein Opfer steht nun unter extremem Zeitdruck, wird zunehmend nervöser, vielleicht sogar ärgerlich, wenn es das hinterhältige Spiel durchschaut und wenn ihm klar wird, daß es dieses weder in diesem Fall verhindern konnte noch beim nächsten Mal verhindern können wird.

3.4.1.4 Kommunikationseinschränkung

In diesem Kapitel ist ein weiterer Aspekt der Kommunikationseinschränkung zu nennen, nämlich die gezielte Unterbindung von persönlichen und Arbeitskontakten während der Arbeitszeit.

Eine Reihe von Schikanen sind bekannt:

- die bereits erwähnte räumliche Isolierung des Arbeitnehmers in einem Einzelzimmer, an einem ungünstig und weitab im Betrieb gelegenen Arbeitsplatz
- der Einsatz in Lärmbereichen, in denen Gehörschutz getragen werden muß und normale Kommunikation erheblich erschwert ist
- Anhebung der Akkordvorgabe, damit der Mitarbeiter unter dem verschärften Leistungsdruck keine Gelegenheit zu kommunikativen Pausen findet
- Entfernung des Telefons aus dem Arbeitsraum
- gestützt durch diffamierende Verleumdungen werden die Arbeitskollegen gegen das Mobbing-Opfer aufgehetzt, damit sie die Kommunikation mit ihm verweigern und einstellen
- das Mobbing-Opfer wird nicht mehr gegrüßt
- beim Frühstück oder Mittagessen setzt sich niemand mit dem Mobbing-Opfer zusammen
- Freizeitkontakte mit dem Mobbing-Opfer werden abgebrochen

Wer als soziales Wesen sensibel ist, wird schnell mit depressiven und psychosomatischen Symptomen auf solche Arten von Kommunikationseinschränkungen reagieren. Das trifft besonders die für ein Unternehmen stark engagierten Mitarbeiter. Ihnen ist der Betrieb nicht gleichgültig, und die Kolleginnen und Kollegen sind es auch nicht. Deshalb leiden sie besonders stark.

3.4.2 Verbindungen zu externen Kontaktpersonen

Eine wesentliche Wirkung der Isolation eines Menschen liegt darin, daß dieser dann keine Möglichkeit mehr hat, durch Vergleich seiner Lebens- bzw. Arbeitsbedingungen mit denen anderer Menschen zu erkennen, daß es sich bei den Regelungen nicht um lebens- bzw. betriebsnotwendige Maßnahmen handelt, sondern um bloße Willkür und Schikane.

Je besser es also auch in der Arbeitswelt einem Mobber gelingt, sein Opfer von allen Kontakten abzuschneiden, die ihm Vergleichsmöglichkeiten mit den Gepflogenheiten in anderen Unternehmen eröffnen und ihn dadurch zu einer kritischen Überprüfung der eigenen Arbeitsbedingungen anregen und als Folge womöglich Widerstand herausfordern können, desto leichter kann der Mobber sein armes Opfer gefahrlos weiter schikanieren.

Vermieden wird dadurch natürlich auch, daß Informationen über die Schikanen nach draußen dringen, daß sie dort das Ansehen des Unternehmens bzw. des Mobbers schädigen und daß gegebenenfalls sogar von dort unerwartet Gegenmaßnahmen (z. B. Aufgabe der Geschäftsbeziehung, Strafanzeige, Protestaktionen) organisiert werden.

3.4.2.1 Behinderung durch räumliche Isolierung

Im Kapitel 3.4.1.1 sind wir schon auf die Folgen der räumlichen Isolierung für die sozialen Beziehungen innerhalb des Unternehmens eingegangen.

Grundsätzlich dasselbe gilt auch für Kontakte zu Gesprächspartnern außerhalb des Unternehmens.

Im Hinblick auf die Verhinderung von Kontakten mit Kunden und anderen Geschäftspartnern, die das Unternehmen aufsuchen, kann der Mobber sein Opfer beispielsweise in einem entfernten und nur schwer auffindbaren und insbesondere schlecht zugänglichen Gebäude(teil) unterbringen. Gleichzeitig wird er betriebsinterne Ansprechpartner seines Vertrauens für Externe in einem gut erreichbaren zentralen Bereich so plazieren, daß dort bereits alle möglichen Kontaktpartner des Opfers abgefangen werden können. Bisweilen werden die Opfer auch kurzerhand einfach in eine entlegene Filiale versetzt und dadurch „kaltgestellt".

Da einigermaßen clevere Mobbing-Opfer die Wirkung der räumlichen Isolierung durch intensive Nutzung der heute verfügbaren technischen Hilfsmittel unterlaufen, denken sich die Mobber meistens gleichzeitig auch noch schikanöse flankierende Maßnahmen aus, wie sie in den nächsten Kapiteln erörtert werden.

3.4.2.2 Behinderung durch restriktive Kompetenzregelungen und Anweisungen

Gerade bei besonders kontaktfreudigen, aufgeschlossenen und engagierten Mitarbeitern und Führungskräften kann die Einschränkung ihrer Außenkontakte durch entsprechende Kompetenzregelungen (z. B. Aufteilung des Arbeitsgebietes in verbleibenden Innen- und ausgegliederten Außendienst) psychisch verheerende Wirkungen haben.

Ich habe beispielsweise einen Geschäftsführer erlebt, der den Mitarbeitern den Kontakt zu Ministerien verboten hatte, um diese unter allen Umständen selbst zu pflegen. Als sich einmal ein Abteilungsleiter des Unternehmens in bester Absicht und aus dringlichem Anlaß im Sekretariat eines Landesministers erkundigte, ob nach dem Terminkalender des Ministers diesem grundsätzlich die Wahrnehmung eines bestimmten Veranstaltungstermins möglich wäre, tobte der Geschäftsführer (als er davon erfuhr) wutschnaubend am Telefon: „Was bilden Sie sich denn überhaupt ein? Wieso rufen Sie den Minister an? Das geht Sie gar nichts an. Überlassen Sie das gefälligst mir. Ich werde Ihnen eine Abmahnung erteilen! Das kommt mir nicht noch einmal vor!"

Solche „Mobbing-Gewitter" können je nach Nervenstärke des Attackierten unterschiedliche Wirkungen haben:

Jener Abteilungsleiter lehnte sich – da er solche Arten von Attacken schon kannte und wußte, daß er sich hierbei als Opfer in bester Gesellschaft im Unternehmen befand – erst einmal entspannt im Bürosessel zurück und ließ den Tobsuchtsanfall des bekanntermaßen unbeherrschten Geschäftsführers „ablaufen". Wer sich unbedingt lächerlich machen will, den soll man daran nicht hindern.

Ein weniger erfahrenes und nicht so hartgesottenes Mobbing-„Opfer" hätte sich vielleicht maßlos erschrocken und vor lauter Angst Schweißausbrüche und Herzjagen bekommen. Gerade dadurch hätte es jedoch den Mobber nur umso mehr ermutigt, sich weiter auszutoben und künftig womöglich sogar noch unverschämter aufzutreten.

Für restriktive Kompetenzregelungen und aus schikanöser Absicht gegebene Anweisungen gibt es in der Arbeitswelt reichlich Beispiele, von denen hier nur einige wenige erwähnt werden sollen:

- restriktive Regelung der Unterschriftbefugnis (z. B. für Angebotsabgabe und Vertragsabschlüsse)
- Beschränkung der Genehmigungen für Dienstreisen bzw. Anordnung besonders unbequemer und unkomfortabler Reisearten
- Präsenzpflichtregelungen für die Anwesenheit am Arbeitsplatz
- schikanöse Kompetenzverteilung zwischen bevorzugten bzw. benachteiligten Arbeitnehmern der gleichen oder verschiedener Hierarchieebenen
- strikte Budgetvorschriften für Führungskräfte, die ihre eingeschränkte Handlungskompetenz im Unternehmen und im Außenverhältnis unübersehbar machen
- Anweisung, sich auf wenig lukrative, aber besonders schwierige Kunden zu konzentrieren, während die Betreuung angenehmer und umsatzträchtiger Großkunden anderen Mitarbeitern zugeordnet wird

3.4.2.3 Behinderung durch andere organisatorische Maßnahmen

Auch im Rahmen der innerbetrieblichen Organisation können Regelungen getroffen werden, die Mobbing-Opfer zur Verzweiflung bringen können:

- schikanöse Kontrolle und Zensur der Eingangs- und Ausgangspost
- Einschränkung der Telefonberechtigung (z. B. nur innerbetrieblich, auf Ortsgespräche begrenzt oder aber Freischaltung für das ganze Land bzw. sogar für das Ausland)
- schikanöse Disposition der für Dienstreisen benötigten Dienstwagen
- arbeitsbeeinträchtigende Zuordnung von Schreibkräften zu Führungskräften oder Sachbearbeitern
- Verweigerung des Sprachunterrichts im benötigten Umfang, wenn Mitarbeiter mit ausländischen Geschäftspartnern telefonieren, korrespondieren oder verhandeln müssen
- Verweigerung der Teilnahme an Fortbildungsveranstaltungen, an Tagungen und Kongressen
- Verhinderung der Berufung in Fachausschüsse

Ich bin der flotte Mobber,
von Tag zu Tag salopper,
hau ich mit meiner Klatsche
dich wie Ketchup zu Matsche!

Dein Kopf mit tausend Beulen,
dein Jammern und dein Heulen,
dein Blick so voller Frust,
macht mir erst richtig Lust.

Das Mobben ist in Mode,
ich freu mich noch zu Tode.

4 FOLGEN VON MOBBING _____

4.1 Folgen im Verlauf eines Mobbing-Prozesses _____

LEYMANN (1993, 1994) und BECKER (1993) unterscheiden vier bzw. fünf Phasen im Verlaufe eines Mobbing-Prozesses hinsichtlich der Entwicklung des durch Mobbing entstehenden Krankheitsbildes:

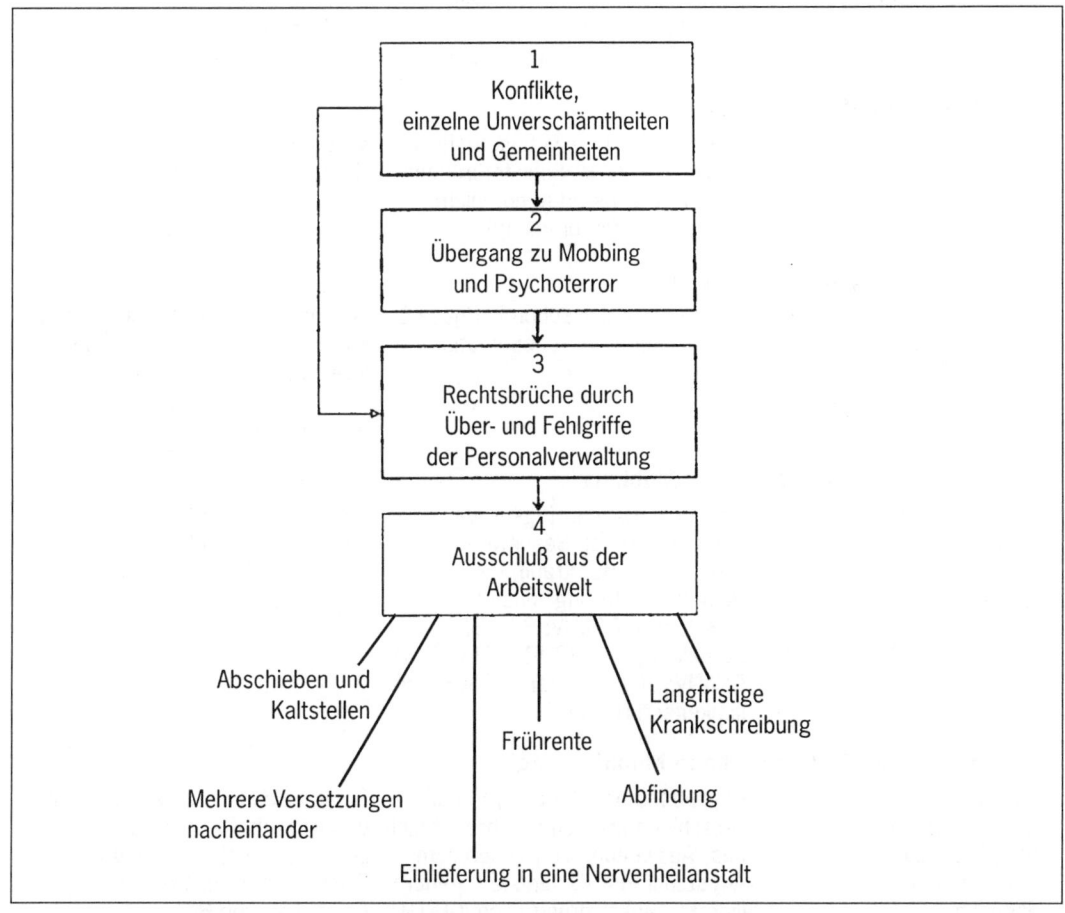

Abb. 7 Ein Verlaufsmodell über die vier Phasen des Psychoterrors im Arbeitsleben (LEYMANN 1993, S. 59)

Welche Mobbing-Aktivitäten sich in den verschiedenen Phasen ereignen und welche gesundheitlichen Auswirkungen (Diagnostik in Anlehnung an BECKER 1995 mit Hinweisen auf ICD-10 bzw. DSM-IV; s. dazu auch Kapitel 9.8) bzw. Reaktionen der Mobbing-Opfer zu beobachten sind, habe ich – aus meiner Perspektive ergänzt – in der folgenden Tabelle dargestellt. Dabei erscheint es mir im Hinblick auf die im Kapitel 5 noch zu behandelnden Maßnahmen der Mobbing-Prophylaxe und der optimalen Behandlung und Betreuung von Mobbing-Opfern zweckmäßig, einige weitere Phasen im Prozeßverlauf zu unterscheiden:

Tab. 35 Abläufe während eines Mobbing-Prozesses

Stressoren aus der Arbeitswelt	Krankheitssymptome beim Mobbing-Opfer	Reaktionen des Mobbing-Opfers
0. Phase: Vorphase, vor Beginn des Mobbings		
Unauffällige Arbeitsbedingungen; eventuell latente Konflikte	keine durch Mobbing induzierten Krankheitssymptome; ggf. Disposition zu Gesundheitsstörungen	keine bewußten Reaktionen zur Konfliktabwehr
1. Phase: Konfliktbewußtsein		
Konflikte entstehen bzw. werden bewußt	streßinduzierte psychosomatische Reaktionen (z. B. Schlafstörungen, Magen-/Darmstörungen, leicht depressive Verstimmung)	Versuche der vernünftigen Konfliktbewältigung
2. Phase: Beginn des Mobbings		
erste Mobbing-Attacken und gezielte Konflikteskalation	Verstärkung der schon in Phase 1 aufgetretenen psychosomatischen Symptome	Fehleinschätzung der hinter den Mobbing-Attacken steckenden Intentionen. Vernünftige Argumentation und ggf. aggressive Abwehrreaktionen
3. Phase: nach ca. 1/2 Jahr Mobbing		
Weitere Konflikteskalation und Stigmatisierung des Opfers	Behandlungsbedürftigkeit der psychosomatischen Beschwerden (Diagnose: „posttraumatische Belastungsstörung" nach ICD-10: F43.1 bzw. DSM-IV: 309.81; Differentialdiagnose: ICD-10: F60.0 bzw. DSM-IV: 301.00 „Paranoide Persönlichkeitsstörung")	teils hilflose und teils aggressive Abwehrreaktionen mit z. T. selbstdestruktiven Komponenten
4. Phase: ca. 1–2 Jahre nach Mobbing-Beginn		
Einschreiten des Arbeitgebers; disziplinarische u. arbeitsrechtliche Maßnahmen	Psychosomatische Symptomatik verschlimmert sich und breitet sich aus; Ausweitung zu „generellem Angstzustand" (Diagnose: „generalisierte Angststörung nach ICD-10: F41.1 bzw. DSM-IV: 300.02)	Gegenattacken zur Vermeidung des wirtschaftlichen Ruins und des sozialen Abstiegs; Existenzangst u. Verzweiflung; Aufsuchen von Beratern, Rechtsanwälten und Fachärzten

Tab. 35 Fortsetzung

Stressoren aus der Arbeitswelt	Krankheitssymptome beim Mobbing-Opfer	Reaktionen des Mobbing-Opfers
5. Phase: ca. 2–4 Jahre nach Mobbing-Beginn		
Mobbing-Attacken eskalieren bis zum Psychoterror; Versetzungen, Kündigungsversuche	Chronifizierung der psychosomatischen Beschwerden; Suizidgedanken und ggf. auch -versuche; Diagnose nach ICD 10: F 62.0: „Andauernde Persönlichkeitsänderung nach Extrembelastung"; Scheitern von Rehabilitationsmaßnahmen führt zu Berufs- und Arbeitsunfähigkeit	Notfallreaktionen; querulatorische Verteidigung schon verlorengegangener Positionen; Selbstwertprobleme; Probleme mit Familie und Freizeit
6. Phase: Ausschluß-Phase		
Kündigung; Prozesse	Aggravation der psychosomatischen Beschwerden und kompensatorische weitere Flucht in die Krankheit;	Konfrontation mit dem Ausscheiden aus dem Arbeitsleben und mit der Isolation in der Gesellschaft
7. Phase: Resignations-Phase		
Zufriedenheit über den Erfolg oder sogar Schadenfreude	Dauerpatient, der nach dem Scheitern im Berufsleben die Motivation zur Gesundung verloren hat	Resignation

Dargestellt ist der mögliche negative Verlauf eines Mobbing-Prozesses für Mobbing-Opfer, die sich nicht rechtzeitig gegen die Schikane wehren, d. h. sich mit geeigneten Partnern gegen ihre Peiniger solidarisieren und mit juristischer Unterstützung und rechtzeitiger psychotherapeutischer Hilfe die Attacken erfolgreich abwehren oder sich zumindest weiteren gesundheitsschädlichen Übergriffen durch Wechsel der Arbeitsstelle entziehen können.

4.2 Mobbing aus der Perspektive der Streßforschung

Mobbing ist ein **Stressor**, der **Streß** verursacht – und zwar im Sinne des (negativ akzentuierten) **Distreß** von SELYE (1957, 1974), dem Menschen im hier betrachteten Fall an ihrem Arbeitsplatz ausgesetzt sind.

Die Streß verursachenden Belastungen (d. h. Streßfaktoren, Stressoren) können sehr verschiedenartig sein, wie z. B.:

Tab. 36 Stressoren

- **physikalische Belastungen** (durch Kälte, Hitze, Lärm),
- **Belastungen durch chemische Stoffe** (z. B. Schadstoffe, Drogen)
- **allgemeine physiologische Belastungen** (z. B. durch Sauerstoffmangel in der Luft, Nahrungsmittelmangel, Defäkationsdrang)
- **körperliche Belastungen durch Sport** (z. B. Marathonlauf, Gewichtheben)
- **körperliche Belastungen durch Krankheiten** (z. B. durch Infektionen, Operationen und andere schwere Erkrankungen)
- **psychische Belastungen** (z. B. durch Isolation, Prüfungen, Leistungsdruck, Bedrohungen, Ängste, **Mobbing**)

Somit ist auch beim Mobbing mit den in der Fachliteratur (GRAY 1971, NITSCH 1981, VESTER 1982, GOTTSCHALL 1983, SCHENK 1986, KIRSTA 1987, GREIF et al. 1991) beschriebenen gesundheitsschädlichen Streßfolgen zu rechnen. Im Hinblick auf die Mobbing-Thematik greife ich hier nur einige aus meiner Sicht wesentliche Einzelaspekte aus den Ergebnissen der umfangreichen Streßforschung heraus:

SELYE (1957, 1974, 1981) beschrieb den Ablauf von Streßwirkungen durch das **„Allgemeine Adaptationssyndrom"**. Dieses umfaßt drei Phasen:

Tab. 37 Das „Allgemeine Adaptationssyndrom"
(nach SELYE 1974 und VESTER 1978)

1. Alarmphase:	Durch den Stressor wird die Alarmreaktion ausgelöst, wobei der Widerstand des Körpers abnimmt. Ist der Stressor zu stark, tritt der Tod noch während der Alarmreaktion innerhalb der ersten Stunden ein.
2. Phase des Widerstands:	Tritt der Tod nicht ein, versucht sich der Organismus unter Veränderung wichtiger Körperfunktionen den Streßbedingungen anzupassen. Dadurch erhöht sich seine Widerstandskraft gegen den Stressor.
3. Phase der Erschöpfung:	Anpassung und Widerstand haben Grenzen. Bei dauerhafter Einwirkung der Stressoren tritt Erschöpfung von Anpassung und Widerstand ein. Dann treten wieder die Symptome der Alarmreaktion auf. Sie sind jetzt irreversibel und führen zum Tod.

Abbildung 8 veranschaulicht zunächst den Ablauf des „Allgemeinen Adaptationssyndroms".

Die Erweiterung der Betrachtung für einen Mobbing-Prozeß, in dessen Verlauf immer wieder neue Streßreize auftreten und wo die Rückkehr zur vegetativen Normallage in Ermangelung ausreichender Erholungsphasen nicht mehr möglich ist, zeigt Abbildung 9.

Im Verlaufe von längerdauernden Mobbing-Prozessen treten erfahrungsgemäß bei den Betroffenen mehr oder weniger gravierende gesundheitliche Störungen auf.

Durch Stressoren wird im Körper ein neuro-humoraler Streßmechanismus aktiviert, d. h. es werden einerseits Nerven (vor allem Sympathicus, Parasympathi-

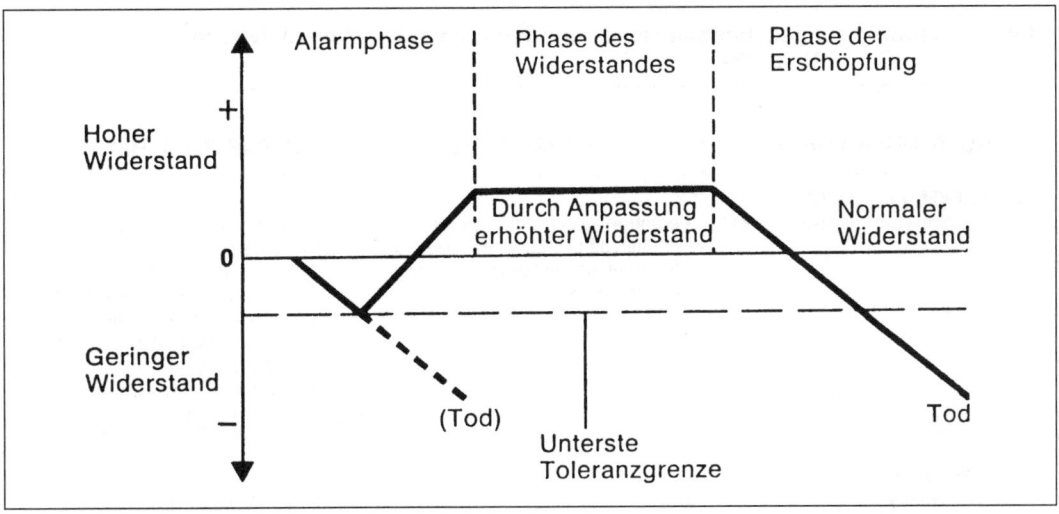

Abb. 8 Ablauf des „Allgemeinen Adaptationssyndroms"
(nach VESTER 1978)

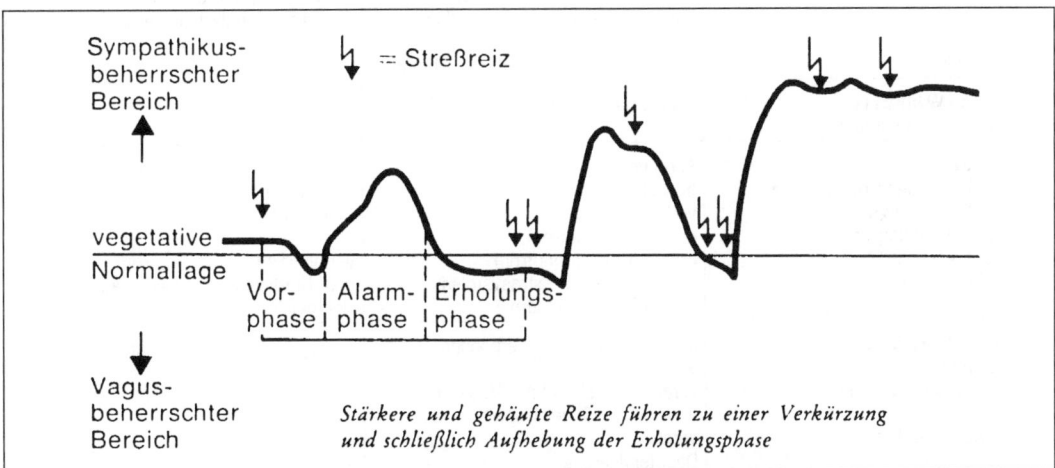

Abb. 9 Das „Allgemeine Adaptationssyndrom" im Mobbing-Prozeß
(nach VESTER 1978)

cus) aktiviert und andererseits Hormone (insbesondere Adrenalin, Noradrenalin) produziert und durch die Blutbahn geschickt.

Diese neuro-humorale Aktivierung führt zu teilweise recht unangenehmen Symptomen, wie sie in der folgenden Tabelle zusammengestellt sind:

Tab. 38 Hauptwirkungen sympathischer und parasympathischer Aktivierung
(NITSCH 1981, S. 78–79)

ORGAN ODER VORGANG	SYMPATHIKUS	PARASYMPATHIKUS
1. ALLGEM. REAKTIONSLAGE (a) Allgem. Funktionsschwerpunkt	– ergotrop („Leistungseinstellung"): Aktivierung und Energiemobilisierung für Arbeit und Auseinandersetzung mit der Umwelt	– endophylaktisch-trophotrop („Erholungseinstellung"): (a) Schonung (z.B. Dämpfung der Atem- und Kreislauffunktion) (b) Entlastung (z.B. Entfernung schädlicher Stoffe, Harn- und Kotabgang) (c) Regeneration (Wiederherstellung verausgabter Substanzen und normaler Binnenverhältnisse)
(b) Stoffwechsel (c) Gehirnaktivität	katabolisch allgem. Aktivierung, Bewußtseinssteigerung	anabolisch Hemmung, Bewußtseinsdämpfung
2. AUGE (a) Pupille (b) Linse (c) Lidspalte	erweitert (Innerv. Dilator pupillae) abgeflacht (Erschlaff. d. Ziliar- muskels): Desakkomodation (Fern- einstellung) erweitert (Innerv. M. tarsalis, Oberlid)	verengt (Innerv. Sphincter pupillae) runder (Kontrakt. d. Ziliarmuskels): Akkomodation (Naheinstellung) verengt
3. HAARMUSKELN (Arrectores pilorum)	kontrahiert („gesträubte Haare")	–
4. HERZ (a) Erregungsbildung (b) Überleitungszeit (c) Kontraktionskraft (d) Frequenz (e) Rhythmus	Anregung beschleunigt verkürzt erhöht (pos. inotrop) erhöht (pos. chronotrop) u.U. ventrikuläre Extrasystolen, Tachykardie, Flimmern	Hemmung verlangsamt verlängert – vermindert (neg. chronotrop) u.U. Bradykardie, atrioventrikulärer Herzblock
5. BLUTGEFÄSSE (a) Haut (b) Skelettmuskulatur (c) Bauchgefäße (d) Leber (e) äußere Genitalien	im allgemeinen Tonuserhöhung verengt verengt (i. nicht tätiger Musk.) u. erweitert (i. tätiger Musk.) verengt Depotentleerung verengt	im allgemeinen Tonusabnahme – – – – erweitert (Erektion)
6. BLUTDRUCK	erhöht	vermindert
7. ATMUNG (a) Bronchialmuskulatur (b) Atmungsgröße (c) Atemfrequenz	erschlafft erhöht erhöht	kontrahiert vermindert vermindert
8. LEBER	Glykogenolyse (Freisetzung von Zucker)	Gallenabsonderung
9. MILZ (Muskulatur)	kontrahiert	erschlafft
10. MAGENDARMKANAL (a) Peristaltik (b) Sphinkteren	Hemmung vermindert kontrahiert	Förderung erhöht erschlafft

Tab. 38 Fortsetzung

ORGAN ODER VORGANG	SYMPATHIKUS	PARASYMPATHIKUS
11. HARNBLASE	Füllung (?)	Entleerung
(a) Organmuskulatur (Detrusor)	erschlafft	kontrahiert
(b) Sphinkter	kontrahiert	erschlafft
12. DRÜSEN		
(a) Speicheldrüse	verminderte („trockener Mund") bzw. dickflüssige Sekretion (Gleitspeichel)	vermehrt, dünnflüssige Sekretion (Fermentspeichel)
(b) Tränendrüse	?	Sekretion
(c) Schweißdrüsen	Sekretion (cholinerg)	–
(d) Verdauungsdrüsen	? (eher verminderte Sekretion)	Sekretion
(e) Bronchialdrüsen	?	Sekretion
(f) Pankreasinseln	–	Insulinsekreti on
(g) Nebennierenmark	Sekretion v. Adrenalin u. Noradrenalin	–
13. INNERE GENITALIEN		
(a) Samenleiter u. -blase	kontrahiert (Ejakulation)	–
(b) Uterus	erschlafft (gravid: kontrahiert)	–
14. TEMPERATUR		
(a) Kerntemperatur	erhöht	vermindert
(b) Hauttemperatur	vermindert („kalte Hände")	erhöht

Der Tabelle ist zu entnehmen, daß sich streßbedingte Aktivierung des Sympathicus bzw. Parasympathicus auf eine ganze Reihe von Körperorganen und -funktionen auswirkt, nämlich vor allem auf die allgemeine Reaktionslage, auf Augen, Haarmuskeln, Blutgefäße, Blutdruck, Leber, Milz, Magen-Darm-Kanal, Harnblase, Drüsen, Genitalien und Körpertemperatur.

Diese (meistens unangenehmen) Wirkungen sind uns im konkreten Fall z. T. bewußt (z. B. Harndrang, trockener Mund, kalte Hände, erhöhte Herzschlagfrequenz [Pulsschlag], Sekretion der Tränendrüsen [Weinen]), z. T. bemerken wir sie aber auch gar nicht (z. B. Pupillenerweiterung bzw. -verengung, Gallenabsonderung, Kontraktion der Milz, katabolischer/anabolischer Stoffwechsel, Blutdruckveränderungen).

Aber auch vom einzelnen in Streß- bzw. Mobbing-Situationen unbemerkte körperliche Vorgänge können bei häufiger oder langdauernder Einwirkung zu gesundheitlichen Störungen und Schäden führen.

In der folgenden Abbildung sind die wesentlichen Befunde der Tabelle 38 noch einmal zusammenfassend und übersichtlich veranschaulicht:

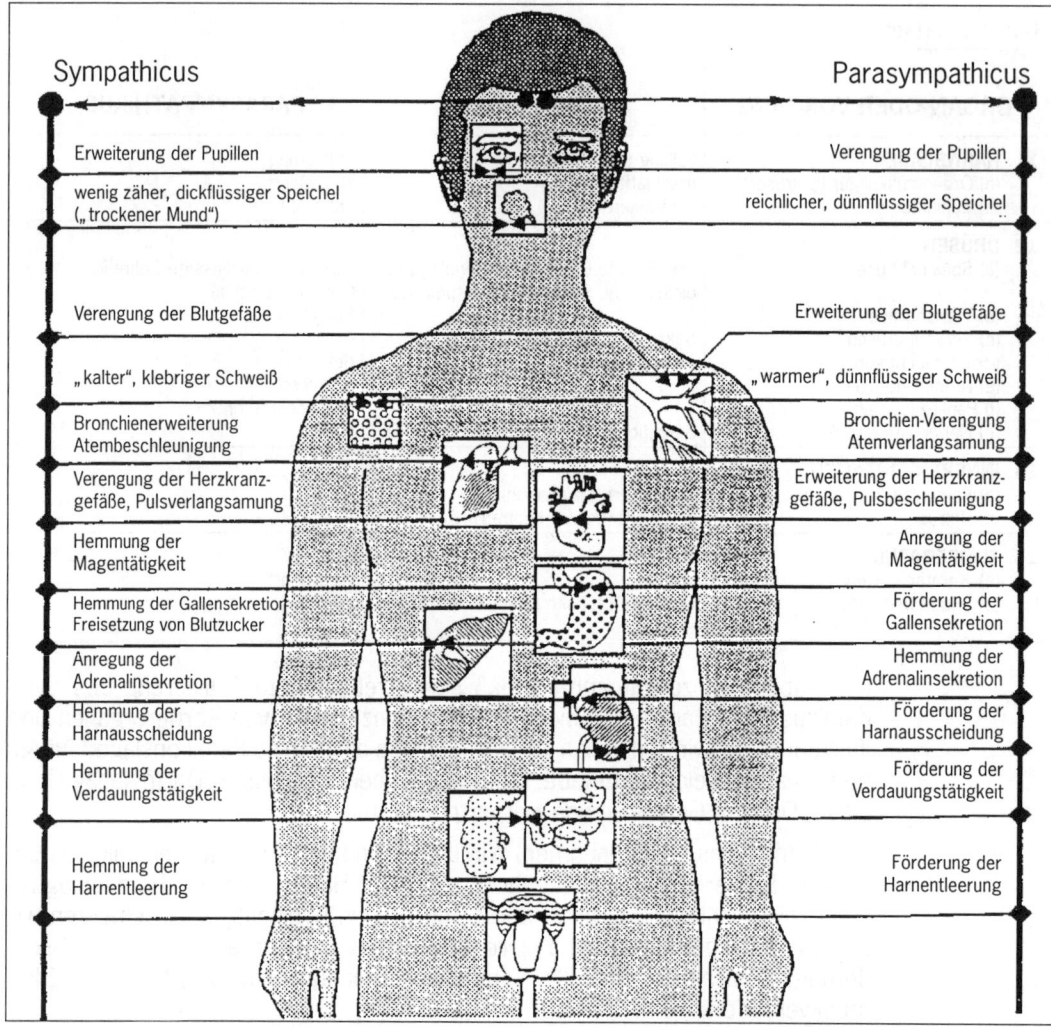

Sympathicus	Parasympathicus
Erweiterung der Pupillen	Verengung der Pupillen
wenig zäher, dickflüssiger Speichel („trockener Mund")	reichlicher, dünnflüssiger Speichel
Verengung der Blutgefäße	Erweiterung der Blutgefäße
„kalter", klebriger Schweiß	„warmer", dünnflüssiger Schweiß
Bronchienerweiterung Atembeschleunigung	Bronchien-Verengung Atemverlangsamung
Verengung der Herzkranz-gefäße, Pulsverlangsamung	Erweiterung der Herzkranz-gefäße, Pulsbeschleunigung
Hemmung der Magentätigkeit	Anregung der Magentätigkeit
Hemmung der Gallensekretion Freisetzung von Blutzucker	Förderung der Gallensekretion
Anregung der Adrenalinsekretion	Hemmung der Adrenalinsekretion
Hemmung der Harnausscheidung	Förderung der Harnausscheidung
Hemmung der Verdauungstätigkeit	Förderung der Verdauungstätigkeit
Hemmung der Harnentleerung	Förderung der Harnentleerung

Abb. 10 Hauptwirkungen sympathischer und parasympathischer Aktivierung

4.3 Folgen für Mobbing-Opfer

4.3.1 Gesundheitliche Folgen für Mobbing-Opfer

Bei den gesundheitlichen Folgen, unter denen Mobbing-Opfer zu leiden haben, stehen die psychosomatischen Beschwerden aufgrund von Dauerstreß im Vordergrund.

Die in den Kapiteln 4.1 und 4.2 aufgeführten Stressoren und deren (nervös und hormonell gesteuerte) Auswirkungen auf Körper und Psyche von Menschen können – wie bereits erwähnt – insbesondere bei starker oder längerdauernder Einwirkung zu Gesundheitsschäden führen.

Die möglichen (Krankheits-)Folgen permanenter neuro-humoraler Aktivierungen ohne ausreichende Entspannungs- und Erholungsphasen werden von VESTER (1982, S. 66–67) für den Sympathikotoniker (die Aktivierung des Nervus Sympathicus überwiegt) und den Vagotoniker (die Aktivierung des Nervus Parasympathicus überwiegt) in folgender Abbildung veranschaulicht:

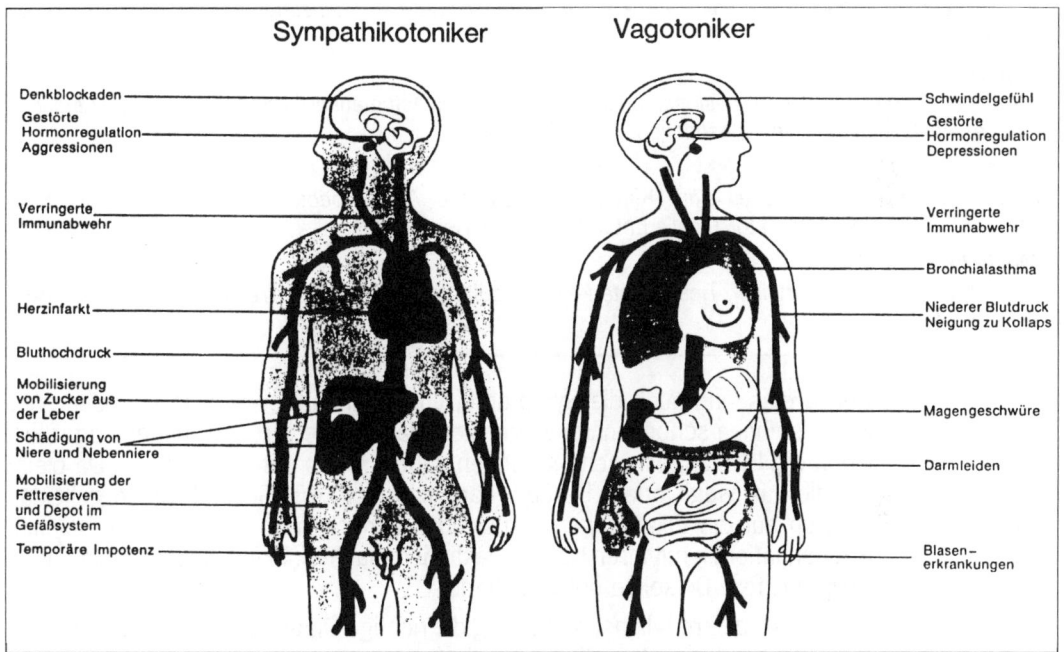

Abb. 11 Krankheitsbilder beim Sympathikotoniker und Vagotoniker

Die in der Abbildung gezeigten wesentlichen Streß-Wirkungen können (nach STRAUSS 1984, S. 21) folgendermaßen beschrieben werden:

„Verdauungstrakt
Streß kann „Magenschleimhautentzündungen", Magen- und Zwölffingerdarmgeschwüre, Colitis ulcerosa (geschwürige Dickdarmentzündung) oder ein Reizkolon verursachen. Auch bei der Entstehung von Magen- oder Darmkrebs spielt psychosozialer Streß eine Rolle.

Genitalorgane
Psychosozialer Streß kann bei Frauen Menstruationsstörungen und Frigidität, bei Männern Impotenz und vorzeitige Ejakulation auslösen.

Blase
Die Blase vieler Frauen und Männer wird durch Streß irritiert.

Fortsetzung

Haut
Ekzeme und Psoriasis können durch Streß gefördert werden.

Gehirn
Psychosozialer Streß kann zu psychischen Störungen führen, zu Ängsten und Depressionen; selbst eine Schizophrenie kann er provozieren.

Haar
Manche Formen von Haarausfall können durch hohen Dauerstreß gefördert werden.

Mundhöhle
Aphthen und andere Munderkrankungen können bei dafür anfälligen Menschen durch Streß ausgelöst werden.

Lungen
Streß kann einen Asthmaanfall auslösen oder die Situation des Asthmatikers verschlimmern; bei Kindern kann es Auslösefaktor einer spastischen Bronchitis sein.

Herz
Herzjagen und Herzschmerzen sind „Kinder" des Stresses. Angina pectoris verschlimmert sich bei Streß. Streß ist ein Risikofaktor für die Entstehung eines Herzinfarkts.

Muskeln
Muskelzuckungen und nervöse „Tics" verstärken sich bei Streß, ebenso der Tremor bei der Parkinson-Krankheit."

Genau dies sind auch die Symptome, unter denen Mobbing-Opfer leiden. Vielleicht ist Ihnen schon einmal aufgefallen, daß solche Streßwirkungen sogar Einlaß in die Umgangssprache gefunden haben. Wenn jemand erklärt: „Da bleibt mir die Luft weg!" oder „Darüber kann ich mich grün ärgern!", dann geht das letztlich auf die Erfahrungen zurück, die Menschen immer wieder in solchen Streßsituationen mit ihren Körperreaktionen machen. In Abbildung 12 sind noch einige weitere Beispiele dokumentiert.

Wichtig ist, daß möglichst rechtzeitig die richtige Diagnose „durch Mobbing verursachte Streßsymptomatik" gestellt und eine darauf konzentrierte ursachenspezifische Behandlung eingeleitet wird.

Denn medikamentöse internistische Behandlungen, die Mobbing übersehen und daher auf Fehldiagnosen beruhen, oder andere ärztliche Eingriffe vermögen in solchen Fällen erfahrungsgemäß nicht, die tatsächlichen Krankheitsursachen zu beseitigen.

Wenn durch Streß verursachte Magengeschwüre, Darmkrankheiten, Bluthochdruck, Impotenz oder Herzinfarkte nur symptomatisch behandelt werden, ist – sofern die Behandlung überhaupt Erfolg hat – mit großen Rückfallwahrscheinlichkeiten zu rechnen.

Effizienter ist daher erfahrungsgemäß nach der richtigen Diagnose eine sachkompetente Mobbing-Beratung in Verbindung mit geeigneten psychotherapeutischen Maßnahmen, da diese gezielter an den Ursachen der gesundheitlichen Beschwerden, den Stressoren und ihrer sachgerechten psychischen Verarbeitung ansetzen können.

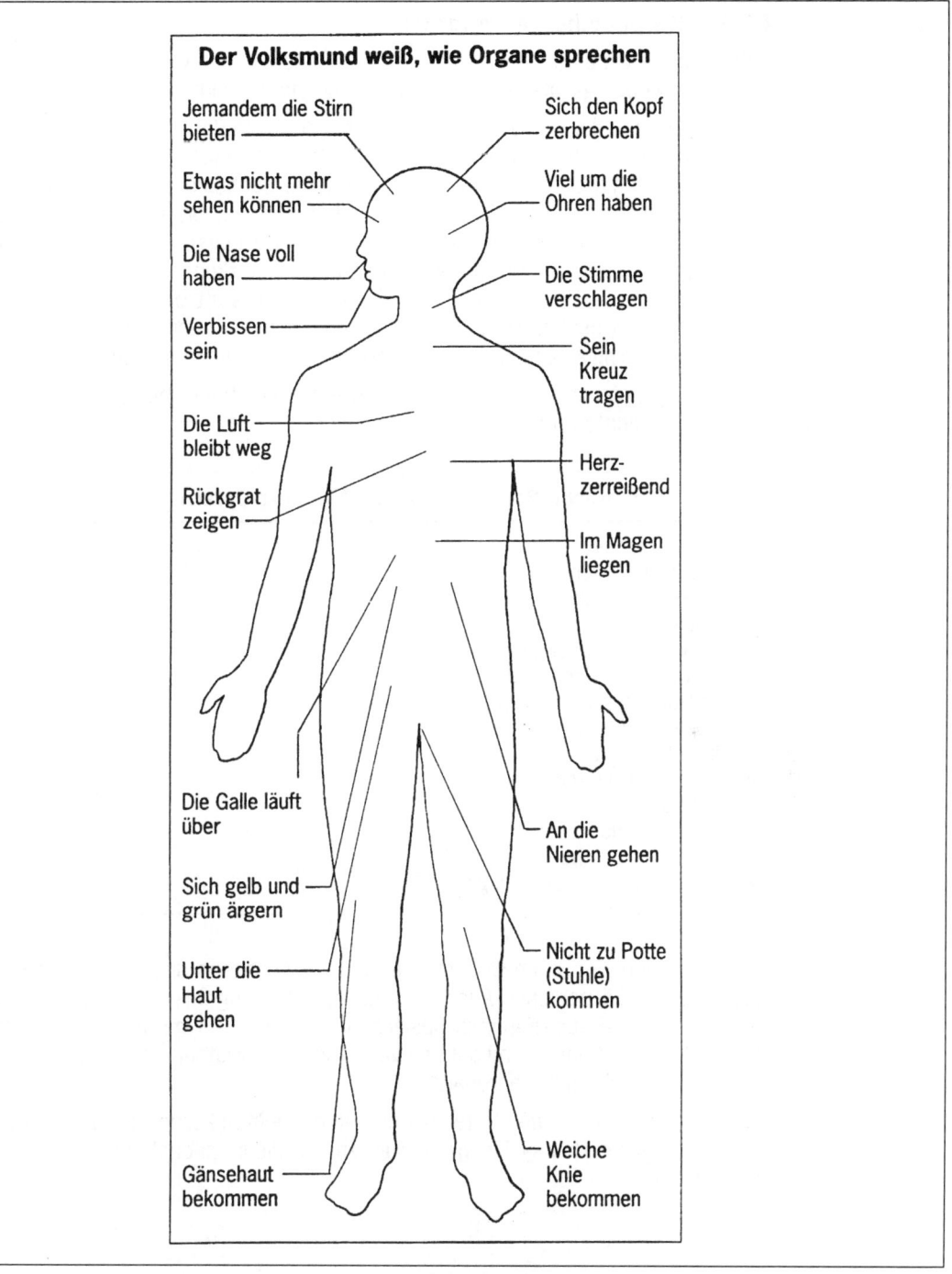

Abb. 12 Der Volksmund weiß, wie Organe sprechen
(CORAZZA et al. 1990, S. 220)

4.3.1.1 Körperliche Beschwerden

Insbesondere die auftretenden körperlichen Beschwerden verunsichern und belasten die Mobbing-Opfer stark und führen sie häufig zum Arzt.

Dabei besteht leider die Gefahr, daß praktische Ärzte, Internisten oder andere Fachärzte die ursächliche Problematik – Streßsymptomatik infolge von Mobbing! – nicht erkennen und nach anderen organischen Ursachen der Beschwerden aus der Perspektive ihres jeweiligen Fachgebietes suchen. Sie kommen dabei zu falschen Diagnosen und behandeln die Patienten dementsprechend falsch oder sie führen nur symptomatische und somit letztlich wirkungslose – vorwiegend medikamentöse – Behandlungsmaßnahmen durch, statt beispielsweise ursachenspezifische, psychotherapeutische Maßnahmen zur sachgerechten Bewältigung der Mobbing-Attacken durch das Mobbing-Opfer vorzuschlagen.

Da Mobbing-Opfer in erster Linie unter Streßfolgen leiden, berichten sie auch über streßbedingte körperliche Beschwerden:

Tab. 39 Körperliche Beschwerden von Mobbing-Opfern

- Kopfschmerzen
- Magenschmerzen
- Übelkeit, Erbrechen
- Appetitlosigkeit
- Druck auf der Brust, „Kloß im Hals"
- Zittern und „weiche Knie"
- Verdauungsprobleme (Durchfall)
- Rückenschmerzen
- Muskelschmerzen
- Herz-/Kreislaufprobleme,
- Atemnot
- Schwindelgefühl
- Schweißausbrüche
- Ein- und Durchschlafstörungen

Es handelt sich hierbei im wesentlichen um die bereits in den vorigen Kapiteln besprochenen körperlichen Auswirkungen von Mobbing-Streß (s. dazu Tab. 38 und Abb. 11). Die Auswirkungen basieren vor allem auf sympathisch/parasympathischen Aktivierungen und auf den verstärkt in die Blutbahn eintretenden Hormonen Adrenalin und Noradrenalin.

Aus den gleichen Ursachen treten neben den erwähnten körperlichen Beschwerden auch begleitende psychische Störungen auf, die im nächsten Kapitel dargestellt werden.

4.3.1.2 Psychische Probleme

Auswirkungen von Streß zeigen sich auch in Form von psychischen Funktionsstörungen, wie sie von den Betroffenen selbst oder sogar von ihrer Umwelt wahrgenommen werden.

Die am häufigsten beobachtbaren Beschwerden sind in der folgenden Tabelle aufgeführt:

Tab. 40 Psychische Funktionsstörungen bei Mobbing-Opfern

* Konzentrationsprobleme, Gedächtnisstörungen
* Selbstzweifel, Selbstunsicherheit
* Depressionen, Antriebslosigkeit, Weinkrämpfe
* Gefühle der Verzweiflung, Selbstmordgedanken
* paranoide Zustände (Verfolgungswahn)
* Hypersensibilität (Empfindlichkeit)
* gereizte, aggressive Stimmungen
* Hektik, Rastlosigkeit
* Zwangsgedanken
* Alpträume

Sobald jemand bei sich derartige psychische (oder auch die im vorigen Kapitel aufgeführten körperlichen) Beschwerden feststellt, sollte er selbst nicht ausschließlich nach möglichen organischen Ursachen suchen oder den Arzt danach suchen lassen. Vielmehr sollte er sich selbstkritisch fragen, ob und gegebenenfalls welche Art von Problemen, von Überlastung und Streß (in Beruf, Familie oder Freizeit) dafür auch ursächlich sein könnte.

Wer dabei schon die tatsächliche Ursache seiner Beschwerden identifiziert, kann daraus unmittelbar Nutzen für sich ziehen:

Tab. 41 Nutzen der Kenntnis der Beschwerdeursachen

1. Er kann **sofort geeignete Maßnahmen zur Beseitigung der wirklichen Ursachen einleiten** (Beseitigung der Probleme, der Überlastung, des Stresses, des Mobbings).

2. Er kann **sofort mit der Therapie der Beschwerdesymptome beginnen** (z. B. Entspannungstraining, Ausgleichssport, Besprechung der Probleme mit Vertrauenspersonen).

3. Er kann dem Facharzt bei der Abklärung möglicher weiterer Krankheitsursachen schon wertvolle Hinweise geben, durch die einerseits die **sachgerechte Diagnostik beschleunigt und andererseits Fehldiagnosen und Falschbehandlung im günstigen Fall verhindert** werden können.

> Mach dich selber auf die Socken,
> und such den Grund deiner Beschwerden.
>
> Bleibst auf dem Hintern nicht nur hocken,
> dann kann es ganz schnell besser werden.

4.3.2 Auswirkungen auf das Privatleben

Leider können Mobbing-Opfer die Folgen der täglich am Arbeitsplatz erduldeten Schikanen beim Verlassen des Unternehmens am Abend nicht einfach von sich abschütteln, um dann wohlgelaunt und frisch nach Hause zu kommen und sich dort entspannt ihrer Familie und ihren Hobbies zu widmen.

Die körperlichen und psychischen Beschwerden wirken sich dort nicht nur auf die Kommunikation und Interaktion aus, sondern bestimmen oft auch in hohem Maße die Familiengespräche und übertragen die Existenzängste des gemobbten Arbeitnehmers bzw. der Führungskraft auch in den Bereich von Familie und Freizeit, der eigentlich der Erholung und der Erhaltung der Arbeitskraft dienen sollte.

Einige der unerfreulichen Auswirkungen von Mobbing am Arbeitsplatz auf das Familienleben und die Freizeitaktivitäten des Mobbing-Opfers sind in der folgenden Tabelle zusammengestellt:

Tab. 42 Auswirkungen von Mobbing am Arbeitsplatz auf das Familienleben und die Freizeitaktivitäten von Mobbing-Opfern

- Das Mobbing-Opfer kommt mißgelaunt nach Hause, reagiert überempfindlich, gereizt und aggressiv schon bei kleinsten Anlässen.
- Das Mobbing-Opfer ist depressiv, verzweifelt, antriebslos und kann sich weder zu Familienunternehmungen noch zu irgendwelchen Freizeitaktivitäten aufraffen.
- Das Mobbing-Opfer verängstigt die Familienmitglieder durch die Schilderung der täglich von ihm am Arbeitsplatz erduldeten Mobbing-Attacken und die Gefahr des Arbeitsplatzverlustes einschließlich der sich daran anschließenden Folgen für die Familie (Hausverkauf, Ausgabeneinschränkungen, Umzug etc.).
- Das Mobbing-Opfer sucht wegen zahlreicher Krankheitssymptome einen Facharzt nach dem anderen auf, benötigt dafür und für die Behandlungen viel Zeit (u. a. für Kuren) und Geld, das dann für den Familienunterhalt fehlt.
- Das Mobbing-Opfer wird arbeitsunfähig, muß krank zu Hause bleiben, geht der Familie auf die Nerven und fällt ihr zur Last.
- Die depressive Stimmung, die Gereiztheit und Antriebslosigkeit führt zu Eheproblemen (z. B. keine sexuellen Aktivitäten mehr, ständiger Streit, Pflegebedürftigkeit als Pflegefall).
- Soziale Aktivitäten außer Haus gibt das Mobbing-Opfer auf, weil es sich dafür zu schwach und krank fühlt oder weil es sich mit den Menschen (z. B. im Sportverein) verkracht.

Schon im Hinblick auf die hier genannten unerfreulichen Auswirkungen auf das Familienleben sind alle Familienmitglieder gut beraten, wenn sie Mobbing-Opfer in ihrer Familie (das kann jeder sein: Vater, Mutter, Kinder) ernst nehmen. Sie sollten ihre Probleme mit ihnen besprechen und sie gemeinsam mit ihnen schon zu einem möglichst frühen Zeitpunkt – notfalls mit Inanspruchnahme externer Hilfe durch einen Rechtsanwalt oder durch fachpsychologische Beratung – in den Griff zu bekommen versuchen.

Auf jeden Fall sollte das Mobbing-Opfer ermutigt werden, die Schikane nicht einfach nur passiv zu erdulden, sondern sich aktiv dagegen zur Wehr zu setzen – natürlich auch mit Unterstützung der eigenen Freunde und der Familie.

Tritt den Mobber
in den Allerwertesten;
dann zählst du selbst bald wieder
zu den Begehrtesten.

Jetzt ist aber
Schluß mit der
Mobberei !!!

4.3.3 Auswirkungen auf Leistungsmotivation und Arbeitsleistung

Wer am Arbeitsplatz gemobbt und immer wieder „fertig gemacht" wird, der verliert meistens schnell seine Arbeitsmotivation, und seine Arbeitsleistung verschlechtert sich dann rapide.

Das ist kein Wunder. Denn weshalb soll sich jemand überhaupt noch anstrengen, wenn er in jedem Fall nur Undank erntet, sei es beim Vorgesetzten, sei es bei den Arbeitskollegen. Wenn er nichts tut oder schlechte Arbeit leistet, bringt ihm das dann nicht mehr Nachteile als die mit großem persönlichen Engagement vollbrachte Maximalleistung.

Außerdem wird der Arbeitsplatz des Mobbing-Opfers bei reduzierter Arbeitsleistung auch nicht stärker gefährdet, da die Mobbing-Attacken ja bereits darauf abzielen, das Opfer von seinem Arbeitsplatz zu vertreiben.

Indem der Gemobbte weniger arbeitet, seine Kraft und seine Nerven schont, sich – soweit das möglich ist – entspannt (nach dem Prinzip: „Das ist mir schnurzpiepe... Leckt mich doch ...!") schafft er zumindest für sich persönlich günstigere Voraussetzungen, weil er sich nämlich weniger ärgert und insgesamt dadurch mehr Zeit gewinnt, um sich mit seinen Mobbern aktiv auseinanderzusetzen und sie nach Möglichkeit ihrerseits in Schwierigkeiten zu bringen.

Aber auch dann, wenn das Mobbing-Opfer seine Arbeitsleistung nicht absichtlich reduziert, nimmt sie meistens mehr oder weniger stark ab. Der Grund liegt einfach darin, daß es durch die Mobbing-Attacken viel zu sehr von seiner Arbeit abgelenkt wird, weil es sich mit der Abwehr der Attacken und der Sicherung seiner eigenen beruflichen Existenz dauernd und zunehmend befassen muß und dadurch infolge mangelhafter Konzentration zwangsläufig mehr Fehler bei der Arbeit macht.

4.4 Folgen für das Unternehmen _____

Arbeitgeber, die Mobbing in ihren Unternehmen dulden, haben erfahrungsgemäß nicht nur mit einer Verschlechterung des Betriebsklimas, sondern vor allem mit der Abnahme von Arbeitsmenge und Arbeitsqualität zu rechnen.

Wer dagegen als Arbeitgeber sogar selbst mobbt, der sollte sich deshalb wohl überlegen, ob die für ihn und das Unternehmen daraus resultierenden Schwierigkeiten und Einkommensverluste nicht letztlich wesentlich größer sind, als eventuelle vordergründige Mobbing-Erfolge.

4.4.1 Auswirkungen auf das Betriebsklima

Ein Betriebsklima gibt es im Unternehmen immer. Aber ob es gut oder schlecht ist, das hängt letztlich von allen Beteiligten ab, und jeder kann viel oder wenig dafür bzw. dagegen tun.

Wenn man wissen will, was das Betriebsklima verbessert bzw. verschlechtert, dann braucht man sich nur zu überlegen, weshalb Menschen überhaupt einer Arbeit nachgehen und was sie dort erwarten (s. Tab. 43).

Mobber – auf welcher Hierarchieebene auch immer sie tätig sind – können das Betriebsklima ganz beträchtlich und nachhaltig zum Schaden des Unternehmens und der Arbeitnehmer verderben, wenn sie die Erfüllung ihrer Erwartungen am Arbeitsplatz persönlich verhindern oder intrigant hintertreiben.

Tab. 43 Was erwarten Arbeitnehmer von ihrer Berufstätigkeit?

Arbeitnehmer erwarten:
* daß sie für ihre Arbeit angemessen (d. h. gut) bezahlt werden;
* daß ihnen die für ihre Arbeit erforderlichen personellen und sachlichen Hilfen zur Verfügung gestellt werden (z. B. Arbeitskräfte, Maschinen, Geräte, Räume);
* daß ihre Leistung und ihr persönlicher Einsatz anerkannt werden (von Arbeitskollegen, Führungskräften und externen Geschäftspartnern);
* daß sie bei der sachgerechten Erledigung ihrer Arbeit nicht behindert werden;
* daß sie im Unternehmen angemessene Karrieremöglichkeiten haben;
* daß sie in einem kooperativen Team arbeiten können;
* daß sie bei der Arbeit nicht ihre Gesundheit ruinieren;
* daß die Art der Arbeit weder ehrenrührig noch strafbar ist, damit die Arbeitnehmer dafür nicht später zur Rechenschaft gezogen werden können (z. B. bei NS-Tätigkeit, STASI-Tätigkeit, Produktion verbotener Produkte);
* daß sie einen sicheren Arbeitsplatz haben und keine Existenzangst haben müssen;
* daß sie beim Erreichen der Altersgrenze in einen finanziell gesicherten Ruhestand treten können.

Das bietet reichlich Ansatzpunkte für Mobber, um den von ihnen ins Auge gefaßten Opfern das Leben schwer zu machen und dadurch unmittelbar oder mittelbar das Betriebsklima zu belasten.

Wenn Arbeitnehmer merken, daß sich ihre Erwartungen nicht erfüllen, versuchen sie erfahrungsgemäß, die dafür Verantwortlichen (d. h. die „Schuldigen") ausfindig zu machen und nach Möglichkeit von ihrem für sie schädlichen Tun abzubringen. Der Mobber ist in diesem Zusammenhang dann entweder ein noch unentdeckter oder aber ein bereits identifizierter Feind, den es jetzt allein oder in Solidargemeinschaft mit anderen (möglicherweise) Betroffenen zu bekämpfen gilt.

Aus einem erfreulich kooperativen Miteinander kann dadurch schnell ein feindlich-aggressives Gegeneinander von Beschäftigten (Einzelpersonen oder Gruppen) werden, und das bislang gute Betriebsklima kann dann unversehens „zum Teufel" sein.

Das hat dann normalerweise auch nachteilige Folgen für das gesamte Unternehmen: Fluktuation, Krankfehlzeiten und Betriebsergebnis.

4.4.2 Auswirkungen auf das Betriebsergebnis

Wenn Mobber und Mobbing-Opfer ihre Arbeitszeit so einteilen, wie mir das einmal eine bekannte Persönlichkeit des öffentlichen Lebens bei einem Privatgespräch anvertraut hat, dann muß das zwangsläufig negative Auswirkungen auf das Betriebsergebnis der Unternehmen haben.

Diese Führungskraft verriet mir, wie sie ihre Arbeitszeit dreiteilt, um den Anforderungen ihres Berufslebens gerecht zu werden und nicht selbst mit fliegenden Fahnen unterzugehen:

Das erste Drittel meiner Arbeitszeit verwende ich für die korrekte Erledigung der mir übertragenen Aufgaben.

Das zweite Drittel benötige ich, um die hinter meinem Rücken gegen mich in Gang gesetzten Intrigen abzuwehren.

Und das dritte Drittel erfordert aus reinem Selbstschutz meine ganze Aufmerksamkeit beim Einfädeln eigener Intrigen.

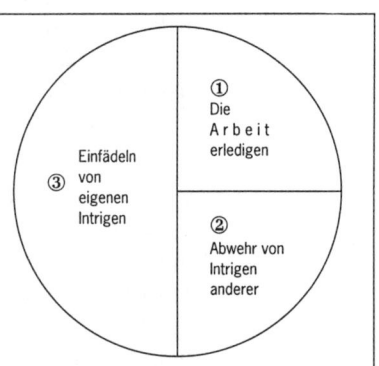

So hat eben jeder seine eigene Methode.

Je größer allerdings die Nutzung der Arbeitszeit für die Aktivitäten nach Nummer 2 und 3 wird, desto weniger werden Mobber (Nr. 3) und Mobbing-Opfer (Nr. 2) überhaupt noch zu ihrer eigentlichen Arbeit kommen. Wenn die Nutzung der Arbeitszeit zur Erledigung der Arbeit (Nr. 1) gegen Null geht, werden Betriebe normalerweise innerhalb kurzer Zeit zahlungsunfähig und müssen Konkurs anmelden.

Aber nicht nur die für Intrigen zweckentfremdete Arbeitszeit beeinträchtigt das Betriebsergebnis. Vor allem Krankfehlzeiten und Personalfluktuation schlagen dabei kräftig zu Buche.

4.4.3 Krankfehlzeiten

Es ist bekannt, daß sich viele Menschen auch dann noch mit leichteren Erkrankungen zu ihrem Arbeitsplatz schleppen, wenn sie sich dort wohlfühlen, wenn sie ihre Arbeit gern machen, wenn sie aus Rücksicht auf nette Arbeitskollegen und einen freundlichen, förderungswilligen Vorgesetzten keinen im Stich lassen wollen und weil sie vor allem den Arbeitskollegen die durch ihr Fehlen zusätzlich auf diese zukommende Arbeitsbelastung nicht zumuten wollen.

Sie arbeiten dann unter Umständen mit Kopf-, Zahn- oder Rückenschmerzen, mit laufender Nase bei einer Erkältung, mit einem verbundenen Finger oder einem eingegipsten Bein mit etwas reduziertem Einsatz; aber sie sind am Arbeitsplatz und erledigen ihre Arbeiten, so gut es eben unter diesen erschwerten Bedingungen geht.

Diese Menschen motivieren sich wechselseitig. Sie bleiben nur dann zu Hause, wenn sie sich so krank fühlen, daß es tatsächlich nicht mehr geht.

Wer aber als Mobbing-Opfer täglich voller Angst zur Arbeit geht, weil er noch nicht weiß, was heute wieder auf ihn zukommen wird, aber schon das Schlimmste befürchtet, der wird leichter geneigt sein, lieber zu Hause zu bleiben und sich krank zu melden.

Macht aber jemand nur einen oder zwei Tage „blau", dann setzt er sich dem (in diesem Fall begründeten) Verdacht aus, er sei gar nicht ernstlich krank und bleibe daher unberechtigterweise seinem Arbeitsplatz fern. Um diesen Eindruck und die eventuellen arbeitsrechtlichen Konsequenzen zu vermeiden, wird sich der Betroffene dann in solchen Fällen lieber ein Attest vom Arzt holen und dieses dann beim Arbeitgeber vorlegen. Besser noch: er schickt es ihm zu, weil ihn der Herr bzw. die Frau Doktor gleich für eine oder zwei Wochen krankgeschrieben hat.

Wer nicht gern zur Arbeit geht, weil er sich dort laufend Mobbing-Attacken ausgesetzt sieht, der wird sich vielleicht auch um die Genehmigung einer Kur bemühen, um erst einmal 4–6 Wochen Ruhe vor seinem Mobber zu haben. Je länger er bereits gemobbt worden ist, desto leichter wird er die Kur bekommen, denn inzwischen sind streßbedingt so deutliche Krankheitssymptome aufgetreten, daß die beantragte Kur nicht mehr nur zur Drückebergerei vor der Arbeit dient, sondern nun tatsächlich zur Erholung und Behandlung erforderlich ist.

Solche an sich unnötigen krankheitsbedingten Fehlzeiten können dem Arbeitgeber auch bei der Arbeitsorganisation und dem zweckmäßigen Personaleinsatz erhebliche Schwierigkeiten machen. Entweder die Arbeit bleibt liegen, oder die anderen Mitarbeiter müssen sie unter höherer Arbeitsbelastung mit erledigen, oder Aushilfen müssen die dringendsten Arbeiten übernehmen. Dann hat aber der Arbeitgeber erfahrungsgemäß bei den nicht voll eingearbeiteten Kräften mit längeren Bearbeitungszeiten und größeren Fehlerraten zu rechnen.

Es lohnt sich also für Unternehmen, durch Unterbindung von Mobbing die Krankfehlzeiten auf das tatsächlich unumgängliche Volumen zu reduzieren.

4.4.4 Fluktuation

Unter Personal-Fluktuation versteht man das Ausscheiden und die Neueinstellung von Personal. Dies ist ein notwendiger und sich aus sachlichen Gründen ständig vollziehender Prozeß in Unternehmen.

Wenn jemand in den Ruhestand übertritt, wird normalerweise ein Nachfolger für die Erledigung seiner Arbeiten benötigt. Dafür kann ein Betriebsangehöriger nachrücken oder eine neue Kraft eingestellt werden. Ersatz wird auch benötigt, wenn im Arbeitsleben stehende Mitarbeiter plötzlich sterben, krankheitsbedingt arbeitsunfähig werden oder aus anderen Gründen aus dem Unternehmen ausscheiden (z. B. Mutterschaft, Wechsel in ein anderes Unternehmen mit besserer Bezahlung oder günstigeren Aufstiegschancen, Umzug der Familie in eine andere Stadt).

Durch Mobbing verursache Fluktuation steht meistens in Zusammenhang mit einem ohnehin schlechten Betriebsklima. Wenn die Unternehmensleitung einen Mitarbeiter mobbt, um ihn – aus welchen Gründen auch immer – zur Kündigung und damit zum Räumen seines Arbeitsplatzes zu bewegen, dann ist dies eine geplante, wenn auch nicht unbedingt sachgerechte oder ethisch besonders verantwortungsvolle Fluktuationsmaßnahme.

Wenn aber Mitarbeiter sich untereinander mobben oder wenn sie ihre Vorgesetzten zu Mobbing-Opfern machen, dann steht das meistens mit den Unternehmenszielen nicht mehr in Einklang. Dem Unternehmen kann dadurch unvorhergesehener und nicht eingeplanter Schaden entstehen.

Je nach Art der Tätigkeit entstehen in Unternehmen durch die Neueinstellung eines Mitarbeiters zum Teil beträchtliche Investitionskosten (z. B. für Anzeigenwerbung, Einstellungsgespräche und -untersuchungen, Einarbeitung, Aus- bzw. Fortbildung für die spezielle Tätigkeit), die in Größenordnungen von einem oder mehreren Jahresgehältern liegen.

Je geringer also die Fluktuation ist, desto geringer sind auch die dadurch verursachten Kosten. Deshalb muß es im Interesse eines jeden Unternehmens liegen, schon bei der Einstellung nach Möglichkeit nur solche Mitarbeiter auszusuchen, die in der vorgesehenen Position weder von vornherein vorhersehbar in die Rolle eines Mobbing-Opfers, aber natürlich auch nicht in die eines Mobbers (aus Selbsterhaltungstrieb) hineingeraten werden.

4.5 Folgen für Mobbing-Täter

Mobber erscheinen zwar in der Arbeitswelt (aber auch sonst im Leben) häufig als die Stärkeren, als diejenigen, die die Macht haben und vor denen sich die armen Opfer fürchten müssen.

Aber denken Sie bitte stets daran:

> **Mobber leben gefährlich!**

Das liegt in der Natur der Sache, denn Mobber sind die Feinde der Mobbing-Opfer, und sie werden von ihnen natürlich nicht geliebt, sondern eher (bisweilen sogar abgrundtief) gehaßt. „Wenn ich könnte, würde ich ihn umbringen!" ist nur einer von vielen möglichen Gedanken, die in den Köpfen der verzweifelten oder wütenden Mobbing-Opfer zu kreisen pflegen.

In dem Roman von John Knittel „Via Mala" wird schließlich der trunksüchtige Vater in einer Familien-Gemeinschaftsaktion beseitigt. Mancher Mobbing-Manager ist zwar nicht im wörtlichen Sinn umgebracht, aber doch von seinen Opfern in Fallen gelockt worden, die ihn im übertragenen Sinn „den Kopf" (d. h. beispielsweise: seinen lukrativen Vorstandsposten) gekostet haben. Diesem Schicksal sind auch manche Minister und andere hochrangige Persönlichkeiten des öffentlichen Lebens aus Wirtschaft, Industrie und Verwaltung schon zum Opfer gefallen.

Interessant ist vielleicht auch, daß keineswegs jeder Mobber dies aus reiner Lust am Schikanieren anderer Menschen tut. Viele sind einfach nur **Angst-Mobber**. Das funktioniert nach dem Prinzip: „Angriff ist die beste Verteidigung!" oder anders ausgedrückt: „Lieber als Mobbing-Täter möglichst lange oben bleiben, als als Mobbing-Opfer vorzeitig untergehen und in der Versenkung verschwinden!"

Deshalb werden viele Mobber in vergleichbarer Weise psychosomatisch krank wie ihre Opfer. Mobbing bedeutet für sie nämlich auch beträchtlichen Streß mit erheblicher emotionaler Belastung. Sie verwickeln ja nicht nur ihre Opfer in Streitereien und in Arbeitsgerichts-, Verleumdungs-, Beleidigungs- oder Schadenersatzprozesse, sondern sie müssen die Attacken selbst erst sorgfältig vorbereiten und sich gegen mögliche Gegenwehr abzusichern versuchen. Das kostet Nerven!

Außerdem ist der identifizierte Mobber durchweg auch von momentan Unbeteiligten nicht besonders geschätzt. Denn wer weiß denn, wann es dem Mobber vielleicht einfallen wird, auch einen Unbeteiligten in seine Mobbing-Strategie gegen ein Opfer beispielsweise als Zeugen hineinzuziehen? Wer kann denn als zunächst Unbeteiligter sicher sein, sich nicht auch gelegentlich aus einem nichtigen Anlaß heraus den Zorn des Mobbers zuzuziehen und ebenfalls in die Reihe seiner Mobbing-Opfer eingeordnet und dann schikaniert zu werden?

Deshalb müssen Mobber ständig auf der Hut sein, damit nicht irgendwann eines von den vielen Mobbing-Opfern, in einem Augenblick der Unaufmerksamkeit, wenn die Situation gerade günstig ist, zurückschlägt und den Mobber fertigmacht.

Deshalb freuen Sie sich,
wenn Sie selbst kein Mobber sind.

Denn Mobber sind immer arm dran!

5 MASSNAHMEN GEGEN MOBBING _____

5.1 Die richtige Grundeinstellung_____

Mobbing macht krank – oder gesund !

Vielleicht glauben Sie auch, wie viele andere Menschen, Mobbing mache jeden Menschen, der „Mobbing-Opfer" wird, krank.

Ich denke, das ist nur die halbe Wahrheit.

Denn ich habe auch schon Menschen erlebt, die es geradezu genießen, wenn sie gemobbt werden, die jeder neuen Mobbing-Attacke mit Neugier und sportlichem Ehrgeiz entgegensehen und gespannt sind, wie sie auch diese neue Herausforderung erfolgreich bewältigen werden.

Bei ihnen beeindruckt mich immer wieder, wie sie gewissermaßen mit der Einstellung:

Mensch, ärgere dich nicht !

an die Sache herangehen und die ganze Mobbing-Interaktion wie ein Schachspiel angehen:

Sie versuchen, aus der Einschätzung der Intelligenz, der Spielerfahrung und der Risikofreudigkeit des Spielgegners dessen Spieltaktik und die weiteren Züge vorherzusehen, um deren Erfolg nach Möglichkeit durch raffinierte Gegenzüge und durch weit vorausschauende Planung von gut kaschierten Fallen zu verhindern, um dann auf geschickte und möglichst überraschende Weise den Gegenspieler unerwartet matt zu setzen.

Dadurch wird der Angegriffene – in unserem Fall der Gemobbte – nicht krank, sondern durch Training, Erfahrung und den dann fast selbstverständlich eintretenden Erfolg eher fit, gesund und widerstandsfähig.

Krank wird nur derjenige Gemobbte, der sich nicht gelassen und mit Interesse auf die Mobbing-Auseinandersetzung mit dem klaren Ziel einläßt, daraus als Sieger hervorzugehen, sondern wer voller Angst, Unsicherheit und ohne jede Hoffnung auf Erfolg von vornherein vor dem vermeintlich überlegenen Mobber die Segel streicht und nur noch in ängstlicher Abwehrhaltung auf seinen sicheren Untergang wartet. In dem Fall wird der dann natürlich auch nicht lange auf sich warten lassen, da der Mobber sich ja dreist und ungestraft, völlig risikolos entfalten und das arme Mobbing-Opfer nach allen Regeln der üblen Kunst ohne jeden ernsthaften Widerstand fertigmachen kann.

Hier werden deshalb Maßnahmen zur erfolgreichen Vorbeugung gegen Mobbing und zur bravourösen Abwehr von Mobbing-Attacken dargestellt, die Gemobbte davor bewahren können, im eigentlichen Sinn zum „Mobbing-Opfer" zu werden und als solches dem Streß zu erliegen und krank zu werden. Wer Mobbing mit der richtigen Einstellung begegnet, der wird – im Gegenteil – sogar gestählt aus derartigen Auseinandersetzungen hervorgehen und sich weiterhin cool und fit bester Gesundheit erfreuen können.

Aber das ist kein Erfolg, der einem einfach so leicht zufliegt. Das erfordert Selbstdisziplin und möglichst gute Nerven als Voraussetzung für erfolgreiche strategische Planung der Selbstverteidigung durch gezielte Gegenattacken gegen den/die dreisten oder hinterhältigen Mobber.

5.2 Voraussetzungen wirkungsvoller Maßnahmen

Bevor wir uns im einzelnen konkret mit den gegen Mobbing möglichen Maßnahmen befassen, wollen wir uns erst einmal anschaulich vor Augen führen, welches die „Normalsituation" für zwischenmenschliche Beziehungen im Berufsleben ist, in welcher Weise Übergriffe eines Mobbing-Täters erfolgen können und wie sich ein Mobbing-Opfer dagegen zur Wehr setzen kann.

Das Grundmodell für diese Betrachtung ist in der folgenden Abbildung dargestellt:

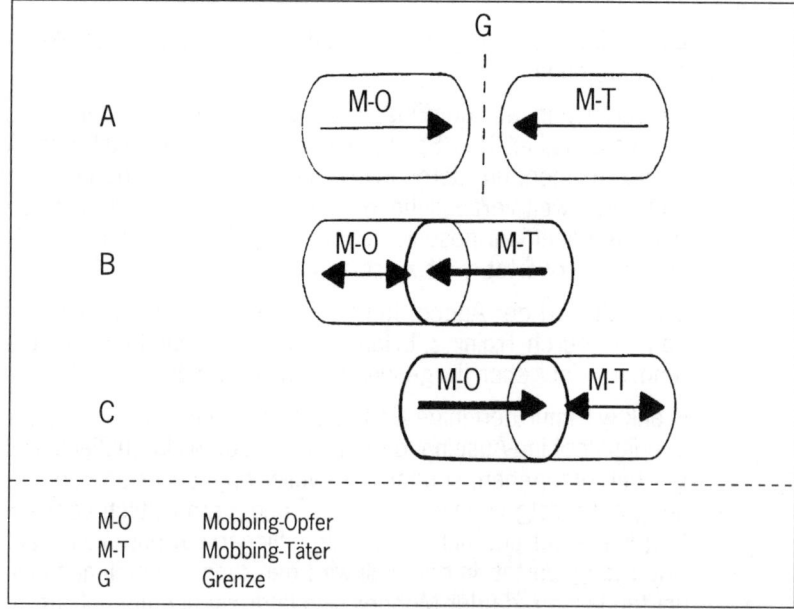

Abb. 13 Das Gegenspieler-System: „Mobbing-Täter : Mobbing-Opfer"

Im einfachen Fall gibt es zwei Gegenspieler: „Mobbing-Täter" (M-T) und „Mobbing-Opfer" (M-O).

Zwischen ihnen befindet sich normalerweise eine Grenze (G) zum Schutz der eigenen Person (Abb. 13 A). Diese wird in unserer Gesellschaft durch das Grundgesetz und durch Strafgesetze (mit der Androhung von Sanktionen bei Grenzüberschreitungen) sowie durch sonstige geschriebene und ungeschriebene Regeln des Rechts, der Sitte, der Ethik und Moral geschützt.

Solange diese Regeln – auch im Berufsleben – von allen eingehalten werden, wird Mobbing nicht entstehen, und Maßnahmen dagegen sind überflüssig.

Überschreitet aber ein Mobbing-Täter diese Grenze, dann bricht er in den geschützten Lebensbereich eines anderen (M-O) ein und löst berechtigte Abwehrreaktionen aus (Abb. 13 B).

Eine (durch den Doppelpfeil angedeutete) Abwehrreaktion kann allerdings auch schon dann auftreten, wenn nur die Wahrnehmungssysteme der beiden Beteiligten differieren und wenn sich deshalb der eine bereits durch an sich „harmlose" und unabsichtliche Aktivitäten eines anderen gemobbt fühlt, der davon vielleicht noch nicht einmal etwas ahnt. Das ist dann auch ein Problem der Sensibilität von „Mobbing-Opfern" für zwischenmenschliche Kommunikation und Interaktion.

Setzt sich nun – aus welchem Grund auch immer – ein Mobbing-Opfer gegenüber seinem Mobbing-Täter zur Wehr, dann tut es dies berechtigterweise nur so lange und bis zu dem Punkt, wo es die zwischen beiden befindliche Grenze (Abb. 13 A) seinerseits nicht überschreitet und nicht in den geschützten Bereich des Mobbing-Täters eindringt (wie dies bei Abb. 13 C geschieht). Zulässigerweise würde das Mobbing-Opfer bei korrekt dosierter Reaktion dann wieder die Ausgangsposition (Abb. 13 A) herstellen.

Würde das Mobbing-Opfer allerdings seine zunächst berechtigte Attacke gegen den ungerechtfertigten Übergriff des Mobbing-Täters so weit treiben, daß es selbst die Grenze überschreitet und in den geschützten Bereich des Mobbing-Täters eindringt (Abb. 13 C), dann würde es selbst vom „Mobbing-Opfer" zum „Mobbing-Täter" werden.

Insofern sind im Ergebnis der Belästigung bzw. Bedrängung eines Menschen durch einen anderen die Situationen 13 B und 13 C äquivalent.

5.2.1 Das Problem erkennen und lösen

„Wenn die Organisation, die Gestaltung und die Leitung der Arbeit so beschaffen sind, daß sie ein gedeihliches Arbeitsklima und die arbeitsbezogene Kommunikation fördern, wenn außerdem die Arbeitenden gelernt haben, Probleme gemeinsam zu lösen, dann hat Mobbing kaum noch eine Chance. ...

Im Prinzip, das wurde bereits gesagt, ist Mobbing sehr leicht abzustellen, wenn man es wirklich will."

So einfach ist die Lösung des Problems nach LEYMANN (1993, S. 149), wenn man es erst einmal erkannt hat.

Ich werde bisweilen in meiner psychotherapeutischen Praxis mit vergleichbar leichten Problemen durch Patienten konfrontiert, die ihr Problem erkannt zu haben glauben und sich deshalb z. B. das Rauchen abgewöhnen wollen.

Die hundertprozentig sichere Lösung habe ich dann schnell parat:

> **„Das ist doch ganz einfach:**
> **Kaufen Sie sich keine Zigaretten mehr,**
> **und stecken Sie sich keine mehr in den Mund!"**

Man muß das eben nur tun **wollen**, was man bereits als richtig **erkannt** hat. Das ist zwar richtig, aber gerade darin liegt ja das Problem.

Im übrigen gibt es sehr viele ähnliche, leicht lösbare unlösbare Probleme:

Tab. 44 Lösbare unlösbare Probleme

Problem	„Unlösbare" Lösung
– Belästigung durch Straßenverkehr	Straßenverkehr einstellen.
– Tote, Verletzte und Sachschäden durch Kriege	Keinen Krieg führen. „Es geht einfach keiner hin."
– Übergewicht	Weniger essen und sich vernünftig ernähren.
– Umweltbelastung	Keinen Abfall mehr produzieren. Alle Emissionen und Immissionen unterlassen.
– Krankheiten	Einfach gesund bleiben.
– Ewiges Leben	Bloß nicht sterben.

Vermutlich werden Ihnen leicht noch weitere Beispiele einfallen für Probleme, die ganz leicht zu erkennen und (un)lösbar sind.

Genau diese Problematik hat mich veranlaßt, ausführlich auf die zahlreichen möglichen Ursachen von Mobbing bei den verschiedenen Komponenten des hochkomplexen Gesamtsystems menschlicher Interaktion einzugehen. Einfache Lösungen erscheinen zwar oft bestechend. Aber ihre Nutzlosigkeit zeigt sich meistens schnell, wenn die angezielten Resultate ausbleiben.

Gegen Mobbing wehren wir uns meistens zunächst intuitiv. Damit verhalten wir uns aus der Sicht des Mobbing-Täters programmgemäß und sind für ihn leicht manipulierbar und deshalb ungefährlich.

Wenn uns die Erfolglosigkeit unserer intuitiven oder doch zumindest nicht professionell geplanten Abwehrreaktionen bewußt wird, werden wir angesichts der festgestellten Hilflosigkeit meistens noch nervöser. Aber genau das ist falsch.

Solche Situationen verlangen in erster Linie einen kühlen Kopf und ruhige Überlegung. Erfolgversprechende Maßnahmen müssen mit Umsicht geplant und gut vorbereitet werden.

> **Voraussetzung dafür ist die Feststellung
> der im konkreten Fall tatsächlich relevanten Mobbing-Ursachen.**

Im Kapitel 5.2.3 finden Sie dazu eine praktische Anleitung.

5.2.2 Den/die Mobber identifizieren

Mir selbst macht es zunehmend Freude, in meiner Arbeitsumwelt (und natürlich auch im Privatleben!) nach Mobbern zu suchen und die zu identifizieren, die mich oder andere Menschen in meinem näheren Umkreis zu schikanieren versuchen.

Oftmals sind die Mobber besonders freundliche Menschen, denen man angesichts ihrer erfrischenden Liebenswürdigkeit eigentlich derartige Gemeinheiten und Hinterhältigkeiten gar nicht zutrauen würde. Manchmal wird man erst darauf aufmerksam, wenn wohlmeinende Kollegen oder gute Freunde entsprechende Hinweise geben, durch die die Diskrepanz zwischen „Freundlichkeit ins Gesicht" und „Diffamierung hinter dem Rücken" erst manifest wird.

Solche „klammheimlichen" Mobber sind meist besonders gefährlich, weil sie weit schwerer zu identifizieren sind als solche, die ihre rechte Freude an der Schikane erst dann erleben, wenn sie dem Mobbing-Opfer offenbaren können, wer sie schikaniert und wie machtlos das Opfer dagegen ist.

Mein Mobber-Such-Hobby beschäftigt mich nicht nur an meiner Arbeitsstelle, sondern es erhält darüber hinaus für mich noch weitere interessante Anreize durch die Arbeit in meiner psychologischen Praxis. Dort widme ich dann meine besondere Aufmerksamkeit der Analyse der sozialen Interaktionsprobleme der Patienten und Klienten, die mich dort regelmäßig zur Beratung oder zur Therapie ihrer als Streßfolgen entstandenen psychosomatischen Beschwerden aufsuchen.

Schon manchem naiven Mobbing-Opfer konnte ich dabei die Augen für das tatsächliche Geschehen öffnen und die Rat- und Hilflosen für eine sachgerechte und erfolgreiche Auseinandersetzung mit ihren unverschämten Mobbern fit machen.

So habe ich beispielsweise einmal einem als Amtsleiter tätigen Juristen geraten, die ihn im Kollegenkreise diffamierende Mitarbeiterin mit Nennung der einschlägigen Paragraphen des Strafgesetzbuches auf die Strafbarkeit ihres Tuns aufmerksam zu machen. Er hat sie meiner Anregung entsprechend in diesem Zusammenhang außerdem gefragt, ob sie sich notfalls auch in der Lage sehe, ihre diffamierenden Falschbehauptungen vor Gericht zu beweisen; das könne nämlich nötig werden, wenn er Strafantrag stellte.

Der Schock fuhr der Mobberin sichtbar in die Glieder, und damit war das Problem für die Zukunft erledigt; Strafantrag und Klage waren überflüssig.

5.2.3 Die Mobbing-Ursachen feststellen

Im 2. Kapitel haben wir uns bereits ausführlich mit den Systembedingungen und möglichen Ursachen befaßt, die „harmlose" Mitmenschen in der Arbeitswelt und in anderen Lebensbereichen zu Mobbing-Tätern werden lassen.

Wenn wir uns allerdings mit der Mobbing-Problematik nicht nur als einem interessanten wissenschaftlichen Thema beschäftigen, sondern aus Eigeninteresse in unseren eigenen Lebensbereichen Vorsorge treffen wollen, damit wir nicht selbst Mobbing-Opfer werden, dann setzen wir vernünftigerweise auch bei den dort möglichen Ursachen an.

Sind wir jedoch unglücklicherweise schon zum Mobbing-Opfer geworden, dann ist eine sachgerechte Ursachenanalyse auch in diesem Fall die beste Voraussetzung für die Einleitung situationsspezifischer und damit zugleich erfolgversprechender Gegenmaßnahmen.

Tab. 45 Systematische Ursachenanalyse und Maßnahmenplanung

(1)	(2)	(3)	(4)	(5)
Art der Schikane (Mobbing-Aktivität)	Wer mobbt?	Mobbing-Ursachen	Nutzen	Maßnahmen gegen Mobbing
		a) Ursache im Mobber aa) Ängste ab) Ziele ac) Sonstige	$N_{M\text{-}T}$	a) vorbeugende Maßnahmen Nutzen erschweren, bestrafen — Alternativen erleichtern, belohnen b) kurative Maßnahmen Nutzen erschweren, bestrafen — Alternativen erleichtern, belohnen
		b) Ursache im System ba) Mängel bb) Ziele bc) Sonstige	N_S	a) vorbeugende Maßnahmen Nutzen erschweren, bestrafen — Alternativen erleichtern, belohnen b) kurative Maßnahmen Nutzen erschweren, bestrafen — Alternativen erleichtern, belohnen
		c) Ursache im Opfer ca) Mängel, Defizite cb) Fehlverhalten cc) Sonstige	$N_{M\text{-}O}$	a) vorbeugende Maßnahmen Nutzen erschweren, bestrafen — Alternativen erleichtern, belohnen b) kurative Maßnahmen Nutzen erschweren, bestrafen — Alternativen erleichtern, belohnen

Tab. 45 Fortsetzung

Schikane 1					
		aa)	N_{M-T}	a) b)	a) b)
		ab)	N_{M-T}	a) b)	a) b)
		ac)	N_{M-T}	a) b)	a) b)
		aa)	N_{M-T}	a) b)	a) b)
		ab)	N_{M-T}	a) b)	a) b)
		ac)	N_{M-T}	a) b)	a) b)
		ba)	N_S	a) b)	a) b)
		bb)	N_S	a) b)	a) b)
		bc)	N_S	a) b)	a) b)
		ba)	N_S	a) b)	a) b)
		bb)	N_S	a) b)	a) b)
		bc)	N_S	a) b)	a) b)
		ca)	N_{M-O}	a) b)	a) b)
		cb)	N_{M-O}	a) b)	a) b)
		cc)	N_{M-O}	a) b)	a) b)
		ca)	N_{M-O}	a) b)	a) b)
		cb)	N_{M-O}	a) b)	a) b)
		cc)	N_{M-O}	a) b)	a) b)
Schikane 2		aa)	N_{M-T}	a) b)	a) b)
		ab)			
usw.					

N_{M-T}: Nutzen des Mobbing-Täters
N_S: Nutzen des Systems (z. B. Unternehmen)
N_{M-O}: Nutzen des Mobbing-Opfers

Tabelle 45 enthält einen Vorschlag für systematische **Ursachenanalysen** und **Maßnahmenplanungen**. Als Arbeitsunterlage ist sie zusätzlich noch einmal komplett im Anhang 9.5 abgedruckt.

Die sachgerechte Benutzung des Arbeitsblattes sollen die folgenden Erläuterungen erleichtern:

Spalte (1):

Dort, wo „Schikane 1" steht, kann das Mobbing-Opfer bzw. der Mobbing-Berater die erste **Schikane** eintragen, unter der das Mobbing-Opfer an seinem Arbeitsplatz zu leiden hat (z. B.: „Ungerechtfertigte Kritik an seiner Arbeit durch den Vorgesetzten.").

Wo „Schikane 2" steht, kann eine weitere Schikane eingetragen werden (z. B.: „Androhung der Entlassung."). Die Fortsetzung durch „usw." bedeutet, daß in Spalte 1 grundsätzlich eine beliebig große Anzahl von Schikanen erfaßt werden kann. Dadurch wird gewährleistet, daß auch die Komponenten komplexer Mobbing-Situationen im Bedarfsfall vollständig erfaßt werden können.

Spalte (2):

Erfaßt werden nach Möglichkeit **alle** im konkreten Einzelfall relevanten **Mobbing-Täter**. Das kann z. B. gleichzeitig der Vorgesetzte des Mobbing-Opfers und eine Anzahl von Kolleginnen bzw. Kollegen sein, und möglicherweise wirken dabei auch noch aus anderer Perspektive dem Mobbing-Opfer dienstlich unterstellte Mitarbeiter mit.

Denkbar ist, daß die Schikane 1 nur von einem einzigen Mobber (z. B. einem Kollegen) praktiziert wird. Aber sie kann unter Umständen auch von mehreren Mobbing-Tätern gleichzeitig kommen.

Allerdings kann das zentrale Ärgernis auch ein einziger Mobber sein, der das Opfer mit einer Schikane nach der anderen traktiert. Dementsprechend sind dann die Eintragungen in den Spalten 1 und 2 vorzunehmen.

Spalte (3):

In der dritten Spalte können die **Mobbing-Ursachen** erfaßt werden. Wie wir schon im Kapitel 2 gesehen haben, können die Ursachen sowohl im Mobber (in der Tabelle: 3 a)) liegen als auch im System (z. B. der Arbeitstelle; in der Tabelle: 3 b)), aber auch im Mobbing-Opfer selbst (in der Tabelle: 3 c)).

Wesentliche **Ursachengruppen beim Mobber** können **Ängste** sein (z. B. Angst vor Verantwortung; in der Tabelle: 3 aa)), aber auch angestrebte **Ziele** (z. B. die nächste Karrierestufe schnell erreichen; in der Tabelle 3 ab)). Unter „Sonstige" Ursachen (3 ac)) können nach Bedarf weitere Aspekte erfaßt werden (z. B. Krankheiten).

Wesentliche **Ursachengruppen im System** können **Mängel** sein (z. B. Personalüberhang; in der Tabelle: 3 ba)), aber auch **Unternehmensziele** (z. B. Gewinnmaximierung; in der Tabelle 3 bb)). Unter „Sonstige" Ursachen können auch hier gegebenenfalls weitere Aspekte erfaßt werden (z. B. spezielle Wettbewerbsbedingungen, gesetzliche Rahmenbedingungen).

Schließlich können wesentliche **Ursachengruppen im Mobbing-Opfer** dessen **Mängel und Defizite** sein (z. B. auffällige Körpergestalt, Intelligenzmangel; in der Tabelle: 3 ca)), aber auch eigenes **Fehlverhalten** (z. B. Aggressivität; in der Tabelle: 3 cb)) oder auch „Sonstige" Ursachen (wie z. B. familiäre Rahmenbedingungen, persönliche Lebensziele, religiöse und weltanschauliche Besonderheiten).

Zusammengefaßt geht es also im konkreten Einzelfall jeweils vor allem um die folgenden drei Schwerpunkte:

Tab. 46 Mobbing-Ursachen im konkreten Einzelfall

1. Ursachen, die im Mobber liegen.
Vor was hat der Mobber möglicherweise **Angst**, das er durch Mobbing gegen andere Menschen zu verdrängen, überwinden oder kompensieren versucht?
Welche persönlichen **Ziele** verfolgt er möglicherweise durch seine Mobbing-Aktivitäten (eventuell auch als Mitglied eines mobbenden Arbeitsteams)?

2. Ursachen, die im System liegen
Welche **Mängel** bestehen in der Betriebsorganisation, in der Betriebshierarchie, den Arbeitsbedingungen, der Art der Tätigkeit, die Mobbing geradezu provozieren oder doch zumindest nahelegen oder erleichtern?
Welche **Ziele** verfolgt das Unternehmen, die es durch Mobbing (leichter) zu erreichen meint?

3. Ursachen im Mobbing-Opfer selbst (im Sinne der Viktimologie)
Welche **persönlichen Mängel, Kenntnis- und Leistungsdefizite** provozieren andere zum Mobbing gegen gerade dieses Opfer?
Welche besonderen **Fehlverhaltensweisen** oder **Fehleinstellungen** reizen an sich „harmlose" Mitmenschen, gerade diesen Menschen zum Opfer von Mobbing-Attacken zu machen?

Spalte (4):

Die Spalte 4 ist im Hinblick auf mögliche Maßnahmen gegen Mobbing besonders wichtig. In ihr wird nämlich der Nutzen erfaßt, den bestimmte Mobbing-Aktivitäten jeweils dem Mobber, dem System oder sogar dem Mobbing-Opfer selbst bringen können.

Dem liegt die Erfahrung zugrunde, daß Menschen nur ungern auf einen ihnen entstehenden Nutzen verzichten, sondern sich eher darum bemühen, diesen (gegebenenfalls sogar unter allen Umständen) zu erhalten.

Wenn der Mobber z. B. mit seinen eigenen Ängsten nur dadurch einigermaßen fertig wird (d. h. N_{M-T} auf der Grundlage von 3 aa), daß er andere durch Schikanen in Angst versetzt, dann erreicht man die Einstellung von Mobbing-Attacken am besten dadurch, daß man den Mobber beim vernünftigen Abbau seiner eigenen Ängste unterstützt.

Zieht andererseits das Unternehmen seinen Nutzen vor allem daraus, daß es alle Mitarbeiter extrem unter Druck setzt, um Gewinnmaximierung zu erreichen (d. h. N_S auf der Grundlage von 3 bb), dann wird man daraus resultierende Mobbing-Aktivitäten am ehesten abbauen können, wenn man dieses Unternehmensziel verändert oder zumindest auf anderen Wegen zu erreichen sucht.

Hat man es schließlich mit einem masochistischen Mobbing-Opfer zu tun, das seinen Nutzen gerade aus einem geradezu krankhaften Leidensgenuß in der Mobbing-Opfer-Rolle zieht (d. h. N_{M-O} auf der Grundlage von 3 ca)), dann wird man diesem Menschen entweder seine (anderen Menschen als eher abwegig erscheinende) Freude lassen oder ihm andere Genußmöglichkeiten zu vermitteln versuchen.

Im Detail können entsprechende Maßnahmen in Spalte 5 dokumentiert werden.

Grundsätzlich geht es hier also um die drei Schwerpunkte:

- Welchen **Nutzen** kann **der Mobber** aus seinen Mobbing-Aktionen ziehen (z. B. bezüglich der Bewältigung seiner eigenen Ängste oder seiner persönlichen Karriere-Ziele)?
- Welchen **Nutzen** kann **das Unternehmen** daraus ziehen, daß es sich, die Hierarchie, die Arbeitsabläufe etc. in dieser Mobbing provozierenden Weise organisiert?
- Welchen **Nutzen** kann **der Betroffene** selbst eventuell aus seinen Fehleinstellungen und Fehlverhaltensweisen, vielleicht letztlich sogar aus der Stigmatisierung als Mobbing-Opfer, unbewußt ziehen und dadurch erfolgversprechende Anti-Mobbing-Maßnahmen blockieren?

Es gilt vor allem, den aus dem Mobbing entstehenden Nutzen so weit wie möglich zu reduzieren, eventuell sogar ganz zu beseitigen, um unerwünschte Verstärkung von Mobbing-Tendenzen zu vermeiden.

Am erfolgreichsten ist die Abwehr, wenn man – wie beim Mühlespiel (Zwickmühle!) – auch mögliche vordergründige Mobbing-Erfolge in spürbare Nachteile umkehren kann.

Eine solche Zwickmühle kann beispielsweise dann für den Mobber entstehen, wenn er zwar einerseits das Opfer zu seinem Vergnügen und mit der Aussicht, es von seiner Führungsposition zu vertreiben, schikanieren kann, andererseits – dazu gehört dann unter Umständen geschicktes Taktieren des Mobbing-Opfers über mehrere Hierarchieebenen hinweg – aber gerade dadurch bei seinen Vorgesetzten Zweifel an seiner eigenen Führungskompetenz weckt und deshalb für den erfolgreich freigemobbten Posten dann selbst nicht mehr in Betracht gezogen wird.

Parallel zur Reduzierung des Nutzens, den ein Mobber aus seinen Mobbing-Aktivitäten ziehen kann, sollte das Mobbing-Opfer jedoch auch jeweils überlegen, wie gegenüber dem Mobber gerade diejenigen möglichen alternativen Verhaltensweisen des Mobbers erleichtert und/oder belohnt werden könnten, die für das Mobbing-Opfer von Vorteil wären.

Was also für den Mobbing-Täter als einzelnen oder als Mitglied eines Teams bezüglich der Relativierung des Nutzens gilt, den er aus seinen Mobbing-Aktivitäten zieht, das gilt analog auch für den Nutzen, den Unternehmen aus einer mobbing-freundlichen Organisation ziehen.

Auch dort eröffnet die systematische Analyse der Ursachen, des Nutzens und die darauf aufbauende Planung von Vorbeugungs- oder Gegenmaßnahmen Mobbing-Opfern (s. dazu Spalte 5 der Tabelle) neue bis dato von ihnen noch nicht gesehene Möglichkeiten der erfolgreichen Mobbing-Bewältigung.

Nicht zuletzt sollte das Mobbing-Opfer bzw. derjenige, der sich in dieser Hinsicht für gefährdet hält, sorgfältig und systematisch prüfen, welche unnötigen Ansatzpunkte er selbst in seiner Person und seinem Verhalten bietet.

Spalte (5):

In Spalte 5 können einerseits vorbeugende Maßnahmen gegen Mobbing ergriffen werden (in der Tabelle: jeweils 5 a)), andererseits aber auch nach bereits auftretenden Mobbing-Problemen kurative Maßnahmen (in der Tabelle: jeweils 5 b)), also solche, die die Folgen von Mobbing heilen bzw. beseitigen.

Dies kann jeweils für jeden der in Spalte 3 bereits erfaßten drei Ursachenbereiche (d. h. Mobber, System, Mobbing-Opfer) erforderlich sein.

Sowohl bei den vorbeugenden als auch bei den kurativen Maßnahmen kann man sowohl Maßnahmen ergreifen, die das Fehlverhalten erschweren bzw. sogar bestrafen als auch solche, die erwünschtes (also gegen Mobbing gerichtetes) Verhalten erleichtern bzw. belohnen.

In den weiteren Kapiteln werden diese Möglichkeiten noch näher konkretisiert.

5.3 Mögliche Reaktionen und Maßnahmen von Mobbing-Opfern

Wenn jemand gemobbt wird, wird er sich entweder intuitiv und unreflektiert einfach so verhalten, wie das seinem Naturell entspricht, oder er wird seine Reaktionen gegen den Mobber mehr oder weniger wohlüberlegt planen.

Dabei stellt sich geradezu zwangsläufig die Frage:

> **Was kann ich überhaupt tun, wenn ich gemobbt werde?**

Eine Übersicht über mögliche Reaktionen von Mobbing-Opfern auf Mobbing-Attacken enthält die folgende Tabelle:

Tab. 47 Mögliche Reaktionen von Mobbing-Opfern auf Mobbing-Attacken

1	**Abwarten und erdulden** Das Mobbing-Opfer läßt sich verängstigt und wehrlos mobben. Es wartet ab, daß der Ärger vorübergeht, oder es ergibt sich in das unabwendbar erscheinende Schicksal und erduldet es „gottergeben".
2	**Selbstkritische Prüfung** Das Mobbing-Opfer prüft sich selbstkritisch, ob und gegebenenfalls durch welche persönliche Eigenart (z. B. Aussehen) oder durch welches Verhalten es möglicherweise Anlaß zu Konflikten mit der Folge von Mobbing gibt. Konsequenzen:
2.1	Das Opfer ändert sich und beseitigt bei sich die Konfliktanlässe.
2.2	Da die Anlässe (z. B. Herkunft, Hautfarbe) nicht beseitigt werden können, bemüht sich das Opfer um Verständnis, Toleranz und Akzeptanz.

Tab. 47 Fortsetzung

3   **Vorbeugung gegen Mobbing bzw. Mobbing-Eskalation**
Das potentielle Mobbing-Opfer ergreift bereits vorbeugend Maßnahmen, um gar nicht erst gemobbt zu werden. Wenn der Mobber bereits aktiv geworden ist, versucht es, durch geeignete Maßnahmen die weitere Eskalation zu verhindern.

Zweckmäßiges Vorgehen:
3.1   Auswahl einer entsprechenden Arbeitsstelle.
3.2   Anpassung an das Arbeitsteam.
3.3   Aufklärung von Vorurteilen und Mißverständnissen.
3.4   Rechtzeitiger Rückzug aus mobbing-gefährdeten Positionen.

4   **Gegenangriff**
Das Opfer wehrt sich und geht zum Gegenangriff über.

Mögliche Angriffshandlungen:
4.1   Den Mobber zur Rede stellen.
4.2   Sich bei Vorgesetzten etc. über den Mobber beschweren.
4.3   Versetzung an einen anderen Arbeitsplatz mit anderen Kollegen und Vorgesetzten verlangen, wo keine Schikane zu erwarten ist.
4.4   Mit der Aufdeckung von Fehlhandlungen anderer (z. B. des Mobbers) und ggf. der Publikation in den Medien drohen und dadurch als Revanche deren Existenz bedrohen.
4.5   Anzeige erstatten, Klage einreichen.
4.6   Schadenersatz fordern und ggf. einklagen.
4.7   Zum Selbstschutz und zur Erweiterung des Handlungsspielraums in den Betriebs- bzw. Personalrat eintreten.
4.8   Solidarisierung mit Leidensgenossen.

5   **Innere Kündigung**
Das Opfer sieht keine realistischen Chancen, sich gegen das Mobbing zur Wehr zu setzen und entwickelt resigniert Notlösungen als Überlebensstrategien.

Konsequenzen:
5.1   Resignation mit Verlust der Leistungsmotivation und der Lust, sich für den Unternehmenserfolg weiterhin einzusetzen.
5.2   Dienst nach Vorschrift mit dem Ziel, Kräfte zu sparen.
5.3   Bei unzureichender Auslastung Selbstbeschäftigung mit Aktivitäten, die den Arbeitgeber Geld kosten und ihm wenig oder nichts einbringen, dafür aber dem Mobbing-Opfer ein gewisses Maß an Selbstwertgefühl erhalten.
5.4   Flucht in die Krankheit – ggf. mit der Absicht oder Folge, vorzeitig in den Ruhestand zu treten.

6   **Kündigung des Arbeitsverhältnisses**
Das Mobbing-Opfer zieht Bilanz und erkennt, daß es den Ärger durch Schikane nicht weiter aushalten muß, da es realistische Alternativen durch Wechsel zu einem anderen Arbeitgeber oder in die Selbständigkeit hat.

Tab. 47 Fortsetzung

	Zweckmäßiges Vorgehen:
6.1	Kontakte zu anderen Arbeitgebern aufnehmen und die Konditionen für ein neues Arbeitsverhältnis abklären.
6.2	Mit dem derzeitigen Arbeitgeber durch außergerichtliche Einigung oder gerichtliche Klärung ein gutes Arbeitszeugnis und eine angemessene Abfindung erstreiten.
6.3	Das im derzeitigen Arbeitsverhältnis erworbene Know-how können Mobbing-Opfer oft gewinnbringend am neuen Arbeitsplatz einsetzen.

Welche Vor- und Nachteile die verschiedenen möglichen Reaktionen und Maßnahmen für das Mobbing-Opfer haben können, wird in den folgenden Kapiteln im einzelnen erörtert.

5.3.1 Abwarten und erdulden

Manchem, der bereits zum Mobbing-Opfer geworden ist, ist das überhaupt noch nicht bewußt geworden. Er hält das, was er erlebt, zunächst für „ganz normalen" Ärger, wie er eben überall dort vorkommt, wo Menschen mit unterschiedlichen Interessen zusammentreffen, und dementsprechend reagiert er auch.

In der Erwartung, der Ärger werde sich schon legen, wenn alle sich erst wieder ein bißchen beruhigt haben und „etwas Gras über die Sache gewachsen sei", harrt das Mobbing-Opfer mehr oder weniger geduldig aus und steckt manches ein, um die Sache nicht unnötig hochzuspielen.

Wer in solcher Fehleinschätzung der schikanösen Absicht des Mobbers, das Opfer zu vergraulen und rauszuekeln, allzu lange tatenlos verharrt, der ermutigt durch seine mangelnde Gegenwehr den Mobber geradezu, immer dreister zu werden.

So wird mancher zum dauerhaften „Sündenbock" und zum stillen Dulder, der im Laufe der Zeit zunehmend soziale Kontaktängste entwickelt und unter dem emotionalen Dauerstreß mit großer Wahrscheinlichkeit bald psychosomatische Symptome (z. B. Magenbeschwerden, Kopfschmerzen, Schlafstörungen) entwickeln wird, die ihn dann noch zusätzlich belasten.

Abwarten und stilles Erdulden dürfte deshalb nur dann für eine kurze Zeit vernünftig sein, wenn man absehen kann,

- daß der Mobber irgendwann die Lust am Schikanieren von selbst verlieren wird,
- daß er bald versetzt wird, die Firma wechselt, in Pension geht oder an einer bereits ausgebrochenen schweren Krankheit bald sterben wird,
- daß die Vorgesetzten oder andere Arbeitskollegen die Mobbing-Aktivitäten bald erkennen und als unerwünscht unterbinden werden,
- daß das Mobbing-Opfer justitiables Beweismaterial gegen den Mobber sammeln will, um diesen damit seinerseits erfolgreich (ggf. gerichtlich) zu attackieren,
- daß das Mobbing-Opfer selbst bereits aus anderen Gründen entschlossen war, diesen Arbeitsplatz aufzugeben (z. B. absehbare Versetzung oder Ausscheiden).

Ein bißchen muß ich noch durchhalten –
dann scheint mir wieder die Sonne!

5.3.2 Selbstkritische Prüfung

Wenn jemand von einem anderen gemobbt wird, muß das nicht in jedem Fall heißen, daß das Mobbing-Opfer dazu keinerlei Anlaß gegeben hätte. Für die Notwendigkeit einer selbstkritischen Prüfung des Mobbing-Opfers sollte es keine Rolle spielen, ob die Kollegen oder der Arbeitgeber dem Problem auch durch andere Maßnahmen hätten begegnen können als gerade durch Mobbing.

Einige Beispiele aus der Vielzahl möglicher Konflikte, zu denen das Mobbing-Opfer (schuldhaft oder auch ohne eigenes Verschulden) selbst Anlaß gibt, sind in der folgenden Tabelle zusammengestellt:

Tab. 48 Von Mobbing-Opfern selbst ausgehende Konfliktanlässe

Aussehen
- ungewöhnliche Körpergröße („Liliputaner", „Riese")
- ungewöhnliches Körpergewicht („Spinnewipp", „Elefant")
- Hautfarbe (schwarz, weiß, gelb etc.)
- Körperbehinderungen (Klumpfuß, Amputationen, Buckel, behinderter Rollstuhlfahrer etc.)
- Krankheiten (Hautausschlag, Hinken, Tremor, Kurzsichtigkeit, Einäugigkeit etc.)
- Haarwuchs und Frisur (Glatze, Skin-head-Frisur, „Mähne", grüne Haarfarbe etc.)
- Garderobe (auffällig, schlicht bzw. ungepflegt, hypermodern, auffällig bzw. skurril etc.)

Verhalten
- arrogantes, großspuriges Auftreten
- schüchternes, gehemmtes oder verschrobenes Auftreten
- Besserwisserei, anderen über den Mund fahren
- gegen andere intrigieren, tratschen
- Unpünktlichkeit, Unzuverlässigkeit
- rigide, unbeweglich und kompromißlos
- autoritär, herrschsüchtig, dominierend, kommandierend
- hinterlistig und hinterhältig
- andere bedrohend, nötigend, erpressend
- rücksichtsloses Karrierestreben („der geht über Leichen")

Arbeitsweise
- fehlerhafte, schlampige Arbeitsweise

Tab. 48 Fortsetzung

- zu langsame Arbeitsweise („Schneckentempo")
- hektische, chaotische Arbeitsweise
- ein eigenes Leistungsvermögen überschätzendes Vorgehen
- Verweigerung der Umstellung der eigenen Arbeitsweise auf neue Anforderungen und Techniken

Beruflicher Bildungsstand
- mangelhafte Ausbildung für die spezielle Tätigkeit
- Kenntnisstand völlig veraltet
- keine Fortbildungsbereitschaft
- täuscht gar nicht vorhandenen Bildungsstand vor

Familiärer Hintergrund
- Aufsteiger stammt aus sehr einfacher, proletarischer Familie
- zur Familie gehören Menschen mit zweifelhaftem Ruf (z. B. Huren, Dealer, Straftäter, NS-Verbrecher, STASI-Mitarbeiter)
- zur Familie gehören herausragende bzw. bekannte Persönlichkeiten (z. B. Nobel-Preisträger, Minister, Präsident, Wissenschaftler, Schauspieler, Leistungssportler)
- Herkunft aus jüdischer, kurdischer, italienischer etc. Familie, über die bestimmte Vorurteile herrschen

In manchen Fällen kann das Opfer etwas tun, um das Konfliktpotential zu reduzieren bzw. es sogar ganz zu beseitigen (z. B. bei der Kleidung), in anderen Fällen ist das nicht möglich (z. B. schwarze oder weiße Hautfarbe), und das Problem muß dann auf andere Weise zu lösen versucht werden.

5.3.2.1 Selbst verursachte Konfliktanlässe beseitigen

Wer selbst verursachte Konfliktanlässe beseitigen will, der muß sie erst einmal erkennen. Gerade darin dürfte jedoch die ausschlaggebende Schwierigkeit liegen.

Viele Menschen sehen zwar leicht, schnell und ohne Brille „den *Splitter* im Auge des *anderen*, aber den *Balken* im *eigenen* Auge" bemerken sie nicht, wie dies sogar in der Bibel nachzulesen ist (Matthäus 7,3).

Deshalb sollte jeder, der von anderen kritisiert oder gar – wie im hier betrachteten Fall – gemobbt wird, erst einmal vorbehaltlos die Kritik oder die Mobbing-Attacke für möglicherweise begründet halten. Auch wenn das schmerzt, sollte das Mobbing-Opfer sich ehrlich fragen und nach Möglichkeit auch noch einer Person des eigenen Vertrauens die Frage stellen, ob und in welchem Maße tatsächlich Ursachen in der eigenen Person und im eigenen Verhalten liegen.

Wer diesem Problem jedoch von vornherein aus Angst vor Beeinträchtigung des eigenen Selbstwertgefühls oder aus Arroganz ausweicht, der wird das tatsächlich bestehende Problem kaum befriedigend lösen können und sich voraussichtlich durch unberechtigte Attacken gegen seine Mitmenschen nur noch mehr und größere Schwierigkeiten bereiten.

Andererseits ist es manchmal gar nicht so schwer, sich unnötige Probleme und Attacken vom Hals zu schaffen, wenn man beispielsweise die Gruppennormen (d. h. die Verhaltensgewohnheiten) kennt, die in dem Unternehmen bzw. in der

Arbeitsgruppe gelten, in der man die Arbeit aufnehmen möchte. Sind diese mit den eigenen Wertvorstellungen, Lebensanschauungen und Verhaltensgewohnheiten unvereinbar, dann wird man zweckmäßigerweise gleich eine andere Arbeitsstelle suchen, wo derartige Probleme zumindest nicht schon vor Beginn erkennbar sind.

Sind die Diskrepanzen zwischen den eigenen Normvorstellungen und denen der Arbeitsgruppe weniger gravierend, sollte sich der Neuling möglichst selbstkritisch überlegen, ob und wie er die daraus eventuell auf ihn zukommenden Anfeindungen und Sticheleien längerfristig bewältigen kann, ohne permanent darunter zu leiden und schließlich krank zu werden.

In solchen Situationen ist schonungslose Offenheit gegenüber sich selbst unabdingbar. Schon manche Ehe ist kläglich an der Selbstüberschätzung der jungen Ehefrau gescheitert, die glaubte, sie würde ihrem Ehemann nach der Hochzeit seine störenden Eigenarten schon noch abgewöhnen können.

Auch in der Arbeitswelt sollte deshalb niemand so naiv auf seinen Umerziehungserfolg bei anderen vertrauen, sondern – wenn überhaupt – sich dann in erster Linie schon lieber persönlich fragen, bis zu welchem Grade er sich voraussichtlich selbst an die herrschenden Bedingungen anpassen können wird.

Es ist meistens sehr schwer, andere Menschen von eingefahrenen Gleisen (d. h. Verhaltensgewohnheiten, Vorurteilen) in eine andere Richtung zu dirigieren. „Der Mensch ist ein Gewohnheitstier", und das zeigt sich oftmals auch sehr fortschritts- und integrationshinderlich in Unternehmen und deren Arbeitsteams:

> „Am besten, es bleibt alles, wie es ist !"

Und wer da nicht mitmacht, der wird rausgemobbt – aus der Schein-Idylle.

Andererseits wird mancher anpassungswillige Mitmensch ungeniert als Opportunist eingeordnet mit der Bemerkung: „Der hängt sein Mäntelchen immer nach dem den Wind!"

Das ist bisweilen gar nicht das Schlechteste, wenn jemand nämlich zeitweise unter Gruppendruck eine bestimmte (verrückte) Mode mitgemacht hat, jetzt aber in einer neuen Gruppe (z. B. dem neuen Arbeitsteam) eine neue (vernünftigere) Mode vorfindet, und sich dieser anschließt.

Vielleicht färbt sich der „Opportunist" nun seine Haare nicht mehr grün, schneidet keine Löcher mehr in seine Hosen und verzichtet auf das Nichtreinigen der Fingernägel. Ein anderer – aus der Schicki-Micki-Ecke – erscheint vielleicht am Arbeitsplatz nicht mehr in Samt und Seide, mit Brillantschmuck und Make-up, sondern einfach nur frischgewaschen und schmucklos in normaler Arbeitskleidung, was für bestimmte Arten von Berufstätigkeiten sehr praktisch sein kann.

Anpassung stößt jedoch spätestens dort an Grenzen, wo es nicht mehr um Moden, Anschauungen und unterschiedlichen Geschmack geht, sondern wo unabänderliche Tatsachen das Hindernis darstellen (wie z. B. körperliche Mängel).

5.3.2.2 Verständnis, Toleranz und Akzeptanz für unabänderliche Konfliktanlässe

Wo das Mobbing-Opfer in seiner Person oder durch seine Herkunft bereits stigmatisiert ist, kann es dieses in den Augen der anderen existierende Manko nicht mehr durch Anpassung beseitigen.

Der Vater ist Türke, der Buckel ist deutlich sichtbar, die Körpergröße beträgt unübersehbar 2,10 m. Dadurch ist der Betroffene einer klar definierten Randgruppe zugeordnet und kann bei entsprechenden Vorurteilen und Abgrenzungsbereitschaft der Arbeitsgruppe aus der Gemeinschaft ausgeschlossen werden.

Was in solchen Fällen trotzdem von Mobbing-Opfern getan werden kann, zeigen die Beispiele der folgenden Tabelle:

Tab. 49 Umgang mit unabänderlichen Merkmalen als Mobbing-Anreizen

- die Grundlosigkeit der Vorurteile erst sich selbst und dann den anderen bewußt machen
- die anderen sachlich aufklären über die eigenen Probleme, um deren Verständnis und ggf. Hilfsbereitschaft zu wecken
- durch Bewußtmachen von für „normal" gehaltenen Eigenarten der anderen, diese Normalität relativieren und dadurch Toleranz und wechselseitige Akzeptanz wecken
- die Ungefährlichkeit der von anderen attackierten Eigenarten für diese verdeutlichen, damit ihnen klar wird, daß die Mobbing-Attacken die Probleme nicht lösen, sondern nur zu weiteren Schwierigkeiten führen

---

5.3.3 Vorbeugung gegen Mobbing bzw. gegen Mobbing-Eskalation

Vorbeugungsmaßnahmen sind angezeigt sowohl gegen Mobbing an sich, aber natürlich auch gegen die mögliche Eskalation bereits eingeleiteter Mobbing-Attacken.

Während wir in diesem Kapitel die Problematik aus der Sicht von Mobbing-Opfern betrachten, gehen wir darauf im Kapitel 5.4 aus der Perspektive des Arbeitgebers und im Kapitel 5.6 aus der des Gesetzgebers und der Gesellschaft noch näher ein. Denn wo schon erfolgreiche Mobbing-Prophylaxe durch den Arbeitgeber, durch Gesetzgeber und Gesellschaft betrieben wird, gibt es keinen guten Nährboden für die Stigmatisierung von Menschen zu Mobbing-Opfern.

Aber dort, wo das nicht versucht wird bzw. nicht gelingt, werden Menschen auch schuldlos zu Mobbing-Opfern und müssen sich dann selbst ihrer Haut wehren.

Durch welche prophylaktischen Maßnahmen können sich potentielle Mobbing-Opfer schützen?

Einige Hinweise dazu gibt (im Anschluß an Tabelle 47) die folgende Tabelle:

Tab. 50 Prophylaktische Maßnahmen möglicher Mobbing-Opfer gegen Mobbing-Aktivitäten

Auswahl einer entsprechenden Arbeitsstelle:
- Sich schon vor der Einstellung bzw. dem Wechsel an einen anderen Arbeitsplatz über die neuen Arbeitskollegen informieren, um mögliche Mobbing-Gefahren rechtzeitig zu erkennen (wenn dort z. B. Vorurteile oder ein fragwürdiger „Teamgeist" bereits zu Mobbing-Problemen und ungewöhnlicher Fluktuation geführt haben) und um dann notfalls auf diesen Arbeitsplatz zu verzichten.
- Möglichen Mobbing-Tätern keine „Viktim-Signale" geben, die den Betreffenden (im Sinne der Viktimologie) für diesen als leichtes Opfer ausweisen und schon von daher zum Mobbing ermuntern und motivieren (z. B. Zeichen von besonderer Angst, Unsicherheit, Unterwürfigkeit; s. dazu Kapitel 2.4).

Anpassung an das Arbeitsteam:
- Bei nicht allzu gravierenden Diskrepanzen zwischen den eigenen Vorstellungen, Zielen und Verhaltensgewohnheiten und denen der Vorgesetzten, Arbeitskollegen bzw. Mitarbeiter kann eine kritische Selbstprüfung möglich und nützlich sein. Sie könnte zu dem Ergebnis führen, daß unter den gegebenen Umständen aus guten Gründen die Übernahme der am Arbeitsplatz vorgefundenen „besseren" Verhaltensgewohnheiten etc. der anderen und die Anpassung an den Stil des Arbeitsteams entweder eine erträgliche oder sogar eine nützliche Selbstmodifikation wäre. Dadurch würden nicht nur Ansatzpunkte für Mobbing beseitigt, sondern sogar die eigene Entwicklung in erfreulicher Weise gefördert.
- Sich nicht selbst durch ungewöhnliches Verhalten (z. B. besondere Arroganz, Eleganz oder Nachlässigkeit, durch missionarische Belehrungsversuche bei den neuen Arbeitskollegen oder durch andere provokative Abgrenzungen) in dem neuen Team als „unnormal", „verrückt", „gefährlich" oder „angreifwürdig" präsentieren und dadurch Mobbing herausfordern.

Aufklärung von Vorurteilen und Mißverständnissen:
- Eventuell gegen die eigene Person bzw. das Auftreten bei den neuen Arbeitskollegen oder Vorgesetzten bestehende Vorurteile oder Ängste möglichst schnell zu erkennen versuchen, um diese dann nach Möglichkeit sofort durch sachliche Information und Aufklärung abzubauen und gar nicht erst das Bedürfnis entstehen zu lassen, den neuen Kollegen oder Mitarbeiter durch Mobbing zu isolieren oder zu vertreiben.
- Bei Unsicherheit über die Einordnung der Beobachtungen als Mobbing empfiehlt es sich, möglichst mit nicht unmittelbar beteiligten Personen des eigenen Vertrauens (ggf. auch mit Betriebsrat oder Rechtsanwalt) darüber zu sprechen, um nicht selbst voreilig unnötige, falsche oder überzogene Gegenmaßnahmen einzuleiten, die dann unter Umständen mehr schaden als nützen.

Rechtzeitiger Rückzug aus mobbing-gefährdeten Positionen:
- Jeder sollte die Situation an seinem Arbeitsplatz laufend so im Auge behalten, daß er rechtzeitig bemerkt, wenn er in Gefahr gerät, Mobbing-Opfer zu werden. Sofern er dem nicht (mehr) erfolgreich entgegentreten kann, sich deshalb übermäßig ärgert oder gar psychosomatisch krank wird, sollte er einen Arbeitsplatzwechsel in Betracht ziehen und konsequent darauf hinarbeiten (z. B. durch Bewerbung in anderen Unternehmen aus der noch ungekündigten Stellung heraus).

Auch hier bewahrheitet sich die uralte Erkenntnis:

Vorbeugen ist besser als Heilen !

Wenn jedoch alle vorbeugenden Maßnahmen nicht zum gewünschten Erfolg – d. h. der Vermeidung von Mobbing-Attacken und der Stigmatisierung als Mobbing-Opfer – führen, und auch der Rückzug aus der mobbing-gefährdeten Position nicht oder nicht mehr ohne beträchtliche Verluste oder gar Selbstaufgabe möglich ist, dann bleibt letztlich nur die möglicherweise kämpferische Auseinandersetzung mit der Problematik, wozu die nächsten Kapitel weitere Hinweise enthalten.

5.3.4 Gegenangriff

Angriff ist die beste Verteidigung !

Das sagen sich couragierte Mobbing-Opfer und gehen zum Gegenangriff über, sobald sie die Gefahr bemerken, in die sie gerade durch die dreisten oder hinterhältigen Aktionen eines Mobbers zu geraten drohen oder in die sie bereits geraten sind.

Hat ein Mobbing-Opfer den Mobber als solchen identifiziert, kann es versuchen, dessen eigene Schwächen so zu nutzen, daß der mit der Organisation der Selbstverteidigung so beschäftigt wird, daß er praktisch zu keinen anderen Aktivitäten mehr fähig ist.

Einerseits wird er sich dann ständig gegen unvorhersehbare neue Attacken seines Opfers zur Wehr zu setzen haben, während er andererseits durch die hierdurch vergeudete Zeit zunehmend selbst in Schwierigkeiten geraten wird, seine eigene Arbeit noch ordentlich und fristgemäß erledigen zu können.

Auf diese Weise kann das reaktionsschnelle und taktisch geschickte Opfer relativ schnell eine höchst unerfreuliche Lage zu seinen Gunsten verändern, und dabei kann dann unversehens der ursprünglich „mutige" Mobbing-Täter ganz überraschend selbst in ein Mobbing-Opfer verwandelt werden.

Aus Mobbing-Tätern ihrerseits Mobbing-Opfer zu machen, sollte nach meiner Überzeugung allerdings nur die ultima ratio sein, wenn „menschenfreundlichere" Versuche der Konfliktlösung unter den gegebenen Umständen nicht realisierbar oder sogar bereits gescheitert sind.

Denken Sie nur an einen Mobber, der bereits seinen ersten Herzinfakt überstanden hat und der nun ängstlich bemüht ist, sich nicht erneut zu überlasten, um nicht einen erneuten Kollaps zu erleiden. Je mehr man ihn beschäftigt, desto mehr muß er sich um die Erhaltung seiner bereits lädierten Gesundheit sorgen und desto weniger Zeit und Energie wird er schließlich noch aufbringen können, um weiterhin eigene Mobbing-Aktivitäten zu entfalten.

Vielleicht erscheint dieses Vorgehen manchem Leser nicht gerade fair. Aber ist der Mobber denn fair?

Erfahrungsgemäß schaffen sich jedoch Menschen, die in dieser Weise andere zu Mobbing-Opfern machen, keine Freunde, sondern Feinde. Deshalb liegt die bessere Lösung normalerweise nicht in dem Prinzip: „Ich bin der Gewinner und Du der Verlierer!", sondern eher in der Kompromißlösung:

Wir wollen beide Gewinner sein !
Also:
Leben und leben lassen!

Für manches Mobbing-Opfer, das schon erhebliche berufliche, private und gesundheitliche Rückschläge hat hinnehmen müssen, ist eine solche Gegenattacke leider bisweilen die einzige realisierbare Möglichkeit, um nicht selbst zugrunde zu gehen. Es handelt sich dann bei dieser Selbstverteidigung also – gewissermaßen als ultima ratio – um eine bloße Selbstschutz- bzw. Selbsterhaltungsmaßnahme.

Deshalb haben wir schon festgestellt, daß Mobber durchaus nicht unangefochten, sondern gefährlich leben. Je dreister und hinterhältiger sie sich selbst verhalten, desto mehr müssen sie erfahrungsgemäß auch mit entsprechenden Gegenangriffen rechnen – zumindest dann, wenn sie die Ängstlichkeit und Hilflosigkeit ihres Opfers allzu naiv unterschätzt haben.

Will ein „Mobbing-Opfer" seine unerfreuliche Rolle nicht kampflos als unabwendbares Schicksal hinnehmen, sondern sich dagegen zur Wehr setzen, dann hat es verschiedene Möglichkeiten:

5.3.4.1 Das Mobben „aussitzen"

Manche Gemobbten wehren sich aus Angst nicht gegen den Mobber. Sie möchten nach außen hin cool erscheinen, die Contenance nicht verlieren. Das kann zwar dazu führen, daß der Mobber mangels sichtbarer Resonanz beim Gemobbten und z. B. bei den Arbeitskollegen nach einiger Zeit das Interesse am Mobben unter solchen für ihn ungünstigen Umständen verliert. Aber das Mobbing-Opfer sollte sich nicht von vornherein auf den Erfolg seiner **Methode des Aussitzens** verlassen.

Wer Mobbing stillschweigend (er)duldet, es „auszusitzen" versucht, der ermutigt nämlich oftmals den Mobber erst recht, sein unerfreuliches Tun in der gleichen Weise fortzusetzen oder es sogar noch zu verstärken.

Die Mobbing-Aktivitäten durch wohlüberlegte „Nichtbeachtung" gewissermaßen ins Leere laufen zu lassen, kann man versuchen. Man sollte dabei aber den Mobber und seine Umgebung scharf im Auge behalten. Dann kann man notfalls – d.h. beim Scheitern dieses Versuchs – noch rechtzeitig und für den Mobber und seine Mitläufer dann unter Umständen sehr überraschend und daher besonders erfolgreich zum aktiven Gegenangriff übergehen.

5.3.4.2 Den Mobber zur Rede stellen

Eine sehr einfache, aber dennoch oft sehr wirkungsvolle Methode des Gegenangriffs ist das „Zur-Rede-Stellen" des Mobbers.

Einige Möglichkeiten zeigt die folgende Tabelle:

Tab. 51 Den Mobber zur Rede stellen

- Was denken Sie sich denn überhaupt dabei, wenn Sie mich in dieser Weise anschreien?
- Wo haben Sie denn Ihre Manieren gelassen?
- Was beabsichtigen Sie eigentlich mit diesen persönlichen Angriffen?
- Haben Sie eigentlich schon einmal bedacht, daß Ihre Unterstellungen und Verleumdungen Straftatbestände darstellen und daß ich Strafantrag gegen Sie stellen könnte?
- Haben Sie nicht auch das Gefühl, daß Sie sich selbst mit solchen Falschbehauptungen eher unglaubwürdig und lächerlich machen, als daß Sie mir dadurch schaden?
- Welche Art von Selbstunsicherheit versuchen Sie eigentlich hinter ihrem forschen Macho-Gehabe zu verstecken?
- Was würde eigentlich Ihre Frau dazu sagen, wenn Sie erführe, wie Sie mich hier betatschen?

Solche Fragen können zwar der Auftakt sein zu einem Gegenangriff, aber sie werden meistens noch nicht bewirken, daß ein dynamischer Mobber daraufhin bereits das Mobben einstellt. Allerdings ist mir gerade das von einigen Patienten berichtet worden, die dadurch ab sofort Ruhe vor weiteren Attacken hatten.

In der Mehrzahl der Fälle ist aber zu erwarten, daß der Mobber seinerseits mehr oder weniger überrascht, verblüfft, irritiert bzw. aggressiv oder in gewohnter Weise hinterhältig reagiert und gegebenenfalls seine bisherige Mobbing-Strategie nur diesen neuen Bedingungen (d.h. der Gemobbte wehrt sich) anpaßt.

Dann sollte sich das Mobbing-Opfer schon vor seiner Frage überlegen, mit welchen möglichen Reaktionen es zu rechnen hat, und es sollte sich schon rechtzeitig eine vernünftige Reaktion auf die Reaktion des Mobbers überlegen.

Wenn der Gemobbte sehr ängstlich und unsicher ist, könnte er z.B. seine Frage (als bloß rhetorische Frage) stellen, sich dann schnell umdrehen, weggehen und somit den Mobber ohne Antwortmöglichkeit einfach stehen lassen. Dadurch gewinnt der Gemobbte zumindest Zeit, sich während der Wirkung seiner Frage selbst wieder zu fassen, die wahrscheinliche (spätere) Reaktion des Mobbers bei der nächsten sich diesem bietenden Gelegenheit abzuschätzen und sich angemessen darauf vorzubereiten.

Häufig werden sich jedoch Mobbing-Opfer bereits durch die selbständige Planung und Umsetzung der hier aufgezeigten Reaktions- und Verteidigungsaktivitäten überfordert fühlen. In solchen Fällen ist es daher zweckmäßig, sich einer professionellen Unterstützung durch ausgebildete Fachleute zu bedienen.

In Betracht zu ziehen sind hierfür vor allem Beratungsstellen, die sich besonders auf Konflikt-Bewältigung, auf Streßprophylaxe – gegebenenfalls sogar vorrangig auf die Mobbing-Problematik – spezialisiert haben (einige ausgewählte Adressen finden Sie im Anhang 9.1). Regionale Adressen von psychologischen Beratungsstellen und Psychotherapie-Praxen finden Sie durchweg in den Telefonbüchern (Branchenverzeichnis: „Gelbe Seiten") unter den Stichworten „Psychologie/Psychologische Beratung" und „Psychotherapie".

5.3.4.3 Sich bei Vorgesetzten etc. über den Mobber beschweren

Wer durch Kollegen gemobbt wird, kann sich natürlich – wenn er Mut dazu hat – bei dessen Vorgesetzten darüber beschweren. Auch wer durch einen Vorgesetzten gemobbt wird, kann sich beim Vorgesetzten des Vorgesetzten beschweren – oder vielleicht auch beim Betriebs- bzw. Personalrat.

Wer das tut, sollte allerdings sicher sein, daß der Mobber nicht zufälligerweise ein Freund, entfernter Verwandter, ehemaliger Studienkollege oder Vereinskamerad aus dem Sportverein ist. Denn dann muß er damit rechnen, daß seine Beschwerde nur auf ein müdes Lächeln trifft und daß sich womöglich beide – Mobber und Vorgesetzter – ins Fäustchen lachen, weil ihnen das ahnungslose Mobbing-Opfer hilflos ausgeliefert ist.

Vor einer Beschwerde beim Vorgesetzten sollte sich das Opfer auch möglichst genau überlegen, was es von dieser Initiative letztlich erwarten darf. Beschwerden bei opportunistischen Vorgesetzten, bei durchsetzungsunfähigen Schwächlingen, bei Schwätzern oder bei am Schicksal anderer Menschen uninteressierten Egoisten sind meistens nutzlos oder sogar schädlich, weil sie schon bestehende Vorurteile solcher Vorgesetzter noch weiter verstärken oder sogar erst neu entstehen lassen.

Beschwerden sollten nur vorhersehbar mit einer ausreichenden Aussicht auf Erfolg an der richtigen Stelle und zum richtigen Zeitpunkt vorgebracht werden. Die von dem Beschwerdevorgang oder von den daraus resultierenden Reaktionen des Vorgesetzten ausgehenden Wirkungen müssen auf jeden Fall eine positive Veränderung der Situation für das Mobbing-Opfer bewirken, damit sie sich für dieses lohnen. Von bloßem Aktionismus mit unvorhersehbaren oder sogar vorhersehbar negativen Folgen ist also abzuraten.

Einige mögliche Wirkungen von Beschwerden bei Vorgesetzten sind in der folgenden Tabelle dokumentiert:

Tab. 52 Mögliche positive bzw. negative Wirkungen von Beschwerden

Mögliche positive Wirkungen:
- Der Mobber fürchtet als Folge von Beschwerden Imageverlust. Sein Ruf als kompetenter Vorgesetzter oder als problemloser und kollegialer Mitarbeiter könnte durch gegen ihn gerichtete Beschwerden ramponiert werden. Aus Angst davor reduziert bzw. unterläßt er Mobbing künftig.
- Der Mobber fürchtet konkret gegen ihn gerichtete Maßnahmen als Folge der Beschwerde und reduziert bzw. unterläßt das Mobbing künftig.
- Dem Mobber wird durch die Beschwerde überhaupt erst bewußt, daß sein Tun als „Mobbing" einzuordnen ist. Da er das nicht beabsichtigte, unterläßt er es künftig.
- Der Mobber erkennt durch die Beschwerde, daß er es nicht mit einem schwachen, resignativen, hilflosen Opfer zu tun hat, sondern mit jemandem, der sich zur Wehr setzt, und verändert sein Verhalten, indem er die Persönlichkeit des Opfers künftig respektiert.

Mögliche negative Wirkungen:
- Der Mobber ärgert sich über die Beschwerde so sehr, daß er nun erst recht auf Rache sinnt und seine Mobbing-Aktivitäten noch weiter eskaliert.
- Wenn die Beschwerde beim schwächlichen Vorgesetzten zu keinerlei erkennbaren negativen Konsequenzen für den Mobber führt, fühlt sich dieser geradezu ermutigt, künftig noch dreister gegenüber seinem Opfer zu werden.
- Der Mobber erkennt durch die Beschwerde, daß das Opfer selbst so hilflos ist, daß es sich nicht selbst seiner Haut wehren kann, weil es die Hilfe von Vorgesetzten in Anspruch nehmen muß. Er dosiert daher seine Aktivitäten so, daß sich künftig zumindest formal keine überzeugende Grundlage für eine erneute Beschwerde ergibt. Offene Attacken werden z. B. durch hinterhältige Intrigen ersetzt.
- Da der Mobber mit demjenigen, an den die Beschwerde adressiert wird, persönlich befreundet, verwandt oder sogar aus irgendwelchen Gründen von ihm abhängig ist, weiß er bereits vorher, daß sich aus welchen Beschwerden auch immer keine negativen Konsequenzen für ihn ergeben werden. Deshalb fürchtet er solche Beschwerden nicht und mobbt unverzagt weiter.

5.3.4.4 Versetzung an einen anderen Arbeitsplatz betreiben

Wer sich weiterer Schikane an seinem Arbeitsplatz durch Vorgesetzte, Mitarbeiter oder Kollegen nicht mehr aussetzen möchte, kann sich selbst um Versetzung an einen anderen Arbeitsplatz bemühen, wo er voraussichtlich nicht gemobbt werden wird.

Faßt das Mobbing-Opfer einen solchen Wechsel ins Auge, dann sollte es allerdings sicher sein, daß die Mobbing-Ursachen nicht in ihm selbst liegen, sondern daß sie sich tatsächlich in der Person eines bestimmten Vorsetzten, Mitarbeiters, Kollegen oder einer Arbeitsgruppe am derzeitigen Arbeitsplatz finden.

Andernfalls würde das Opfer zwar den Arbeitsplatz und das Team wechseln, sich selbst und sein Problem aber mitnehmen und auch am neuen Arbeitsplatz mit größter Wahrscheinlichkeit erneut aus denselben Gründen wieder zum Mobbing-Opfer werden.

Jedoch kann unter bestimmten Umständen ein Arbeitsplatzwechsel innerhalb desselben Unternehmens oder sogar der Wechsel zu einem völlig anderen Unternehmen sinnvoll sein, wenn die Mobbing-Ursachen im Opfer selbst liegen. Allerdings nur dann, wenn es dem Opfer zwischenzeitlich gelingt, die in seiner Person liegenden Mobbing-Ursachen durch geeignete Maßnahmen zu beseitigen oder zumindest erheblich – d. h. auf ein für alle erträgliches Maß – zu reduzieren. Das kann z. B. bei neurotischen Persönlichkeitseigenarten mit Hilfe einer psychotherapeutischen Behandlung geschehen.

Der Nachteil beim Verbleiben am alten Arbeitsplatz auch nach Wegfall der in der Person des Betroffenen liegenden Mobbing-Ursachen liegt vor allem darin, daß alle das Opfer noch aus der Opfer-Situation kennen, daß sie es nach wie vor dementsprechend einschätzen und daß sie meistens Schwierigkeiten haben, die Betroffenen in ihrer neuen Rolle und Persönlichkeitsqualität adäquat wahrzunehmen und zu akzeptieren.

Demgegenüber lernen die Vorgesetzten, Mitarbeiter bzw. Arbeitskollegen am neuen Arbeitsplatz den Betroffenen gar nicht mehr in der fragwürdigen Opferrolle kennen, sondern gleich in seiner neuen, unauffälligen Rolle. Dementsprechend nehmen sie ihn wahr und so akzeptieren sie ihn auch.

5.3.4.5 Fehlhandlungen anderer (z. B. des Mobbers) als Druckmittel einsetzen

Mobbing-Opfer können sich dann relativ leicht zur Wehr setzen gegen einen Mobber, wenn dieser selbst reichlich Angriffspunkte bietet.

Wer im Glashaus sitzt,
soll nicht mit Steinen werfen!

So hat mir einmal eine junge Frau, die unter Magersucht litt und deshalb bei mir in Psychotherapie war, berichtet, daß sie nach einigem Zögern ihre Mobberin, eine übergewichtige Arbeitskollegin, meiner Empfehlung entsprechend mit einer diesbezüglichen Retourkutsche von weiteren Mobbing-Aktivitäten abbringen konnte. Als die Dicke sie wieder hänselte, sie müsse doch endlich etwas essen, sie sei ja ohnehin nur ein Strich in der Landschaft, und als sie ihr dabei wieder unerwünscht Kekse und Schokolade aufdrängte, sagte sie einfach nur: „Nein danke, ich möchte nicht so dick werden wie Sie!"

Das reichte. Sie hatte den wunden Punkt der Mobberin getroffen. Übermäßiges Essen und ständig erfolglose Abnahmeversuche hatten sie dazu gebracht, sich mit ihrem Gewichtsproblem auf Kosten der jungen Kollegin zu entlasten.

Gerade an diesem Beispiel wird deutlich, daß das Mobbing-Verhalten der Mobber nicht „normal" ist. Mobber haben häufig selbst Probleme und versuchen, diese dadurch zu überspielen, daß sie andere schikanieren.

Deshalb ärgern Sie sich nicht nur über diese Mobber, sondern haben Sie auch ein bißchen Mitleid mit ihnen! Sie verdienen es – menschlich gesehen –, auch wenn sie sich Ihnen gegenüber „wie Schweine" benehmen.

Aber schon diese Änderung der Betrachtungsweise kann sie in Ihrer Rolle als Mobbing-Opfer entlasten. Sie verlieren dadurch ein bißchen von Ihrer Angst vor dem Mobber, weil der ja eigentlich nicht besonders souverän ist – auch wenn er so tut! –, sondern weil er selbst offensichtlich erhebliche Probleme mit sich, der Situation am Arbeitsplatz bzw. mit seinen Mitmenschen hat.

Andererseits öffnet Ihnen diese neue Betrachtungsweise erst die Augen für die möglichen Mobbing-Ursachen, soweit sie nicht in Ihnen selbst liegen, sondern im Mobber. Und Sie wissen ja schon: bei den tatsächlichen Ursachen müssen Sie ansetzen, um das Mobbing erfolgreich zu beenden.

Also versuchen Sie herauszubekommen, weshalb der Mobber gerade Sie schikaniert. Können Sie die Ursache beseitigen, helfen Sie nicht nur sich selbst, sondern auch dem Mobber und allen möglichen weiteren Mobbing-Opfern.

5.3.4.6 Anzeige erstatten, Klage einreichen

Das Beschreiten des Rechtsweges mit Strafantrag und Einleitung eines Strafprozesses erscheint mir selbst nur gewissermaßen als die letzte Möglichkeit, wenn alle anderen Versuche der Problembewältigung gescheitert sind.

Allerdings kann die Androhung eines Strafantrages bereits Wunder wirken, da vielen Mobbern die Strafbarkeit ihres Tuns nicht bewußt ist. Macht man sie aber mit dem nötigen Nachdruck darauf aufmerksam, dann schrecken viele vor den dann absehbaren möglichen strafrechtlichen Konsequenzen zurück.

Die Androhung sollte aber nicht ohne die feste Absicht erfolgen, sie notfalls auch in die Tat umzusetzen. Denn wenn der Mobber durchschaut, daß es sich hierbei nur um eine „leere Drohung" handelt, dann wird die Situation für das Mobbing-Opfer eher noch prekärer, wenn es dem Mobber nämlich gelingt, sie auch noch als solche zu entlarven und dadurch die Macht- und Hilflosigkeit des Opfers erst richtig zu betonen.

Deshalb sollten die prozessualen Möglichkeiten vor derartigen Drohungen zunächst mit einem sachkompetenten Rechtsanwalt in einem Beratungsgespräch abgeklärt werden. Möglicherweise erzielt nämlich auch bereits eine von einem Rechtsanwalt sachgerecht formulierte Unterlassungsaufforderung an den Mobber ihre Wirkung. Auf jeden Fall kann der Rechtsanwalt auf Grund der vorliegenden Beweise meist zuverlässiger als das emotional erregte Mobbing-Opfer beurteilen, ob diese in der vorliegenden Form überhaupt für einen erfolgreichen Strafprozeß ausreichen.

Haben Sie es aber mit einem hinterhältigen Mobber zu tun, dem sie sein schändliches Tun nicht vor Gericht „beweisbar" nachweisen können, dann brauchen Sie gar nicht erst an einen Prozeß zu denken. Ohne eindeutige und klare Beweise handeln sie sich allenfalls hohe Anwalts- und Prozeßkosten ein. Wenn Sie Pech haben und einen besonders gewieften Mobber verklagt haben, bringt der sie eventuell sogar noch durch eine Gegenklage wegen Verleumdung in zusätzliche Schwierigkeiten.

Das wäre dann der schönste Erfolg für einen Mobber, wenn ihm seine Schikaniererei nicht nachgewiesen werden kann, er aber seinerseits mit einer völlig aus der Luft gegriffenen Verleumdungsklage bei Gericht obsiegen würde. Dann könnte er nicht nur den Prozeßerfolg und persönlichen Prestigegewinn für sich verbuchen, sondern er hätte dem Mobbing-Opfer neben der Niederlage noch sämtliche Anwalts- und Prozeßkosten aufgehalst.

Diesen Triumph sollten Sie keinem Mobber gönnen – egal wie sehr er sie schikaniert und wie gern Sie ihm das heimzahlen möchten!

5.3.4.7 Schadenersatz fordern und einklagen

Auch für Schadenersatzforderungen und eventuelle -klagen sind ähnliche Überlegungen anzustellen, wie bei der Absicht, einen Strafantrag zu stellen.

Entscheidend ist, daß der dem Mobbing-Opfer entstandene gesundheitliche oder materielle Schaden **beweisbar** ist. Es reicht nicht aus, daß das Opfer selbst von diesem überzeugt ist oder daß es von seinen Freunden und Verwandten in seiner Einschätzung unterstützt wird.

Entscheidend ist, ob das Beweismaterial einer gerichtlichen Überprüfung, bei der unter Umständen sogar Sachverständige hinzugezogen werden, standhält.

Das Opfer hat durchweg davon auszugehen, daß sich der Mobber sowohl im Strafverfahren als auch gegen zivilrechtlich geltend gemachte Schadenersatzforderungen nach Kräften und – das läßt der Charakter als Mobber vermuten – notfalls mit Lügen, List und Tücke, also mit allen Mitteln, zur Wehr setzen wird.

Zivilrechtliche Ansprüche sind bisweilen dann leichter durchzusetzen, wenn der Mobber bereits in einem vom Opfer in derselben Sache angestrengten Strafprozeß verurteilt worden ist, z. B. als Brandstifter oder wegen Körperverletzung.

Dann ist die Schuld als solche bereits vom Strafgericht festgestellt, und es geht danach nur noch um die Höhe der Entschädigung.

Gerade bei Schadenersatzforderungen für erlittene gesundheitliche Schäden ist aber fast immer mit Schwierigkeiten zu rechnen. Der Mobber kann nämlich als Antragsgegner mit Unterstützung durch einen taktisch geschickten Rechtsanwalt derartige Verfahren durch Einschaltung von Gutachtern verzögern und mit Widersprüchen über mehrere Gerichtsinstanzen und somit über Jahre hinziehen, ohne daß es zu einer rechtskräftigen Entscheidung kommt und das Opfer seine verdiente Entschädigung erhält. Oft enden gerade solche Prozesse schließlich mit einem Vergleich, bei dem das Opfer erhebliche Abstriche von seinen berechtigten Forderungen machen muß, damit die Gegenseite überhaupt zustimmt und auf die bereits erwähnten Prozeßverzögerungen verzichtet.

Wer die Tücken solcher Verfahren nicht von vornherein zutreffend einschätzt, der kann sich unversehens in die Rolle des „Prozeßhansels" gedrängt sehen, der von einem Prozeß in den nächsten rutscht und dabei letzlich doch nicht als Sieger hervorgeht, sondern auch hier als Opfer auf der Strecke bleibt.

5.3.4.8 Zum Selbstschutz dem Betriebs- bzw. Personalrat beitreten

Manchmal haben Mitarbeiter den berechtigten Verdacht, daß sie aus unternehmenspolitischen Zielsetzungen (z. B. Sparmaßnahmen und Personalabbau) aus ihrer Arbeitsstelle gemobbt werden sollen.

In solchen Fällen ist nicht nur Nervenstärke wichtig, sondern auch eine starke arbeitsrechtliche Position.

Besonderen Schutz genießen z. B. Schwerbehinderte (aufgrund des Schwerbehindertengesetzes) und Mitglieder von Betriebs- bzw. Personalräten. Außerdem unterliegen normalerweise auch ältere Mitarbeiter (d. h. über 40 Jahre) und solche mit langer Betriebszugehörigkeit (d. h. über 10 oder gar über 25 Jahre) einem günstigeren Kündigungsschutz.

Um in den Genuß der günstigeren Konditionen für Schwerbehinderte zu kommen, sollte sich jeder Schwerbehinderte rechtzeitig um eine entsprechende Anerkennung und die Ausstellung eines Ausweises kümmern.

Wer den Schutz als Betriebs- oder Personalrat genießen will, der muß sich rechtzeitig zur Wahl stellen und in die Arbeitnehmervertretung wählen lassen.

Aber auch gegen besonders aktive oder der Unternehmensleitung aus irgendwelchen Gründen mißliebige Betriebs- und Personalräte gibt es bestimmte Mobbing-Interessen. Ich habe Versuche eines Arbeitgebers erlebt, ein Betriebsratsmitglied von der Zentrale in eine entfernte Niederlassung zu versetzen, es durch Drohungen von gesetzlich zulässigen Initiativen abzubringen, (nicht freigestellten) Betriebsratsmitgliedern die Arbeit zu entziehen oder nicht freistellungswilligen die zwangsweise Freistellung (und damit die Ausgliederung aus dem angestammten Arbeitsgebiet) anzudrohen.

Auch in den Gremien selbst herrschen oft rauhe Mobbing-Sitten. Vorsitzende werden auf intrigante Weise aus ihren Ämtern gedrängt, oder einzelne Mitglieder werden durch permanenten Gruppendruck auf eine bestimmte Linie zu trimmen versucht. In diesen Zusammenhang gehört übrigens auch der von politischen Parteien (rechtswidrig) ausgeübte Fraktionszwang.

Wer sich also als Mobbing-Opfer von seinem Arbeitsplatz in den Betriebs- oder Personalrat retten will, der kommt unter Umständen vom Regen in die Traufe.

5.3.4.9 Solidarisierung mit Leidensgenossen

Die Solidarisierung mit Leidensgenossen (d. h. Mobbing-Opfern) kann eine Hilfe für den einzelnen sein. In dieser Gemeinschaft erfährt er, daß er mit seinem Problem nicht allein ist und daß auch andere Menschen aus unterschiedlichen Gründen zu Mobbing-Opfern geworden sind, daß sie vergleichbare Probleme am Arbeitsplatz und zu Hause haben und daß sie auch unter ähnlichen gesundheitlichen Streß-Symptomen leiden.

Das reduziert einerseits das Gefühl der Isolierung, der Wertlosigkeit, des persönlichen Verschuldens dieser Situation und kann daher auch zur Anhebung des Selbstwertgefühls beitragen und im Erfahrungsaustausch mit Leidensgenosen zu neuen praktischen Erkenntnissen führen, durch die das Leben am Arbeitsplatz und in der Familie erleichtert wird.

Leidensgenossen finden Mobbing-Opfer oft in größeren Unternehmen schon in derselben oder in anderen Abteilungen, wenn sie sich ein wenig umsehen. Aber es gibt auch Selbsthilfegruppen von Krankenkassen, Gewerkschaften etc., denen sich die Mobbing-Opfer anschließen können (s. Anhang 9.1).

Der Erfahrungsaustausch mit Leidensgenossen sollte sich jedoch nicht nur auf das ohne Zweifel nötige „Dampfablassen" und „Jammern" beschränken. Es sollte vielmehr weiterführen zu konkreten Handlungsanleitungen, mit denen die Alltagssituationen künftig besser bewältigt werden können. Gerade in diesem Punkt werden jedoch die Selbsthilfegruppen oft an die Grenzen ihrer Möglichkeiten stoßen und dann zweckmäßigerweise auch professionelle fachliche Hilfe mit einbeziehen. Das kann in Form der Einladung von Streß- oder Mobbing-Experten zu den Gruppen-Treffen geschehen, aber auch durch gezielte psychotherapeutische Maßnahmen für Einzelpersonen oder Gruppen.

5.3.5 Innere Kündigung

Wer sich nicht mehr wohlfühlt an seinem Arbeitsplatz und auch keine motivierenden Zukunftsperspektiven mehr dort für sich sieht, wer jedoch andererseits seine Arbeitsstelle nicht kündigen kann, weil er auf die Einnahmen angewiesen ist und aus den verschiedensten Gründen nicht oder nicht ohne weiteres einen vergleichbar dotierten und bequemen Arbeitsplatz finden kann, der kündigt „innerlich".

„Innere Kündigung" bedeutet also, daß jemand seinen Arbeitsplatz nicht aufgibt, indem er beim Arbeitgeber seinen Arbeitsvertrag kündigt, sondern daß er zwar körperlich an seinem Arbeitsplatz bleibt, aber „innerlich" nicht mehr anwesend ist. Er konzentriert sein Denken und seine Arbeitsinitiativen nicht mehr vorrangig auf seine Arbeit, sondern erledigt nur noch das Nötigste, nämlich genau soviel, daß ihm der Arbeitgeber nicht wegen Arbeitsverweigerung kündigen kann.

Das ist natürlich für die meisten Arbeitnehmer keineswegs befriedigend, wenn sie früher Freude an ihrer Arbeit gehabt haben und einen Teil ihrer Lebensaufgabe auch in sinnvoller Arbeit sehen.

Die innere Kündigung kann unterschiedliche Formen haben und sich dementsprechend verschiedenartig auswirken bzw. manifestieren:

5.3.5.1 Resignation

Resignation ist wohl eine der Hauptursachen für die innere Kündigung. Das Mobbing-Opfer sieht für sich keine realistischen Perspektiven mehr, sinnvolle Arbeit an diesem Arbeitsplatz unter den gegebenen Bedingungen zu leisten.

Die Mitarbeiter sind durch das Erleben von Mobbing demotiviert. Dabei spielt es für das subjektive Wohlbefinden kaum noch eine Rolle, ob die Mitarbeiter tatsächlich und mit voller Absicht der Vorgesetzten oder Kollegen schikaniert (also gemobbt) werden oder ob sie angesichts dessen, was mit ihnen an ihrem Arbeitsplatz geschieht, nur infolge von Mißverständnissen das Gefühl haben, gemobbt zu werden.

Viele von uns kennen solche Fälle aus der Alltagserfahrung in ihrer Arbeitswelt. Dort verhalten sich oft nur mangelhaft qualifizierte Dilettanten in Führungspositionen gegenüber Kollegen und Mitarbeitern so ungeschickt, daß diese gar nicht erst auf den Gedanken kommen, hier manifestiere sich deren Unfähigkeit. Vielmehr nehmen sie naiverweise an, dahinter könne nur eine Mobbing-Absicht stekken mit dem Ziel, sie zu schikanieren und loszuwerden.

Würden sie jedoch die Ursachen durchschauen und folglich auch ihr Mißverständnis erkennen, könnten sie sich viel Ärger, Aufregung und Frust ersparen. Dann brauchten sie auch nicht gleich zu resignieren, sondern könnten sich mit einer gewissen Aussicht auf Erfolg überlegen, wie sie gegebenenfalls gemeinsam mit anderen Betroffenen ihre Arbeitsfreude und -motivation erhalten und fördern können, auch wenn sie dabei die mangelhaft qualifizierte Führungskraft zu ertragen haben.

Etwas anders sieht es aus, wenn z. B. die mobbende Unternehmensleitung oder ein Vorgesetzter durch die Mobbing-Aktivitäten (z. B. Entzug von Arbeit, Übertragung sinnloser Arbeiten, Entlassungsdrohungen) unübersehbar zeigen, daß sie alles daran setzen, um dem Mitarbeiter das Arbeiten so zu verleiden, daß er kündigt, weil sie selbst keine vor dem Arbeitsgericht vertretbaren Kündigungsgründe geltend machen könnten.

Dabei handelt es sich dann sichtbar nicht mehr nur um unabsichtliche Folgen mangelhafter Führungsqualifikation, sondern um Schikane-Absicht mit klarem Ziel. Auch in diesem Fall sollte man nicht übersehen, daß der Dilettant durch sein Mobbing dem Unternehmen unter Umständen mehr schadet als nützt. Denn ein gemobbter und resignierender Mitarbeiter wirkt sich als Hemmschuh im Getriebe des Unternehmens aus, dessen fachliche Kompetenzen zwar bezahlt werden müssen, aber dem Unternehmen infolge des Resignierens nicht mehr (zumindest nicht mehr im vollen Umfang) zur Verfügung stehen.

Denn die hier ins Auge gefaßte Gruppe von gemobbten Mitarbeitern sieht erfahrungsgemäß keinen Sinn mehr darin, sich für dieses Unternehmen oder auch für diesen Vorgesetzten unter den gegebenen Arbeitsbedingungen noch mit voller Kraft einzusetzen.

Vorgesetzte, die durch Mobben Mitarbeiter in die Resignation treiben, schaden jedoch meistens nicht nur dem Unternehmen, sondern – vielfach und lange Zeit unbemerkt – auch sich selbst und ihrer eigenen Karriere.

5.3.5.2 Dienst nach Vorschrift

„Dienst nach Vorschrift" ist bekanntlich eine Form von Streik. So streiken Postbeamte, Zollbeamte, Finanzbeamte etc., wenn sie beispielsweise mit zu geringen Besoldungserhöhungen oder mit unerwünschten Veränderungen ihrer Arbeitsbedingungen unzufrieden sind.

Da Beamte kein Streikrecht haben, dürfen sie auch ihren Arbeitsplatz nicht verlassen, um – wie andere Arbeitnehmer – mit Transparenten auf die Straße zu gehen und dort für ihre Interessen zu demonstrieren.

Der „Dienst nach Vorschrift" gewinnt bei Beamten, aber auch bei anderen Arbeitnehmern vor allem dadurch seine besondere (negative) Bedeutung für das jeweilige Unternehmen, daß die Mitarbeiter sich nicht mehr mit ihrer ganzen Arbeitskraft für die sachgerechte Erledigung ihrer Aufgaben einsetzen. Sie beschleunigen ihre Arbeit nicht mehr, um die wartenden Kunden möglichst schnell abzufertigen. Sie machen auch keine Überstunden mehr, um z. B. in der Hochsaison den übermäßigen Arbeitsanfall zum Wohle des Unternehmens zu bewältigen.

Je unzufriedener die Kunden darauf reagieren und je bedeutender die Einnahmen-Einbußen des Unternehmens sind, desto wirksamer ist die Aktion.

In den hier erwähnten Fällen stellt „Dienst nach Vorschrift" eine zwischen den Mitarbeitern eines oder mehrerer Unternehmen abgestimmte Aktion dar. Aber auch unzufriedene, durch Mobbing-Aktivitäten verärgerte einzelne Mitarbeiter entschließen sich oft, von anderen weitgehend unbemerkt, zu ihrem eigenen „Dienst nach Vorschrift".

Worin kann sich diese Art von „Dienst nach Vorschrift" äußern? Einige Hinweise enthält die folgende Tabelle:

Tab. 53 „Dienst nach Vorschrift"

- Morgens pünktlich (nicht zu früh) am Arbeitsplatz erscheinen; abends rechtzeitig alles zusammenpakken, um pünktlich (nicht zu spät) den Arbeitsplatz verlassen zu können.
- Nur die Arbeiten übernehmen, die vertragsgemäß übernommen werden müssen, und alle sonstigen Arbeiten ablehnen.
- Sich beim Arbeiten Zeit lassen; das Arbeitstempo nach den eigenen Bedürfnissen ausrichten und sich nicht durch angebliche Sachzwänge zur Eile drängen lassen; gegebenenfalls vor allem unangenehme Arbeiten im Rahmen der Möglichkeiten an andere weitergeben.

Tab. 53 Fortsetzung

- Alle Arbeiten so gründlich erledigen, daß möglichst wenig berechtigte sachliche Beanstandungen zu erwarten sind.
- Alle Arbeitspausen großzügig ausnutzen und nach Möglichkeit individuell gestaltete zusätzliche Pausen einlegen.
- Alle Vorgänge gegebenenfalls durch Rückfragen bei anderen Mitarbeitern, Vorgesetzten, Kunden schriftlich und telefonisch so gründlich abklären, daß nachträgliche Beanstandungen weitgehend ausgeschlossen werden können.
- Zur eigenen Absicherung gegen mögliche spätere Vorwürfe die eigenen Arbeiten umfassend dokumentieren und kommentieren.
- Die sachliche Berechtigung aller Aufträge hinterfragen, um nicht durch Arbeiten belastet zu werden, die nicht zweifelsfrei zum eigenen Aufgabengebiet gehören.
- Für die Übernahme von Arbeiten jeweils schriftliche Beauftragung verlangen, um Mißverständnissen vorzubeugen.
- Alle wichtigen Informationen nach Möglichkeit für sich behalten und nicht an Vorgesetzte, Kollegen bzw. Mitarbeiter weitergeben, um Informationsvorsprung zu behalten.
- Alle Möglichkeiten der Freistellung von der Arbeit ausnutzen (z. B. keinen Urlaub verfallen lassen, Bildungsurlaub nehmen, sich zu Fortbildungsveranstaltungen melden, Möglichkeiten des „Krankfeierns" ausnutzen, tariflich vereinbarte Möglichkeiten von Sonderurlaub ausschöpfen).
- Nach Bedarf auch Erkundigungen beim Betriebs- bzw. Personalrat einholen und fragliche Vorkommnisse mit dem eigenen Rechtsanwalt abklären.
- Strittige Fragen notfalls durch Gerichte klären lassen.

Diese Art von „Dienst nach Vorschrift" gewinnt – wenn man es aus dieser Perspektive betrachten will – durchweg ebenfalls eine Qualität von Mobbing – aber in diesem Fall als Retourkutsche gegen den Arbeitgeber bzw. gegen den Vorgesetzten oder die Arbeitskollegen, über die sich das Mobbing-Opfer geärgert hat.

Das funktioniert grundsätzlich nach dem Prinzip: „Wie man in den Wald hineinruft, so schallt es wieder heraus."

5.3.5.3 Selbstbeschäftigung

Manchmal versuchen Vorgesetzte ihren Mitarbeitern ihre Freude am Arbeitsplatz dadurch zu vergällen, daß sie ihnen ihre traditionellen Aufgaben wegnehmen oder ihnen besonders langweilige oder auch offensichtlich unsinnige Arbeiten zuweisen.

Mitarbeiter mit schwachem Nervenkostüm verzweifeln dann leicht. Andere hingegen nutzen diese unerwartete Chance für sinnvolle und für sie selbst nützliche Eigeninitiativen.

Viele Menschen beneiden andere, die „im Geld schwimmen" und die deshalb nicht arbeiten müssen, sondern sich ihren Tageslauf nach eigenem Gutdünken gestalten können. Andere träumen davon, endlich in Pension/Rente gehen zu können, um dann das zu tun, wozu sie während ihrer langjährigen Berufstätigkeit nie Zeit und Gelegenheit hatten.

Nun ist die Gelegenheit da. Sie muß nur richtig genutzt werden !

Einige Möglichkeiten, die natürlich von der Art der Tätigkeit, den persönlichen Fähigkeiten und Interessen der Betroffenen, aber auch von den betrieblichen Gegebenheiten abhängen, sind in der folgenden Tabelle aufgeführt:

Tab. 54 Möglichkeiten der Selbstbeschäftigung

- Sich überwiegend in den Außendienst begeben, um dort frei über die eigene Arbeitseinteilung verfügen zu können. Der Außendienstler hat den mobbenden Vorgesetzten nicht mehr in unmittelbarer Nähe. Außerdem erhält er bei guter Arbeit positive Resonanz von den Kunden, die er betreut.
- Freunde, Bekannte, Verwandte, Geschäftsfreunde regelmäßig vom Arbeitsplatz aus anrufen, Gedanken- und Erfahrungsaustausch betreiben.
- Sich besonderen Aufgaben im Betrieb widmen: z. B. in den Betriebs- bzw. Personalrat eintreten und energisch gegen jede Art von Mobbing im Unternehmen vorgehen.
- Eine Funktion im Sportverein, in Gewerkschaften, politischen Parteien etc. übernehmen und die Kontaktpflege in die übliche Arbeitszeit verlegen.
- Sich der eigenen Fortbildung widmen – sei es durch Studium der einschlägigen Fachliteratur während der Arbeitszeit, sei es durch regelmäßige Teilnahme an weiterqualifizierenden Maßnahmen im Unternehmen und außerhalb. Dadurch erhöht sich der eigene Marktwert, was z. B. wichtig ist, wenn man dem Mobbing durch schnellstmöglichen Wechsel der Arbeitsstelle entkommen möchte.
- Qualifizierte Mitarbeiter sehen sich auch bisweilen in der glücklichen Lage, die ihnen „geschenkte" freie Zeit für die Ausarbeitung und Abwicklung eigener Projekte zu nutzen.
- Manche nutzen die freie Zeit, um Fremdsprachen zu lernen oder sich in deren Beherrschung zu perfektionieren.
- Einige vertiefen sich wissenschaftlich in von ihnen gewählte Arbeitsschwerpunkte, publizieren die Ergebnisse ihrer Arbeit dann in einschlägigen Fachzeitschriften. Sie tun damit etwas für ihr Image und erhöhen ihren Marktwert auch im Hinblick auf einen möglichen Wechsel zu einem anderen Arbeitgeber.
- Manches verärgerte Mobbing-Opfer verschafft sich Know-how und Unterlagen über Verfahrenstechniken, Kundenstämme etc., um sich damit dann anschließend selbständig zu machen oder sich damit bei der Konkurrenz gut einzukaufen.
- Weibliche Mitarbeiter bringen bisweilen Handarbeitszeug mit an ihre Arbeitsstelle und stricken oder häkeln dort für die Familie und Verwandtschaft.
- Manche pflegen am Arbeitsplatz ihre Hobbies (z. B. Kreuzworträtselraten, Zeitung lesen, Aktienkurse verfolgen und eigene Geldgeschäfte vorbereiten, Musik hören).
- Manche Mitarbeiter schalten das Radio ein und lassen sich auf diese Weise angenehm unterhalten. Bisweilen nehmen diese Mitarbeiter auch während ihrer Arbeitszeit an den Ratespielen und Glücksspielen der Werbesender teil und erhalten sich dadurch ihre Lebensfreude.
- Mancher widmet sich auch staatsbürgerlichen Aufgaben, für die er vom Arbeitgeber freigestellt werden muß (z. B. als Laienrichter bei Gericht).

Entscheidend ist auch in solchen Fällen der Nicht- oder Unterbeschäftigung die innere Einstellung der Betroffenen. Sie können dies als furchtbaren Schicksalsschlag empfinden, verzweifeln und dabei krank, schließlich sogar arbeitsunfähig werden. Aber sie können das Mobbing-Resultat auch als eine sich ihnen unerwartet bietende Chance auffassen und diese nach bestem Vermögen für eigene Zwecke nutzen und daraus wieder neue Lebens- und Schaffensfreude genießen.

Nimmt der Mobber Dir die Arbeit, hast Du eine Menge Freizeit.

Wüßt' er, was er Dir geschenkt, hätt' er sich schon aufgehängt!

5.3.5.4 Flucht in die Krankheit

Die Rolle als Mobbing-Opfer ist für manche Menschen so unerträglich, daß sie krank werden, sich bisweilen geradezu in Krankheit flüchten.

Wer krank ist, kann nicht arbeiten. Krankheit wird von diesen Mobbing-Opfern geradezu als Erlösung empfunden von den täglich am Arbeitsplatz erlittenen Schikanen, vom Spießrutenlaufen.

Die Gefahr ist groß, daß die wahren Krankheitsursachen von den konsultierten Ärzten nicht richtig erkannt werden und daß die Mobbing-Opfer dann nur symptomatisch medikamentös behandelt werden – z.B. wegen ihrer Kopfschmerzen, ihrer Kreislaufstörungen, ihrer Magenschmerzen, Verdauungsstörungen, Schlafstörungen oder Depressionen.

Das Problem liegt vor allem darin, daß viele Patienten (zumindest unbewußt) gar nicht wieder gesund werden wollen, weil sie dann wieder an ihren Arbeitsplatz gehen müßten, wo sie weiter schikaniert würden.

Außerdem werden viele Patienten erst aufgrund der falschen Diagnosen und der darauf beruhenden falschen Behandlungen tatsächlich ernsthaft körperlich oder psychisch krank – z.B. infolge medikamentöser Nebenwirkungen oder psychologischer Verstärkung der vorhandenen leichten Krankheitssymptome.

Entscheidend ist deshalb, daß der durch Mobbing für die Opfer entstehende Streß als Ursache der Krankheitssymptome rechtzeitig erkannt wird und daß möglichst umgehend psychotherapeutische Betreuung der Patienten und fachkundige Beratung erfolgt. Diese sollten vor allem das Ziel haben, die tatsächlichen Mobbing-Ursachen zu eruieren, diese nach Möglichkeit zu beseitigen bzw. möglichst weitgehend zu reduzieren und gleichzeitig den Patienten psychisch zu stabilisieren.

Flucht in die Krankheit ist jedoch weder ein erstrebenswertes Ziel noch eine sinnvolle und adäquate Lösung der Probleme des Mobbing-Opfers. Sachgerechte Beratung und Behandlung ist der richtige Weg, über den im einzelnen Kapitel 5.7 noch näher informiert.

5.3.6 Kündigung des Arbeitsverhältnisses

Ein Mobbing-Opfer könnte natürlich nach dem Motto:

einfach die Arbeit hinwerfen und das Arbeitsverhältnis kündigen, um sich ein für allemal dem Mobbing in der Arbeitsstelle zu entziehen.

Doch diese naheliegende Lösung ist nur dann sinnvoll, wenn die wesentlichen Mobbing-Ursachen nicht im Mobbing-Opfer selbst liegen, denn dann würde das Opfer ja seine das Mobbing provozierenden Eigenarten an den neuen Arbeitsplatz mitnehmen und käme dort sozusagen nur „vom Regen in die Traufe".

Andererseits setzt diese Lösung aber auch voraus, daß das kündigende Mobbing-Opfer einen zumindest vergleichbaren, vielleicht sogar noch besseren Arbeitsplatz findet.

Dabei müssen oft nicht nur die Arbeits- und Gehaltsbedingungen im engeren Sinn beachtet werden, sondern auch die möglicherweise erforderliche Mobilität des Arbeitnehmers und seiner Familie. Die ist häufig dadurch eingeschränkt, daß die Familie sich am Wohnort schon seit langem sozial integriert hat, daß die Kinder dort zur Schule gehen, ein unter starken finanziellen Belastungen errichtetes Eigenheim bewohnt wird usw.

Ich denke z. B. an eine Führungskraft im fortgeschrittenen Alter, die aus Verärgerung über eine unliebsame Veränderung in ihrer bisherigen Arbeitstätigkeit bei der Information über diese Veränderung durch die Unternehmensleitung schon im ersten Wutanfall „den ganzen Krempel hingeschmissen" hat, dann aber (wenn auch mit einer finanziellen Abfindung) zunächst erst einmal ein Jahr der Arbeitslosigkeit überbrücken mußte und in diesem Zeitraum nur eine vergleichbare Arbeitsstelle fand, die 350 km von ihrem bisherigen Wohn- und Arbeitsort entfernt lag.

Über viele Jahre hin hat diese Führungskraft sich dadurch eingehandelt, daß sie die ganze Woche über in der anderen Stadt wohnen und arbeiten muß. Freitags fliegt sie nach Hause, am Montagmorgen wieder an den Arbeitsplatz zurück. Dadurch kann das Familienleben erheblich beeinträchtigt werden.

5.3.6.1 Stellenmarkt erkunden

Wenn auch das Kündigen des Arbeitsplatzes wegen Mobbing-Ärgers nicht unproblematisch ist, so sollte das Mobbing-Opfer doch im Einzelfall selbst- und sachkritisch diese Überlegung durchaus mit in die weitere Lebens- und Berufsplanung einbeziehen.

Wer den Arbeitsplatz wechseln will, sollte zunächst den Stellenmarkt sichten und dabei seinen eigenen Marktwert angemessen berücksichtigen.

Dabei sollte er beachten, daß Arbeitnehmer erfahrungsgemäß dann eine stärkere Position als Stellenbewerber haben, wenn sie noch in ungekündigter Stellung beschäftigt sind. Arbeitslose haben von vornherein aus der Sicht des neuen Unternehmens eine ungünstigere Verhandlungsposition, weil sie erkennbar auf die Erschließung einer neuen Einnahmequelle angewiesen sind.

Wer also seine ungekündigte Stellung nutzt, um sich durch gelegentliche oder systematische Bewerbungen um ausgeschriebene Stellen einen Überblick über seine Chancen zu verschaffen, der wird in Ruhe auswählen können und dadurch die Wahrscheinlichkeit erhöhen, daß er einen befriedigenden neuen Arbeitsplatz ohne Mobbing-Streß findet.

Psychologisch betrachtet, kann bereits der Vorsatz, sich in dieser Weise um eine neue Stellung zu bemühen, zu einer spürbaren psychischen Entlastung des Mobbing-Opfers führen. Es fühlt sich der Schikane plötzlich nicht mehr hilflos und ohne Zukunftsperspektive ausgeliefert, sondern ergreift nun selbst aktiv die Initiative, um sich dem Mobbing durch Arbeitsplatzwechsel zu entziehen.

Dabei spielt es dann meistens nur noch eine untergeordnete Rolle, ob der Wechsel schon kurzfristig erfolgen kann oder erst eine längere Planung und Prüfung der Alternativen erfordert. Das Mobbing-Opfer gewinnt zumindest erst einmal die Gewißheit, daß es dem Mobber nicht bis zum 60. oder 65. Lebensjahr bzw. zur vorzeitigen Verrentung infolge krankheitsbedingter Frühinvalidität ausgeliefert ist.

In diesem Zusammenhang überlegen sich auch manche Mobbing-Opfer, ob sie überhaupt wieder ein neues abhängiges Arbeitsverhältnis anstreben oder ob sie sich nicht lieber selbständig machen sollten. Auch dafür ist Panik und Hast eine schlechte Voraussetzung.

Ich kenne frühere Arbeitnehmer, denen der Schritt in die Selbständigkeit leichter gefallen ist, weil z.B. der Ehepartner (bzw. die Partnerin) als Beamter eine sichere Position hatte und das Familieneinkommen während der Anlaufzeit oder beim Scheitern des Versuchs sicherstellen konnte.

Wer über den erforderlichen Geschäftssinn und ein Mindestmaß an Durchsetzungsfähigkeit im Wettbewerb verfügt und die Verdienstmöglichkeiten unter Berücksichtigung der entstehenden Kosten einigermaßen realistisch einzuschätzen vermag, der wird den Schritt in die Selbständigkeit leichter erwägen können als jemand, dem diese Voraussetzungen fehlen. Mancher Angestellte nutzt auch die finanzielle Absicherung während der Festanstellung in einem Unternehmen, um – soweit dazu Möglichkeiten bestehen – den Schritt in die Selbständigkeit zunächst erst einmal relativ risikoarm längerfristig in berufsbegleitender Nebentätigkeit vorzubereiten.

Wer also zu einem anderen Unternehmen oder in die Selbständigkeit wechseln will, der sollte diesen Schritt gründlich überlegen und vorbereiten und dabei auch die ihm zur Verfügung stehenden Infomations- und Beratungsmöglichkeiten (z. B. bei Arbeitsämtern und Berufsverbänden) für sich angemessen nutzen.

5.3.6.2 Arbeitszeugnis und Abfindung

Arbeitnehmer haben grundsätzlich einen Anspruch auf ein Arbeitszeugnis nach § 630 BGB. Dort heißt es nämlich:

> *„Zeugniserteilung. Bei Beendigung eines dauernden Dienstverhältnisses kann der Verpflichtete von dem anderen Teile ein schriftliches Zeugnis über das Dienstverhältnis und dessen Dauer fordern. Das Zeugnis ist auf Verlangen auf die Leistungen und die Führung im Dienste zu erstrecken.“*

Der Anspruch besteht (nach PALANDT 1993, S. 692; s. auch § 73 HGB, § 113 GewO Zeugnis, § 8 BBiG Zeugnis) spätestens mit der tatsächlichen Beendigung des Arbeitsverhältnisses. Aber auch ohne Kündigung besteht Anspruch auf ein sogenanntes vorläufiges Zwischenzeugnis, wenn es der Suche eines neuen Arbeitsplatzes dienen soll.

Weitere Einzelheiten sind in der einschlägigen Fachliteratur nachzulesen (z. B. STOPP 1985, WEUSTER 1985, HUNOLD 1987, COELIUS 1993, SCHLESSMANN 1993).

Während ein einfaches Arbeitszeugnis nur die Art und die Dauer der Beschäftigung dokumentieren muß, sollte ein qualifiziertes (ausführliches) Arbeitszeugnis auch folgende (nach WEUSTER 1985 zitiert) Zeugnisbestandteile enthalten:

Tab. 55 Bestandteile des Arbeitszeugnisses

1. Die Überschrift „Zeugnis" oder „Arbeitszeugnis".
2. Angaben zur Person: Name, Vorname, Geburtsdatum, Anschrift
3. Dauer der Unternehmenszugehörigkeit;
   bei Versetzungen und Beförderungen mit zeitlichen Unterabschnitten.
4. Funktionsbezeichnungen, Inhalt der Tätigkeiten, Stellvertretungen.
5. Beurteilung des Fachwissens, der Leistungen und der besonderen Erfolge (falls möglich in qualifizierter Form); ferner eventuell Beurteilung von Initiative, Einsatzbereitschaft, Weiterbildungsaktivitäten.
   Bei Vorgesetzten: Beurteilung der Qualität der Mitarbeiterführung.
6. Beurteilung des Verhaltens zu Vorgesetzten und zu Kollegen (Gleichgestellten).
7. Schlußabsatz: Austrittsformel, Dankes-Bedauern-Formel, Zukunftswünsche.
8. Datum und Unterschrift.

Es würde hier zu weit führen, wenn wir auf die Feinheiten der sprachlichen Formulierungsmöglichkeiten bei der Tätigkeitsbeschreibung, bei der Leistungs- und Verhaltensbeurteilung des Arbeitnehmers eingehen wollten.

Wer ein Arbeitszeugnis beantragt bzw. erhält, sollte jedoch wissen, daß solche Zeugnisse grundsätzlich wahr und wohlwollend sein müssen und deshalb nach geltender Rechtsprechung keine für den Betroffenen nachteiligen Formulierungen enthalten dürfen, die ihm die Aufnahme eines künftigen Arbeitsverhältnisses unzulässig erschweren.

In der Praxis hat das dazu geführt, daß negative Aspekte nicht mehr schriftlich dokumentiert, sondern z. B. dadurch ausgedrückt werden, daß eigentlich zu erwartende positive Beurteilungen weggelassen werden. Außerdem werden die verbalen Beurteilungsskalen einfach aus dem negativen Bereich in den positiven verschoben, wodurch an sich positive Begriffe plötzlich eine negative Bedeutung erhalten, wie dies das folgende Beispiel belegt:

Tab. 56 Verschiebung der Beurteilungsskalen in Arbeitszeugnissen

Note	Normale Beurteilungsskala	In den positiven Bewertungsbereich verschobene Skala
(+) 1	sehr zuverlässig	stets absolut zuverlässig
(+) 2	zuverlässig	absolut zuverlässig
(Ø) 3	insgesamt zuverlässig	stets zuverlässig
(–) 4	nicht immer zuverlässig	sehr zuverlässig
(–) 5	oft unzuverlässig	insgesamt zuverlässig
(–) 6	**unzuverlässig**	**zuverlässig**

Auch ein besonders hintersinnig (negativ) formuliertes Arbeitszeugnis kann also eine Schikane des Mobbers sein, gegen die sich das Mobbing-Opfer notfalls zur Wehr setzen muß, um nicht sofort am neuen Arbeitsplatz wieder von vornherein als Opfer stigmatisiert zu sein. Zweckmäßigerweise wird der Betroffene das ausgehändigte Arbeitszeugnis deshalb zunächst erst einmal els „Entwurf" betrachten und diesen durch einen arbeitsrechtlich versierten Fachmann (z. B. einen Fachanwalt für Arbeitsrecht oder einen Gewerkschaftsjuristen) auf verborgene Fußangeln hin überprüfen lassen.

Das lohnt sich, denn es besteht gegebenenfalls ein beim Arbeitsgericht einklagbarer Anspruch auf Berichtigung des Zeugnisses, wenn der Arbeitgeber den berechtigten Einwänden des Betroffenen nicht angemessen Rechnung trägt.

Im übrigen ist im Falle der Kündigung durch den Arbeitgeber vor allem der Kündigungsschutz des Arbeitnehmers nach dem Kündigungsschutzgesetz und das Mitbestimmungsrecht des Betriebsrates gemäß § 102 BetrVG bzw. des Personalrates (z. B. gemäß § 65 Nds. PersVG) zu beachten. Hier finden Mobbing-Aktivitäten, die auf willkürliche Kündigung ausgerichtet sind, juristische Grenzen.

Unter bestimmten Umständen können Arbeitnehmer auch finanzielle Abfindungen beanspruchen. Nach PALANDT (1993; Vorbem. vor § 620, Randnrn 68 und 69) hat der Arbeitgeber eine Abfindung in angemessener Höhe (d. h. bis zu 18 Monatsverdiensten) zu zahlen bei Auflösung des Arbeitsverhältnisses durch Gerichtsurteil oder wenn z. B. bei der vom Arbeitgeber ausgesprochenen außerordentlichen Kündigung ein wichtiger Grund fehlte, wenn eine sozialwidrige Kündigung nicht rechtswirksam war, wenn die Fortsetzung des Arbeitsverhältnisses für den Arbeitnehmer unter den gegebenen Umständen unzumutbar ist oder wenn die Kündigung sittenwidrig war.

5.3.6.3 Nutzung des erworbenen Know-how

Gemobbte Arbeitnehmer nutzen bisweilen das in einem Unternehmen erworbene Know-how als Waffe gegen mobbende Vorgesetzte bzw. Arbeitgeber: Sie drohen mit Kündigung und Wechsel zur Konkurrenz. Dies fällt ihnen umso leichter, je höher ihre berufliche Position im Unternehmen ist und je mehr Zugang der Betroffene zu vertraulichen Informationen und Geschäftsgeheimnissen hat.

Wer z. B. als Mitarbeiter oder Leiter der Finanzabteilung detaillierte Kenntnisse über Steuerhinterziehungspraktiken des Unternehmens besitzt, könnte dadurch leicht einen mobbenden Chef in Schwierigkeiten bringen. Dieser würde sich also gegebenenfalls zu entscheiden haben, ob er lieber weiter mobben und sich eine Strafanzeige von seinem Mobbing-Opfer einhandeln will oder ob er das Mobben doch lieber künftig unterläßt, um nicht im Gefängnis zu landen.

Vor allem vormals gute Freunde (auch geschäftlich verbundene Eheleute) können sich durch Mobben und Androhung der Offenbarung strafrechtlich relevanten Know-hows wechselseitig stark strapazieren. Dabei kann sehr leicht aus dem zunächst als Mobbing-Opfer schikanierten Partner ein erfolgreicher Mobbing-Täter werden, der seinen Peiniger zur Verzweiflung bringt und schließlich ins Verderben stürzt.

Aber nicht nur strafrechtlich relevante Kenntnisse der Opfer können Mobber in Schwierigkeiten bringen, sondern auch fachliches Know-how und Kundenkenntnis. Beides kann sich sehr nachteilig auf ein Unternehmen auswirken, wenn es durch ein verärgertes Mobbing-Opfer durch Wechsel der Arbeitsstelle in die Hände der Konkurrenz gerät. In solchen Fällen lacht sich die Konkurrenz ins Fäustchen, wenn sie auf so einfache Weise durch Übernahme eines verärgerten Experten (und ohne kostspielige und risikoreiche „Industriespionage" etc.) an die wettbewerbsrelevanten Daten anderer Unternehmen kommen kann.

Ich habe andererseits auch schon verärgerte Mobbing-Opfer erlebt, die sich selbständig gemacht haben, in diesem Zusammenhang gleich die wichtigsten und kompetentesten Mitarbeiter ihres bisherigen Arbeitgebers aus der Fachabteilung mitgenommen haben und nun dessen ernstzunehmender Konkurrent wurden.

Genau das fürchten Unternehmen. Und deshalb liegt auch genau da die Chance von Mobbing-Opfern. Auf Grund ihres für das Unternehmen wichtigen Knowhows können sie notfalls die Einstellung von Mobbing-Aktivitäten durchsetzen (sofern der mobbende Chef clever genug ist, die für ihn negativen Folgen einer

Abwanderung zu überblicken), oder sie können sich in einem anderen Unternehmen bzw. in der Selbständigkeit ein neues Fundament schaffen.

Beides kann qualifizierte Mobbing-Opfer optimistisch machen und sie vor Panik und selbstmörderischen Verzweiflungstaten bewahren.

5.4 Mögliche Reaktionen und Maßnahmen des Arbeitgebers

Das mehrdimensionale Mobbing-Prozeß-Modell (s. Abb. 3) berücksichtigt als Hauptkomponenten, den Mobbing-Täter, das Mobbing-Opfer und die Rahmenbedingungen am Arbeitsplatz.

Wenn der Arbeitgeber – z. B. der Inhaber eines Unternehmens – seine Mitarbeiter selbst mobbt, wäre er demzufolge zu der Komponente „Mobbing-Täter" zu rechnen.

Mobbt er aber nicht selbst, sondern schafft lediglich durch die Gestaltung der Arbeitsbedingungen einen günstigen Rahmen für Mobbing in seinem Unternehmen, dann erfassen wir diesen Sachverhalt unter den „Rahmenbedingungen" des Mobbings. Auf diesen Aspekt gehen die folgenden Kapitel näher ein.

5.4.1 Mobbing-Prophylaxe

Angesichts der bereits aufgezeigten negativen Auswirkungen von Mobbing auf die Leistungsmotivation und Gesundheit der Arbeitnehmer und im Gefolge auch auf das Betriebsklima und das Betriebsergebnis (s. Kapitel 4) ist jede Unternehmensleitung sicher gut beraten, wenn sie nicht selbst Mobber-Aktivitäten entfaltet und wenn sie darüber hinaus alle vorhandenen Möglichkeiten ausschöpft, um auch die Führungskräfte und Mitarbeiter im Unternehmen am Mobben zu hindern.

Dafür gibt es eine Reihe von vernünftigen Ansatzpunkten, wenn man sich darum bemühen will, den im Kapitel 2 in Betracht gezogenen möglichen Mobbing-Ursachen rechtzeitig vorzubeugen, um sie im eigenen Unternehmen gar nicht erst entstehen zu lassen:

5.4.1.1 Unternehmens-Philosophie, -Ethik und Betriebsklima

Vielleicht werden Sie jetzt fragen: „Was ist das überhaupt – eine Unternehmens-Philosophie oder gar eine Unternehmens-Ethik?"

Die Frage ist berechtigt, denn in der Praxis merkt man oft nur allzu wenig davon. Gerade darin liegt aber schon ein wesentlicher Teil des Problems. Wer in einem Unternehmen arbeitet und kennt dessen Philosophie bzw. Ethik nicht, der ist entweder schlecht informiert (was keineswegs für das Unternehmen und seine Philosophie spricht) oder das Unternehmen hat gar keine – jedenfalls keine öffentlich vertretene.

Daß ein Unternehmen überhaupt keine Philosophie hat, kann ich mir nicht vorstellen. Auch **keine** Unternehmens-Philosophie ist nämlich in diesem Sinne eine. Einige unternehmensphilosophische Aspekte enthält die folgende Tabelle:

Tab. 57 Unternehmensphilosophische Aspekte

- Profit-Center-Betrieb (d. h. Gewinn-Maximierung).
- Gemeinnützigkeit des Geschäftsbetriebs (ohne Gewinnstreben).
- Neutralität und Objektivität der Arbeit (z. B. Gutachter-Institutionen).
- Den Menschen helfen (z. B. Kliniken, Rotes Kreuz).
- Die Markt- und Meinungsführerschaft landesweit erkämpfen.
- Die Arbeitnehmer als Eigentümer am Unternehmen beteiligen.
- Die Preise der Konkurrenz unterbieten (z. B. Optiker Fielmann).
- Waffen an alle möglichen Interessenten verkaufen, auch wenn dies gesetzlich verboten ist.
- Die Geschäftätigkeit strikt im Rahmen der geltenden Gesetze abwickeln.
- Ein gutes Betriebsklima schaffen und fördern.
- Alkoholverbot im Unternehmen.
- Behinderte im Unternehmen aus Mitmenschlichkeit beschäftigen.
- Drogen herstellen, exportieren und auf dem Schwarzmarkt verkaufen, wo immer dies möglich ist und ohne Rücksicht auf die Strafbarkeit dieser Geschäftätigkeit.
- Menschen helfen durch Versicherung gegen Risiken (z. B. gegen Unfall, Krankheit, Einbruch, Arbeitsunfähigkeit).
- Den Beschäftigten einen sicheren Arbeitsplatz bieten.
- Eine christliche Lebens- und Geschäftsführung gewährleisten.

Die Erfahrung zeigt leider, daß derartige Unternehmens-Philosophien – zumindest was die positiven und altruistischen Zielsetzungen anbetrifft – oft nur „Schall und Rauch" sind. Die wahren Ziele sind häufig andere. An erster Stelle stehen meistens finanzielle und Machtinteressen, die sozusagen natürlicherweise fast jede Art von Mobbing-Aktivität absichtlich oder unbeabsichtigt und beiläufig fördern.

Wir erleben gerade in der heutigen Zeit, in der sich große Unternehmen umorganisieren und dabei eine Vielzahl von Fachabteilungen als GmbHs ausgliedern und diese als „Profit-Center" deklarieren, daß die persönlichen Karriere-Interessen der einzelnen Mitarbeiter und der Abteilungsegoismus höchst unerfreulich eskalieren.

Unter dem gesteigerten Leistungs- und Kostendruck geraten Mitarbeiter, Führungskräfte und ganze Fachabteilungen derart in Existenzangst, daß sie oft das Wohl des Gesamtunternehmens nahezu völlig aus den Augen verlieren. Dann verfolgen sie hemdsärmelig und rücksichtslos nur noch die eigenen Geschäftsinteressen bzw. die der eigenen GmbH, egal, wer und was dadurch in den anderen Unternehmensbereichen „auf der Strecke bleibt".

Insbesondere autoritäre oder hinterhältig intrigante Persönlichkeiten, die skrupellos andere an die Wand drängen, sind bei dieser Unternehmensphilosophie erfahrungsgemäß allen kooperationswilligen, kollegialen, rücksichtsvollen Kollegen gegenüber im Nachteil. Sie werden nämlich weggemobbt.

 **Leben – und leben lassen.**

Oder:

Vertreiben – und vertrieben werden!

Das funktioniert zumindest so lange, bis auch in solchen Fällen aus Mobbing-Tätern Mobbing-Opfer werden.

Wer das Risiko, systembedingt Mobbing-Opfer zu werden, reduzieren will, der wird sich nach Möglichkeit schon vor dem Eintritt in ein Unternehmen über dessen Unternehmens-Philosophie und -Ethik möglichst gründlich informieren, um sich notfalls noch rechtzeitig für ein weniger mobbingträchtiges Unternehmen zu entscheiden.

Schwieriger ist erfahrungsgemäß die Lage derer, die bereits längere Zeit in einem Unternehmen ohne ungewöhnlich starke Mobbing-Aktivitäten beschäftigt sind, dann aber feststellen müssen, daß sich diese erfreuliche Situation durch Chef-Wechsel bzw. durch personelle Veränderungen in der Arbeitsgruppe ins Gegenteil verkehrt. Ein bisher sozial und mitarbeiterfreundlich orientiertes Unternehmen wandelt sich unvorhersehbar zu einem Profit-Unternehmen mit der Zielvorgabe der Gewinnmaximierung – auf Kosten der Konkurrenz und der Arbeitnehmer. Wer nicht freiwillig mitmacht, wird rausgemobbt.

Sofern jemand durch derartige Veränderung der Umstände zum Mobbing-Opfer wird, hat er meistens keine allzu große Auswahl von Handlungsalternativen.

Wenn er schon älter ist, wird ihm oft kaum etwas anderes übrigbleiben, als die restlichen Berufsjahre (wenn dies nicht mehr allzu viele sind) mit zusammengebissenen Zähnen auszuharren und sich damit zu trösten, daß die Ursachen der Schikaniererei letztlich nicht in ihm, seiner Persönlichkeit oder seiner Arbeitsleistung liegen, sondern nur die unerfreulichen Folgen der Systemänderung und der mangelhaften Führungsqualifikation des verantwortlichen Personals sind.

Ist das Mobbing-Opfer aber noch jünger oder bieten sich ihm vernünftige Alternativen, dann sollte es die Abteilung oder das Unternehmen möglichst schnell verlassen, sich eine zufriedenstellend neue, mobbingfreie Tätigkeit suchen und von dort in Ruhe und aus sicherer Distanz verfolgen, wie sich die Mobber nach und nach selbst zerfleischen!

Eine weitere Möglichkeit besteht zwar theoretisch, sie ist jedoch meistens wegen mangelnder Zivilcourage der Mitarbeiter und mangels eines geeigneten Initiators kaum zu realisieren:

Die Mitarbeiter könnten nämlich versuchen, die bisherige Unternehmensphilosophie zumindest in ihren sozial und kooperativ orientierten Grundsätzen zu erhalten. Bisweilen gelingt es solchen engagierten Mitarbeitern, ihr Unternehmen zu kaufen und dort selbst die Regie zu übernehmen oder zumindest die verantwortlichen inkompetenten Manager wieder loszuwerden. Bisweilen können energische Betriebs- oder Personalräte dabei eine führende und koordinierende Rolle übernehmen.

Häufig wandern aus Unternehmen und Verwaltungen mit mobbingträchtiger Unternehmensphilosophie hoch qualifizierte und führungskompetente Mitarbeiter ab und hinterlassen für den Unternehmenserfolg bzw. die Arbeitseffizienz der Verwaltung sehr nachteilige Personallücken. Gerade deshalb meine ich, sollten Unternehmensleitungen bei der Entwicklung, der Pflege und gegebenenfalls auch der Veränderung ihrer Unternehmens-Philosophie und -Ethik schon aus purem geschäftlichen Eigeninteresse sehr darauf achten, daß sich daraus nicht unbeabsichtigt Mobbing-Strukturen entwickeln, die Mitarbeiter zur inneren Kündigung oder zum Verlassen des Unternehmens (de)motivieren.

Sag mir,
welche Unternehmens-Philosophie Du hast,
und ich sage Dir,
ob ich (noch)
in Deinem Unternehmen arbeiten will!

5.4.1.2 Personalauswahl und Personalschulung

Die Unternehmensleitung hat es schon bei der Personaleinstellung in der Hand, ob sie ihr Unternehmen künftig durch Mobbing-Täter und -Opfer (zusätzlich) belasten will.

Häufig ergeben sich verwertbare Hinweise auf das Vorhandensein derartiger Eigenschaften der Bewerber und auf die daraus voraussichtlich resultierenden Probleme schon bei der kritischen Analyse von Bewerber-Unterlagen, aber auch im Rahmen einer Einstellungs- und Eignungsuntersuchung in Verbindung mit explorativen Bewerbungsgesprächen.

Wer schon an seinen früheren Arbeitsplätzen Probleme mit Kollegen, Mitarbeitern oder Vorgesetzten hatte und als Mobbing-Täter aufgefallen ist (sei es als rücksichtsloser und insoweit durchaus erfolgreicher Karrierist, sei es als unliebsamer Querulant) bzw. als Mobbing-Opfer durch Krankfehlzeiten und Probleme bei der Arbeitsbewältigung, der birgt zumindest ein erhöhtes Risiko.

Bedenken lassen sich unter Umständen dann entkräften, wenn die Mobbing-Problematik an früheren Arbeitsstellen vor allem durch die dort herrschenden Arbeitsbedingungen und durch fehlenden bzw. fehlorientierten Teamgeist hervorgerufen worden war, sofern dieselben Ursachen nicht auch im neuen Unternehmen vorliegen.

Ist aber die Eigenart als Mobbing-Täter bzw. -Opfer eher als persönlichkeitsspezifisch für den Bewerber anzusehen, dann werden die bereits bekannten Probleme mit großer Wahrscheinlichkeit erneut auftreten, sofern es nicht gelingt, sie durch Psychotherapie oder betrieblich veranlaßte, gezielte Schulungsmaßnahmen angemessen zu neutralisieren.

Erfahrungsgemäß ist ausreichende Personalschulung in jedem Fall erforderlich. Neu eingestellte Mitarbeiter müssen zunächst in einer „Grundeinweisung" mit den organisatorischen Regeln und Gepflogenheiten des Unternehmens, aber auch mit der Unternehmens-Philosophie vertraut gemacht werden.

Anschließend erfolgt durch gezielte „Facheinweisung" die sich meist über einen längeren Zeitraum erstreckende Einarbeitung der Mitarbeiter an ihrem Arbeitsplatz, damit sie lernen, die ihnen übertragenen Arbeiten sachgerecht zu erledigen.

Die in der Ausbildung (z. B. Schulausbildung, Lehre, Studium) erworbene Fachqualifikation muß erfahrungsgemäß laufend den sich ändernden Entwicklungen angepaßt werden. Das geschieht durch sorgfältig auf diese Erfordernisse abgestimmte „Fortbildung". Dabei wird die einmal erworbene Qualifikation (Kenntnisse und Fertigkeiten) laufend aktualisiert.

Im Rahmen von „Weiterbildung" kann die in der Ausbildung erworbene fachliche Qualifikation durch Erwerb zusätzlicher Qualifikationen gezielt erweitert werden.

Wer Mitarbeiter und Führungskräfte durch sachgerechte Aus-, Fort- und Weiterbildung im erforderlichen Maße fördert, trägt viel zur Erhaltung bzw. Entwicklung eines gesunden positiven Selbstwertgefühls der Betroffenen bei. Dadurch kann er Mobbing-Aktivitäten vorbeugen, die beispielsweise sonst aus der Angst entstehen würden, den Anforderungen des Arbeitsplatzes nicht (mehr) gewachsen zu sein und sich gegen Übergriffe anderer zur eigenen Existenzsicherung verteidigen zu müssen.

Außerdem vermitteln mit den Mitarbeitern und Führungskräften im Detail abgestimmte und auf deren tatsächlichen Bedarf hin veranlaßte Bildungsmaßnahmen den Betroffenen die Überzeugung, daß die Unternehmensleitung ihnen wohlgesonnen ist und daß sie nicht nur am Unternehmenserfolg, sondern auch an ihrem persönlichen Wohlergehen interessiert ist und etwas dafür tut. Dann kommt gar nicht erst das Gefühl auf, man sei nicht wohlgelitten und jedes auch noch so unbedeutende Ärgernis am Arbeitsplatz sei bereits der Versuch, den unliebsamen Mitarbeiter wegzumobben.

5.4.1.3 Arbeitsorganisation und Verantwortung in der Hierarchie

Eine unzureichende Arbeitsorganisation mit wechselseitigen (horizontalen, aber auch vertikalen) Kompetenzüberschneidungen der Arbeitsgebiete verschiedener Mitarbeiter bzw. Führungskräfte in der Unternehmenshierarchie kann sehr schnell zu Reibereien und Kompetenzgerangel zwischen den Betroffenen führen.

Dabei entsteht das Bedürfnis des einzelnen, sich gegen Übergriffe anderer zur Wehr zu setzen, um das eigene Arbeitsgebiet existenzsichernd zu stabilisieren bzw. prophylaktisch auf Kosten anderer auszuweiten. So können durch Organisationsmängel leicht Mobbing-Täter und Mobbing-Opfer entstehen.

Manche Unternehmen fördern allerdings derartige innerbetriebliche Partisanen-kämpfe nach dem Prinzip: „Wer schnappt die Wurst?!"

Wer schnappt die Wurst ?

Sie erhoffen sich aus dem karrieremotivierten Wettstreit der Mitarbeiter bzw. Führungskräfte, daß sie selbst unangefochten autoritär weiter herrschen kön-nen, daß die Betroffenen so sehr miteinander und mit sich selbst beschäftigt sind, daß sie für Attacken gegen den Gestalter dieser fragwürdigen Spielregeln gar keine Zeit mehr finden und daß das Gerangel letztendlich auch noch zum Besten des Unternehmens sei: „Der Bessere wird siegen!"

Der Bessere wird tatsächlich siegen. Nur: welcher Bessere? Der bessere Intri-gant? Wer am besten rücksichtslos ist? Der bessere Egoist? Der bessere Dilet-tant? Der bessere Mobber?

Aber sind das im Einzelfall wirklich die für das Unternehmen und seinen Erfolg wichtigsten Eigenschaften? Oder sind nicht auch Fachkompetenz und koopera-tives Verhalten der Mitarbeiter und Führungskräfte wichtige Voraussetzungen dafür, in gemeinsamer und optimal koordinierter Anstrengung die Unterneh-mensziele im Wettbewerb zu realisieren?

Die optimale Organisation der Arbeit und sachgerechte Kompetenzregelungen innerhalb der Unternehmenshierarchie sind erfahrungsgemäß wichtige Rahmen-bedingungen zum Erzielen positiver Synergieeffekte und zur Vermeidung des Entstehens von Mobbing-Strukturen im Unternehmen, die durchweg mehr Rei-bungsverluste bringen, als daß sie positive Beiträge zum Unternehmenserfolg leisten.

5.4.1.4 Arbeitszufriedenheit schaffen

Wodurch entsteht Arbeitszufriedenheit?

Durch Mobbing !

Man könnte zumindest vermuten, daß Mobber ihre Mobbing-Erfolge mit gera-dezu sadistischem Vergnügen genießen und dabei ein Höchstmaß an Arbeits-zufriedenheit empfinden (sozusagen: Arbeitszufriedenheit durch Mobbing-Or-gasmus).

Das kann aber nach aller Erfahrung nicht die Problemlösung sein. Denn dann müßten als Zufriedenheits-Pendant den (sadistischen) Mobbing-Tätern jeweils in angemessener Anzahl und Auswahl (masochistische) Mobbing-Opfer in den Unternehmen gegenüberstehen. Die Klagen der zahlreichen Betroffenen und der damit verbundene tatsächliche Mangel an Arbeitszufriedenheit (Weshalb sollten Mobbing-Opfer sonst wohl ihren Arbeitsplatz verlassen?) sprechen jedoch eindeutig gegen diese Annahme.

Deshalb ist es wahrscheinlich vernünftiger, etwas gegen Mobbing und für andere Arten der Arbeitszufriedenheit zu tun.

Aber: Was ist Arbeitszufriedenheit, und wodurch entsteht sie?

Was kann die Unternehmensleitung tun, um Arbeitszufriedenheit bei den Mitarbeitern und Führungskräften zu schaffen?

Bisweilen hört man die nicht ganz unberechtigte Forderung: „Diese unfähigen Manager sollen verschwinden! Dann können wir ohne diese ständigen Fehlplanungen am grünen Tisch vernünftig arbeiten und sind zufrieden."

Die Erfüllung dieser Forderung könnte sicher in manchen Fällen zur Steigerung der Arbeitszufriedenheit beitragen – zumindest ist das zu vermuten, wenn man die kritischen Beurteilungen von Managern im „Manager Magazin" mit oft desolaten Auswirkungen auf das Betriebsklima und den Unternehmenserfolg ernst nimmt.

Aber es gibt natürlich auch fähige und sachkompetente Manager und Unternehmensleitungen. Vor allem diese werden sich in ihrem eigenen und im Unternehmensinteresse um ein gutes Betriebsklima und um Arbeitszufriedenheit im Hause bemühen.

Wo können sie ansetzen?

Die einfachste Art der Arbeitszufriedenheit ist sicher die **Abwesenheit von Unzufriedenheit**.

Einige mögliche Ursachen von Unzufriedenheit am Arbeitsplatz und von schlechtem Betriebsklima sind in der folgenden Tabelle aufgeführt:

Tab. 58 Mögliche Ursachen von Unzufriedenheit am Arbeitsplatz und eines schlechten Betriebsklimas

- Mangelhafte Information.
- Autoritäres Führungsverhalten der Vorgesetzten.
- Anordnungen und Terminsetzung für die Erledigung von Arbeiten ohne Begründung.
- Übergehen der Mitarbeiter bei Entscheidungen (keine Gelegenheit zur Meinungsäußerung).
- Willkürliche Bevorzugung bzw. Benachteiligung von Mitarbeitern (z. B. bei Honorarregelungen, Privilegien, Kompetenzverteilung, sozialen Aktivitäten).
- Entscheidungen werden gegen berechtigte Interessen der Mitarbeiter getroffen.
- Bildung von „Seilschaften" („Vetternwirtschaft", „Filz", „Klüngelbildung") unter Ausschluß anderer Mitarbeiter.
- Zuteilung unangenehmer, gesundheitsschädlicher oder langweiliger Arbeiten.
- Wegnahme von Arbeitsgebieten.
- Entzug von Kompetenzen.
- Mobbing: Schikane am Arbeitsplatz, Mitarbeiter unter Druck setzen, diffamieren, ungerechtfertigt abmahnen, strafversetzen etc.

Daraus ergibt sich nahezu zwangsläufig als Konsequenz:

> **Nach Möglichkeit alles unterlassen, was die Arbeitszufriedenheit und das Betriebsklima unnötigerweise beeinträchtigen kann.**
>
> **Aber zugleich auch Maßnahmen planen und durchführen, die geeignet sind, die Arbeitszufriedenheit und das Betriebsklima zu verbessern.**

Man sollte auch hier – wie bei anderen Gelegenheiten – das eine tun, ohne jedoch das andere zu lassen. Deshalb finden sich in der folgenden Tabelle einige Anhaltspunkte, wie die Arbeitszufriedenheit und das Betriebsklima gezielt verbessert werden können:

Tab. 59 Mögliche Maßnahmen zur Verbesserung der Arbeitszufriedenheit und des Betriebsklimas

- Im Unternehmen alle Mitarbeiter und Führungskräfte regelmäßig und so ausreichend über alle das Unternehmen, die Abteilung und den eigenen Arbeitsbereich betreffenden Vorgänge und (vorhersehbaren) Veränderungen informieren, daß sie nicht das Gefühl bekommen, ihnen würden wichtige Informationen vorenthalten oder hinter ihrem Rücken würden für sie und ihre Arbeit nachteilige Regelungen getroffen.
- Einen kooperativen Führungsstil pflegen und autoritäre Entscheidungen nur auf solche Notfälle beschränken, wo unter Zeitdruck ohne die Möglichkeit zur vorherigen Abstimmung mit anderen Beteiligten unverzüglich entschieden werden muß. Aber auch solche Entscheidungen bedürfen der nachträglichen Rechtfertigung.
- Gleichbehandlung aller Mitarbeiter und Führungskräfte im Rahmen der betrieblichen Möglichkeiten und Erfordernisse. Keiner sollte das Gefühl bekommen, andere würden ihm willkürlich vorgezogen bzw. er würde grundlos benachteiligt.
- Klare sachbezogene und qualifikationsorientierte Kompetenzregelungen einführen, um durch Mißverständnisse entstehenden Problemen vorzubeugen und bei unzulässigen Übergriffen einzelner verbindliche Entscheidungskriterien zu haben.
- Allen das berechtigte Gefühl der Akzeptanz, der Wertschätzung und der Sicherheit des Arbeitsplatzes durch Verträge, Motivationsmaßnahmen und sachgerechte Unternehmensführung vermitteln. Konsequente Personalentwicklungsplanung, die allen Betroffenen die Überzeugung gibt, im Rahmen der Möglichkeiten des Unternehmens den eigenen Interessen und Fähigkeiten entsprechend gefördert zu werden.
- Mobbing-Ursachen vorbeugen bzw. bei ersten Anzeichen von Mobbing ursachenspezifisch vorgehen und Mobbing auf allen Hierarchieebenen konsequent unterbinden.

5.4.2 Beseitigung von Mobbing-Anlässen

Wenn Mobbing erst einmal Teil der „Unternehmens-Kultur" geworden ist, ist es erfahrungsgemäß wesentlich schwerer, Änderungen zu erreichen, als wenn das Motto (nach OVID; übers. n. BÜCHMANN 1991) heißt:

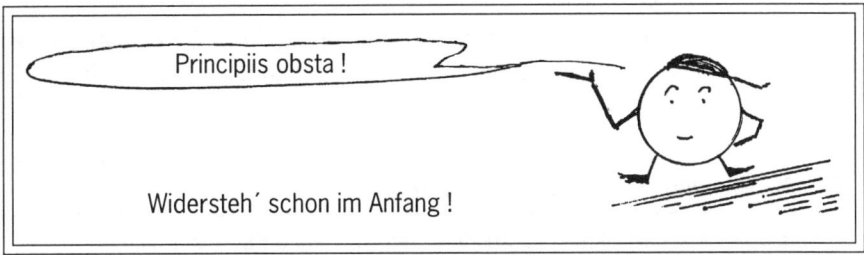

5.4.2.1 Systematische Erfassung von Mobbing im Unternehmen

Eine der bemerkenswertesten menschlichen Eigenschaften ist das Schließen der Augen in unangenehmen Situationen – auch „Vogel-Strauß-Politik" genannt, weil der Betroffene bzw. Verantwortliche einfach „den Kopf in den Sand steckt", um das Unangenehme nicht sehen zu müssen.

Sigmund FREUD hat für diesen Sachverhalt den Begriff „Verdrängung" geprägt. Das Unangenehme wird dabei ins Unterbewußte verdrängt bzw. „verbannt". Es ist dann zwar nicht mehr jederzeit bewußt und im Blickfeld des Betroffenen, aber es ist trotzdem noch vorhanden – nämlich im Unbewußten, und es kann sich z. B. in (Alp-)Träumen oder in neurotischen, psychotischen bzw. psychosomatischen Krankheitssymptomen äußern.

Durch geflissentliches Übersehen von Mobbing im Unternehmen ist es also nicht verschwunden, sondern entfaltet seine unerfreulichen Wirkungen für Mitarbeiter, Führungskräfte, Unternehmensleitung und Unternehmenserfolg auch weiterhin.

Was ist zu tun?

In erster Linie sollten die Betroffenen ihre Augen offen halten bzw. – wenn sie diese schon geschlossen hatten – sie wieder öffnen und sich somit dem Problem „Mobbing" stellen.

Nur mit offenen Augen und wachem Bewußtsein wird man rechtzeitig Mobbing-Aktivitäten wahrnehmen, die Ursachen feststellen und geeignete Gegenmaßnahmen einleiten können.

Der Verdacht auf das Vorhandensein von Mobbing-Aktivitäten kann entstehen, wenn beispielsweise die in der folgenden Tabelle aufgeführten Begebenheiten im Unternehmen festzustellen sind:

Tab. 60 Mobbing-Symptome im Unternehmen

- Auffällige Personal-Fluktuation (Kündigungen, vorzeitige Pensionierungen).
- Zunahme der Krankfehlzeiten einzelner Mitarbeiter, bei einzelnen Mitarbeitergruppen oder im Unternehmen insgesamt.
- Zunahme an Arbeitsgerichtsprozessen.
- Häufung von Mitarbeiterbeschwerden bei Vorgesetzten und/oder Betriebs- bzw. Personalrat bzw. bei der zuständigen Gewerkschaft.
- Häufige „Ganggespräche" oder „Meetings" von Mitarbeitern, die sich über Probleme am Arbeitsplatz (inclusive Mobbing) austauschen und Gegenmaßnahmen planen.
- Streiks.
- Zunahme von Kundenbeschwerden über mangelhafte bzw. nicht termingerechte Arbeiten oder über zu hohe Rechnungen.
- Auftragsrückgang (z. B. weil das Personal zur Akquisition und zu freundlicher Kundenbetreuung nicht (mehr) ausreichend motiviert ist.
- Lautstarke Auseinandersetzungen im Unternehmen zwischen Mitarbeitern oder zwischen Mitarbeitern und Führungskräften.
- Nachwuchsprobleme (weil sich z. B. herumgesprochen hat, daß es sich um ein mobbingträchtiges Unternehmen handelt).
- Mangelhafte Beteiligung am betrieblichen Vorschlagswesen.
- Mangelhafte Beteiligung an sozialen Aktivitäten des Unternehmens (z. B. Jubiläen, Betriebsfeste, Betriebsausflüge).

Wenn der Verdacht auf Mobbing im Unternehmen besteht, können auch gezielte oder allgemeine (namentliche oder anonyme) Befragungen bei den Mitarbeitern und Führungskräften durchgeführt werden, um Art und Umfang des Problems zu erfassen.

Dabei sollte man zunächst die **objektiven** Daten erheben, die sich beispielsweise aus den in Tabelle 60 aufgeführten Mobbing-Symptomen ergeben.

Darüber hinaus können **subjektive** Daten erhoben werden, wie sie etwa in dem bei LEYMANN (1994) in Vorbereitung befindlichen Fragebogen enthalten sind oder in der von mir zusammengestellten folgenden Tabelle vorgeschlagen werden:

Tab. 61 Fragebogen zur Feststellung subjektiv empfundener Mobbing-Belästigungen

Art der Mobbing-Belästigung	nein	ja	f(w)	f(s)	t
1 Wird Ihre Arbeit beeinträchtigt?					
1.1 Sind Ihnen Arbeiten entzogen worden?					
1.2 Sind Ihnen unangenehme Arbeiten „als Strafe" übertragen worden?					
1.3 Ist Ihre Arbeit sonstwie erschwert worden (z.B. Wegnahme von Personal, Arbeitsmitteln)?					
1.4 Werden Ihnen wichtige Kompetenzen vorenthalten, bzw. sind sie Ihnen entzogen worden?					
1.5 Werden Ihnen Arbeiten unterhalb Ihrer fachlichen Qualifikation übertragen?					
1.6					
2 Werden Sie sozial isoliert?					
2.1 Sind Sie an einen isolierten Arbeitsplatz versetzt worden?					
2.2 Werden Sie von Kollegen spürbar gemieden, bzw. haben sich Kollegen von Ihnen zurückgezogen?					
2.3 Werden Sie von sozialen Aktivitäten (z.B. Gesprächen, Treffen) der Kollegen ausgeschlossen?					
2.4 Werden Ihnen wichtige Informationen vorenthalten (z.B. Postzensur, informelle Informationssperre)?					
2.5 Werden Ihre Kontaktmöglichkeiten beschränkt (z.B. durch Telefonsperre, Außendienstverbot)?					
2.6					
3 Sind Sie persönlichen Angriffen ausgesetzt?					
3.1 Werden Sie von Kollegen beschimpft?					
3.2 Werden Sie von Vorgesetzten ungerechtfertigt kritisiert?					
3.3 Werden Sie körperlich angegriffen?					
3.4 Werden Sie sexuell belästigt?					
3.5 Werden Sie disziplinarisch gerügt?					
3.6					
4 Wird Ihr Ansehen untergraben?					
4.1 Werden Sie hinter Ihrem Rücken diffamiert?					
4.2 Wird Ihre fachliche Qualifikation in Frage gestellt?					
4.3 Werden Sie vor anderen (z.B. Kunden) bloßgestellt?					
4.4 Werden ungerechtfertigte Anschuldigungen gegen Sie erhoben (z.B. Betrug, Diebstahl, Unterschlagung)?					
4.5 Werden dem Ansehen abträgliche Gerüchte über Sie bzw. Ihre Familie verbreitet?					
4.6					

Tab. 61 Fortsetzung

Art der Mobbing-Belästigung	nein	ja	f(w)	f(s)	t
5 Werden Sie spürbar benachteiligt?					
5.1 Werden Sie nicht befördert, obwohl Sie aufgrund Ihrer Betriebszugehörigkeit, Ihrer Qualifikation oder der Art Ihrer Tätigkeit längst Anspruch darauf gehabt hätten?					
5.2 Werden Ihnen andere (jüngere, weniger qualifizierte) Mitarbeiter ungerechterweise vorgezogen, indem diesen angenehme oder prestigeträchtige Aufgaben übertragen werden?					
5.3 Werden Sie wegen spezieller Persönlichkeitseigenschaften oder Weltanschauungen benachteiligt (z. B. Geschlecht, Alter, Hautfarbe, Staatsangehörigkeit, Behinderung, Outfit, Religion, Parteizugehörigkeit)?					
5.4 Werden Sie benachteiligt, weil Sie spezielle Angebote von Kollegen oder Vorgesetzten zurückgewiesen haben (z. B. Beteiligung an strafbaren Handlungen, sexuelle Kontakte)?					
5.5 Werden Sie aus Neid zurückgesetzt (z. B. weil Sie intelligenter, arbeitseifriger, erfolgreicher, unabhängiger sind als andere)?					
5.6					
6 Werden Sie (unzulässig) unter Druck gesetzt?					
6.1 Wird Ihnen mit Kündigung gedroht?					
6.2 Werden Sie zu für Sie nachteiligem Tun genötigt?					
6.3 Erhalten Sie anonyme (schriftliche) Drohungen?					
6.4 Übt jemand Telefonterror gegen Sie aus (z. B. durch nächtliche Anrufe)?					
6.5 Beschädigt jemand Ihr Eigentum (z. B. Garderobe, Fahrzeug, Haus)?					
6.6					
Summe					

nein: trifft nicht zu
ja: trifft zu
f: frequency (Häufigkeit)
f(w):   Häufigkeit des Auftretens pro Woche (w)
f(s):   Summe (s) des bisherigen Auftretens
t: time; Zeitraum, über den sich das Mobbing bisher erstreckte

Dieser Fragebogen kann von Betroffenen auch zur Selbstbeobachtung und Protokollierung der erfahrenen Mobbing-Belästigungen benutzt werden.

Dabei können zur Verdeutlichung die in Klammern beigefügten und im konkreten Einzelfall zutreffenden Beispiele unterstrichen oder handschriftlich ergänzt werden. Außerdem können die Mobbing-Aktivitäten jeweils beim Unterpunkt .6 individuell vervollständigt werden.

Kreuzt der Betroffene in der Spalte „ja" an, kann er diese Angabe in den folgenden Spalten noch weiter differenzieren:

Und zwar kann er in „f(w)" erfassen, wie häufig er nach seiner Beobachtung unter der betreffenden Mobbing-Aktivität pro Woche schon gelitten hat.

In der Spalte „f(s)" kann er darüber hinaus abschätzen, wie häufig er mit der betreffenden Mobbing-Aktivität insgesamt schon konfrontiert worden ist.

In Spalte „t" kann er den Zeitraum in Tagen, Wochen, Monaten oder Jahren angeben, über den sich das erlittene Mobbing bereits erstreckt.

Schließlich können Sie in der Summen-Zeile auch noch die Gesamtmenge der insgesamt oder in einem bestimmten Zeitraum erlittenen Mobbing-Attacken dokumentieren.

> Ertrage nicht phlegmatisch,
> was Dir so gar nicht frommt;
> prüf lieber systematisch,
> woher der Ärger kommt !

Wer überhaupt erst durch die Lektüre dieses Abschnitts darauf stößt, daß er die Schikanen am Arbeitsplatz auch systematisch erfassen und ausführlich dokumentieren könnte, der sollte sich einen normalen Jahreskalender beschaffen und in diesem täglich die jeweiligen Mobbing-Aktivitäten, den/die Mobbing-Täter sowie die denkbaren oder tatsächlichen Ursachen und die dadurch (möglicherweise) ausgelösten Folgen notieren.

Eine solche systematische Erfassung erleichtert erfahrungsgemäß die sachgerechte Beratung und gegebenenfalls Psychotherapie von Mobbing-Opfern, auf die wir im Kapitel 5.7 eingehen werden.

5.4.2.2 Aufklärung

Wo verschiedene Menschen zusammentreffen oder gar gemeinsam Probleme lösen müssen, treffen erfahrungsgemäß unterschiedliche Interessen aufeinander, und dabei können Konflikte entstehen. Da unterschiedliche Menschen auch in der Arbeitswelt Probleme und Konflikte unterschiedlich lösen und weil manche dabei auch Mobbing in ihren Aktionsrahmen mit einbeziehen, kann die sachgerechte Aufklärung der Beteiligten über mögliche Ursachen und Folgen von Mobbing nützlich sein. Dabei sollte „Mobbing" vor allem erst einmal in das Bewußtsein der betroffenen Mobbing-Opfer und -Täter gebracht werden.

Denn wer nicht weiß, daß sein von ihm selbst als „normal" empfundenes Verhalten gegenüber anderen Menschen „Mobbing" ist, der wird sich mit großer Wahrscheinlichkeit auch weiterhin so verhalten. Erst der nachdrückliche Hinweis auf die „schikanöse" Wirkung seines Verhaltens auf andere wird den Täter möglicherweise zur selbstkritischen Reflexion und in der Konsequenz vielleicht zur Verhaltensänderung bringen.

Andererseits gibt es auch naive Mobbing-Opfer, die das, was sie täglich an Schikane an der Arbeitsstelle erleiden, als „normal" empfinden, weil sie es nicht anders kennen. So wurden früher oft Lehrlinge in Handwerksbetrieben für völlig ausbildungsfremde Tätigkeiten mißbraucht, wie z. B. Bier für die Gesellen holen, Besorgungsgänge für den Meister erledigen, die Werkstatt reinigen. Aus der Grundausbildung in der Bundeswehr und in anderen Armeen berichten manche Wehrpflichtigen, daß sie schikaniert werden durch übertriebene Reinigungsvorschriften und -kontrollen oder durch sadistische Exerzierübungen.

Solange dies von allen Beteiligten mehr oder weniger als „normal" empfunden und nicht als „Mobbing" eingeordnet wird, wird sich auch kaum jemand nachhaltig dagegen zur Wehr setzen. Selbst das Schimpfen über solche Schikane gehört dann zur „Normalität derartiger Situationen".

Die Ausnutzung und das Schikanieren von Lehrlingen hat abgenommen, seit Lehrlinge und Lehrherren ausreichend über ihre sich aus dem Lehrvertrag und der einschlägigen Rechtsprechung ergebenden Rechte und Pflichten informiert werden.

Auch in der Bundeswehr sorgt die Einrichtung des Wehrbeauftragten als Kontroll-, Überwachungs- und Beschwerdeinstanz dafür, daß Schikane und Mobbing sich nicht grenzenlos entwickeln können („Bürger in Uniform").

Die folgende Tabelle enthält einige Hinweise für sinnvolle Ansätze zur gezielten Aufklärung der Beteiligten:

Tab. 62 Aufklärung gegen Mobbing

- Ausreichende Information über Rechte und Pflichten der Beteiligten (Unternehmensleitung, Führungskräfte, Kollegen, Mitarbeiter) in der Arbeitswelt.
- Aufklärung (potentieller) Mobbing-Täter und -Opfer über die Gefahr von Mobbing am Arbeitsplatz.
- Aufklärung über die bestehende mobbingfeindliche Unternehmens-Philosophie zur Abschreckung.
- Aufklärung über die negativen Auswirkungen von Mobbing auf das Betriebsklima, die Arbeitsleistung, den Unternehmenserfolg.
- Aufklärung über die negativen gesundheitlichen Auswirkungen von Streß durch Schikane und Mobbing am Arbeitsplatz.
- Aufklärung über die durch das Unternehmen gegen Mobber gerichteten Sanktionen.
- Aufklärung über die aktuelle Mobbing-Situation im Unternehmen.
- Aufklärung über mögliche Gegenmaßnahmen in regelmäßigem Erfahrungsaustausch der Betroffenen einerseits und der Unternehmensleitung andererseits.
- Aufklärung über den Nutzen von Zivilcourage bei der Anzeige von Mobbern bei der Unternehmensleitung.

Das geht mir jetzt zu weit,
ich bin das Mobben leid.
Nun hab' ich's gründlich satt
und schreite gleich zur Tat.

Denn jetzt weiß ich Bescheid
und hau mit kühnem Schneid
dem Mobber eine rein,
ja, das ist prima, fein!

Und Schluß ist's mit den Nörgelei'n!

5.4.2.3 Entwicklung innerbetrieblicher Konfliktlösungs-Strategien

Was kann innerbetrieblich getan werden, wenn Konflikte bereits zu Mobbing-Aktivitäten geführt haben?

Entscheidend ist meines Erachtens vor allem, daß das Problem richtig diagnostiziert wird. Wer nicht an den wahren Ursachen, sondern nur an irgendwelchen Symptomen herumlaboriert, wird erfahrungsgemäß allenfalls Zufallserfolge erzielen. Deshalb reicht es meistens auch nicht aus, bestimmte Mobbing-Aktivitäten nur autoritär mit Brachialgewalt zu unterdrücken. Dadurch ist kein dauerhafter Erfolg zu erzielen.

Zu klären ist in jedem Fall:

> **Warum mobbt der Mobber,**
> **und weshalb läßt sich das Mobbing-Opfer das überhaupt gefallen?**

Das führt nahezu zwangsläufig zu der tiefer gehenden Frage:

> **Welche Konflikte**
> **lösen bei wem welche Art von Mobbing-Aktivität aus?**

Die wahren Konflikte und deren Ursachen sind leider häufig gar nicht leicht – wenn überhaupt – aufzufinden.

Tab. 63 Mögliche Maßnahmen zur Lösung von Mobbing-Konflikten am Arbeitsplatz

Konfliktträchtige Organisationsstrukturen verbessern:
- Revision einer konfliktinduzierenden Unternehmens-Philosophie vornehmen
- konfliktträchtige Hierarchiestruktur so optimieren, daß Konfliktpotential reduziert wird
- sozial integrative Führungsstrategien einsetzen
- ausreichende Personalqualifikation bei Personaleinstellung sicherstellen und durch regelmäßige Fortbildung erhalten

Konfliktträchtige Arbeitsbedingungen zweckmäßig verändern:
- konfliktträchtige Arbeitsabläufe laufend erfassen und so optimieren, daß Konfliktpotential reduziert wird
- durch Teamveränderungen Konfliktpotential abbauen
- durch Konflikttraining mit kritischen Teams bestehende Konfliktpotentiale reduzieren

Kooperationsmotivation des Personals verbessern:
- überzeugende Arbeitsplatzsicherung betreiben
- kooperative Arbeitmotivation verstärken durch darauf ausgerichtetes Belohnungs- und Personalentwicklungskonzept
- destruktive durch konstruktive Kritik ersetzen
- inneren Zusammenhalt stärken durch Fokussierung der Konzentration der Beteiligten auf externe Angriffe (Prinzip: Sammeln der Kräfte zur Abwehr eines äußeren Feindes stärkt den inneren Zusammenhalt der eigenen Gruppe)
- dem Entstehen von unnötigem Streß vorbeugen und bereits entstandenen Streß konsequent und systematisch abbauen
- Konfliktstrategien und Mobbing scharf sanktionieren

Da die Betroffenen oft „betriebsblind" sind, sollte versucht werden, die Mobbing-Ursachen im Brainstorming und durch systematische Analyse aller Systemkomponenten (z. B. individuelle Interessen von Mitarbeitern und Führungskräften, Unternehmensorganisation, Wettbewerbssituation, Motivationsanreize und -hindernisse, Arbeitsbedingungen) unter Anleitung eines betriebsfremden Moderators festzustellen und aus den Ergebnissen mit allen Beteiligten gemeinsam praktikable Aktionspläne zur Lösung der erkannten Konflikte zu erarbeiten.

Tabelle 63 enthält einige Hinweise für mögliche betriebliche Maßnahmen der Konfliktlösung.

Wie solche Maßnahmen unter den unternehmensspezifischen Rahmenbedingungen im konkreten Einzelfall auszusehen haben, um erfolgreich zu sein, läßt sich hier verständlicherweise nicht allgemeingültig sagen. Die Hinweise sollten aber bereits ausreichen, um einen Eindruck davon zu vermitteln, wo im Unternehmen häufig die tatsächlichen Ursachen für Konflikte und Mobbing-Aktivitäten zu suchen sind.

Leider unterziehen sich die Verantwortlichen oft nicht der Mühe einer solgfältigen Ursachen-Analyse, sondern veranlassen „entscheidungssicher" sofort ihnen als naheligend erscheinende Maßnahmen ohne detaillierte Sachprüfung. Dieser leider oft zu beoachtende hektische Aktionismus kostet zwar viel Geld, bindet unnötigerweise für sinnlose oder zumindest wenig effiziente Maßnahmen Arbeitskräfte, gibt allerdings dem Entscheidungsträger das subjektiv schöne Gefühl, sofort etwas gegen das Problem unternommen zu haben.

Das Vorgehen ähnelt in solchen Fällen ein bißchen dem Behandlungskonzept von Internisten, wenn sie schmerzgeplagten Patienten zielsicher und bedenkenlos hoch dosierte Mittel zur Schmerzlinderung aus ihrem Arzneimittelmuster-Schrank reichen und sie über längere Zeit hin damit weitgehend schmerzfrei halten, dabei aber die die Schmerzen verursachende wahre Krankheitsursache gar nicht (oder zumindest nicht richtig) diagnostizieren.

Stirbt dann der Patient dieses fachinkompetenten Internisten vorzeitig an dieser nicht diagnostizierten Krankheit, dann wird er sich wahrscheinlich ebenso unkritisch dem nächsten ahnungslosen Patienten zuwenden, wie inkompetente und gescheiterte Manager ihr geballtes No-know-how dem nächsten Unternehmen zum Verderben werden lassen.

5.5 Mögliche Reaktionen und Maßnahmen seitens des Mobbing-Täters

Wer Mobber bzw. Mobbing-Täter wegen ihres schikanösen Verhaltens und der teilweise dahintersteckenden kriminellen Energie fürchtet, der wird ihnen vermutlich schon deshalb mit gebotener Vorsicht begegnen bzw. noch besser: ausweichen.

Diesen Schikaneuren wird – wohl meisten zu Recht – unterstellt, daß sie andere bewußt und vorsätzlich mobben.

Nun gibt es aber auch Menschen, die ihren Absichten und ihrem Selbstverständnis nach gar keine Mobber sind, sondern lediglich (und zwar zu Unrecht) von anderen als solche wahrgenommen werden. Dabei können unberechtigte Vorurteile der „Mobbing-Opfer" ebenso eine Rolle spielen, wie auch beispielsweise Selbstunsicherheit und Angst vor Autoritäten.

Solche Menschen, die sich unnötigerweise selbst als „Mobbing-Opfer" empfinden, weichen dann ihren vermeintlichen „Mobbern" ängstlich oder resigniert aus, oder sie greifen diese aus deren Sicht „völlig ohne Grund" immer wieder an. Das bewirkt dann allerdings nahezu zwangsläufig, daß sich Menschen, die grundlos zu „Mobbern" erklärt und auch dementsprechend behandelt werden, nun ihrerseits aus Selbstschutz dagegen zur Wehr setzen.

Auf diese Weise kann ein Teufelskreis entstehen, dessen Ursprung nach einiger Zeit bei sich verhärtenden Fronten kaum noch zuverlässig zu klären ist.

Das erinnert an die bekannte Frage, wer früher dagewesen sei: die Henne oder das Ei (d. h. in diesem Fall: war der Betroffene erst Mobber oder Mobbing-Opfer)?

Man kann sich demzufolge die Frage stellen, wo der Kreis (Aktion-Reaktion) beginnt: beim identifizierten Mobber oder bei seinem Opfer, wenn die Rollen im Verlaufe der Interaktion wechseln?

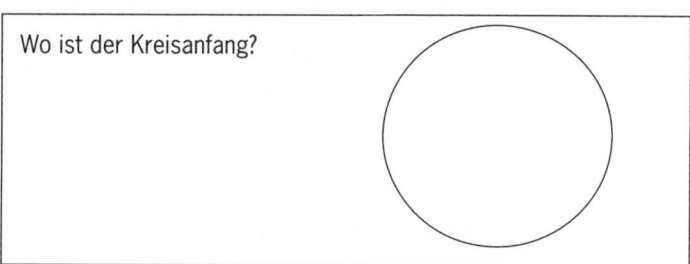

Wo ist der Kreisanfang?

Ich habe beispielsweise in meiner Praxis bei psychotherapeutischen Sitzungen Patienten erlebt, die sehr darunter litten und die inzwischen psychosomatisch erkrankt waren, weil ihnen der Ehepartner weggelaufen war, weil die Kinder im Zorn das Haus verlassen hatten oder weil sie ständig Ärger mit den Nachbarn und mit ihren Arbeitskollegen hatten.

Bedauernswerte Schicksale! Allerdings lag die Ursache nicht darin, daß diese Patienten von anderen schikaniert und gemobbt worden sind, wie zunächst zu vermuten gewesen wäre. Vielmehr waren sie selbst die Ursache: ihr autoritäres, egoistisches, borniertes, inflexibles und selbstunkritisches Verhalten hatte die anderen verärgert und verprellt. Wer sich dem Kontakt nicht entziehen konnte, versuchte sich offenbar zumindest so gut wie möglich gegen die ständigen Bevormundungen, Attacken und Eingriffe dieser Patienten in die eigene Privatsphäre zur Wehr zu setzen.

Erkenne Dich selbst!

So könnten auch heutzutage noch „Mobbing-Opfer" vom antiken Geist in der Aufforderung zur Selbsterkenntnis am Apollo-Tempel in Delphi profitieren. Voraussetzung ist allerdings zumindest die Bereitschaft – und natürlich auch die Fähigkeit – dazu.

Wer rechtzeitig erkennt, daß sein – im Prinzip gut gemeintes – Verhalten auf andere Menschen wie Schikane wirkt und daß sie sich gemobbt fühlen, dem eröffnet diese Erkenntnis wenigstens erst einmal grundsätzlich die Möglichkeit, aus diesem Teufelskreis von „mobben und gemobbt werden" überhaupt auszubrechen.

Wer also Verdacht schöpft, daß er möglicherweise nicht nur hilfloses Mobbing-Opfer ist, sondern daß er durch sein eigenes, unbeabsichtigt schikanöses Verhalten andere Menschen selbst mobbt, der sollte in seinem eigenen Interesse etwas Vernünftiges dagegen unternehmen.

Was kann er tun?

Einige Anregungen zur Selbsthilfe finden sich in der folgenden Tabelle:

Tab. 64 Selbsthilfemaßnahmen für Mobber

- Möglichst vorurteilsfrei bei aktuellen Konfliktsituationen festzustellen versuchen, aus welcher Ursache das Problem (z. B. ein Streit, eine Strafaktion, eine Disziplinarmaßnahme) entstanden ist.
- Bei allen Ursachenanalysen die Ursachen des Konflikts nicht zuerst und nicht ausschließlich bei anderen, sondern erst einmal bei sich selbst suchen.
- Die Position und die Vorwürfe anderer unbedingt ernst nehmen und deren Berechtigung so sachlich wie möglich prüfen.

Tab. 64 Fortsetzung

- Wo immer möglich, am Konflikt nicht unmittelbar Beteiligte fragen, welche Ursachen sie für den Konflikt verantwortlich machen.
- Eventuell sogar gezielt fragen, was man (d. h. „ich") zur Lösung dieses Konfliktes beitragen könnte. (Diese Frage bringt – auch bei Abhängigen – eher wirklich ursachenspezifische Vorschläge als die Frage nach dem Schuldigen, die aus Angst oder Rücksichtnahme oft nur sozial erwünscht – und das heißt: falsch – beantwortet wird.)
- Wenn vermeidbare Konfliktursachen in der eigenen Person liegen, diese nicht (z. B. wegen Peinlichkeit) leugnen und verdrängen, sondern zielstrebig und konsequent dagegen angehen. Gegebenenfalls die Unterstützung durch Familienangehörige oder Freunde in Anspruch nehmen.
- Vor allem bei Unmöglichkeit oder Versagen solcher Selbsthilfemaßnahmen professionelle Hilfe von Experten in Anspruch nehmen – z. B. psychologische Beratungsstelle aufsuchen.
- Falls wegen eingetretener Neurotisierung psychotherapeutische Maßnahmen empfohlen werden, nicht davor zurückschrecken, sondern die Möglichkeiten der Verhaltensänderung und -optimierung nutzen.

Mobber, die nicht aus Lust und Leidenschaft am Mobben Mobber sind, sondern gewissermaßen aus Versehen – weil sie es nicht besser wußten und konnten –, die werden den Erfolg ihrer Verhaltensänderung meistens unmittelbar erleben können und darüber dann sehr erleichtert sein.

Sie werden nämlich erleben, daß ihnen künftig andere nicht mehr vorsorglich aus dem Wege gehen, daß diese nicht mehr vorsorglich hinterhältige Intrigen und offene Attacken als Selbstschutz gegen den „Mobber" vorbereiten. Vielmehr werden solche „Mobbing-Opfer" den enttarnten „Mobbing-Tätern" danach mit großer Erleichterung freundlich und kooperativ begegnen, weil sie keine Angst mehr haben, von ihnen attackiert oder „hereingelegt" zu werden.

> Ist das Opfer gar der Täter,
> merkt es gar nicht oder später,
> leidet unter seinen Macken,
> läßt sich – blöd – von andern zwacken,
> hilft Selbsterkenntnis dem Genie
> oder Psychotherapie!

5.6 Mögliche Reaktionen und Maßnahmen des Gesetzgebers und der Gesellschaft

Denken wir nicht nur an Mobbing-Täter und -Opfer, sondern auch an die Rahmenbedingungen, unter denen sich Mobbing abspielt, dann sind in der Arbeitswelt zunächst die Arbeitsbedingungen (s. Kapitel 5.4) von Belang, darüber hinaus aber logischerweise auch der Rechtsrahmen, der die Berufstätigkeit regelt.

Geregelt ist auch das Zusammenleben der Menschen im Staat durch Gesetze und Rechtsverordnungen. Darüber hinaus entfalten in der langen kulturellen und zivilisatorischen Tradition entwickelte Normensystemen ihre ordnende Wirkung und steuern damit mehr oder weniger verbindlich das Verhalten in der Gemeinschaft.

Wo können Ansatzpunkte liegen für das Entstehen von Mobbing?

Intolerante Systeme, Normen und Regeln tendieren erfahrungsgemäß dazu, andere Menschen unter Druck zu setzen, system- und regelkonformes Verhalten zu erzwingen und Randgruppen als „Sündenböcke" zu definieren und auszugrenzen. Alle, die nicht in das System passen bzw. die sich dem nicht ein- und unterordnen wollen bzw. können, werden gemobbt: sie sollen aus der Gemeinschaft ausgeschlossen bzw. entfernt werden.

Dabei kann es in Extremfällen zu höchst unerfreulichen, menschenverachtenden Übergriffen auf Leib und Leben ganzer Menschengruppen kommen.

Historische Beispiele und auch solche des aktuellen Zeitgeschehens finden sich in Genoziden auf der Grundlage von Rassen-Vorurteilen (z. B. Judenvernichtung im Deutschen Dritten Reich) oder an nationalen Gruppen (z. B. „demographische Säuberung" im ehemaligen Jugoslawien). In diesem Zusammenhang gehören auch Angriffe von religiösen Gruppen auf Andersgläubige und auf Menschen, die sich dem jeweiligen religiösen Normensystem nicht voll und ganz unterordnen (z. B. Hexenverbrennung durch die Inquisition; Auseinandersetzungen zwischen Juden bzw. Christen und Mohammedanern).

Wesentliche Ursachen für das Entstehen eines Mobbing-Klimas liegen daher in der autoritären Machtausübung zur rigorosen Durchsetzung bestimmter Interessen und Ziele sowie in der Intoleranz gegenüber allen Andersdenkenden.

Das führt zu der Konsequenz:

Jeder sollte sich an seinem Platz in Wirtschaft, Politik und Gesellschaft, aber natürlich auch in seiner eigenen Familie aktiv einsetzen:
für   **Humanität, Toleranz, Flexibilität, Kooperation, Rücksichtnahme und Demokratie**
und gegen   **Menschenverachtung, Intoleranz, Borniertheit, Rigorismus, Egoismus, autoritäre Selbstherrlichkeit, Rücksichtslosigkeit und Machtmißbrauch.**

Mobbing kann aber auch aus purer Existenznot entstehen – z. B. beim Kampf ums tägliche Brot und ums Überleben.

Konsequenzen ergeben sich daraus weltweit für vernünftiges und menschenwürdiges Zusammenleben der Menschen in einer Welt, die insgesamt als Regelsystem zu betrachten ist, in dem jeder (positive oder negative) Eingriff an irgendeinem Punkt des Systems entsprechende Auswirkungen auf das Gesamtsystem hat:

> **Die Systemoptimierung erfordert in unserer Welt nach bisheriger Erfahrung vor allem:**
>
> Beseitigung der konfliktträchtigen Existenznot von Menschen, die in verschiedenen (unterprivilegierten) Teilen der Welt leben, und derjenigen, die in der Gesellschaft „auf der Strecke bleiben";
>
> dazu gehört unter anderem:
> * eine vernünftige Steuerung der Bevölkerungsentwicklung,
> * eine angemessene und sozial ausgewogene Eigentumsverteilung
> * sowie eine menschenfreundliche und kompromißbereite Politik.

Dementsprechend ergeben sich auch viele vernünftige Ansatzpunkte für sinnvolle Maßnahmen des Gesetzgebers und der Gesellschaft zur Vorbeugung gegen das Entstehen eines Mobbing-Klimas und zum möglichst sachgerechten Umgang mit Mobbing-Tätern und Opfern, wenn Mobbing infolge unzureichender Vorbeugungsmaßnahmen unerfreulicherweise auftritt. Einige Hinweise enthält die folgende Tabelle:

Tab. 65 Mögliche Anti-Mobbing-Maßnahmen von Gesetzgeber und Gesellschaft

---

Tolerante Gesetzgebung zum Schutz von Individuum und Gesellschaft
* Gesetzliche Verankerung der Demokratie.
* Schutzregelungen, wie im Grundgesetz der Bundesrepublik Deutschland, zur Erhaltung eines „Rechtsstaates".
* Keine Rechtsgrundlagen schaffen für „Beschnüffeln" der Bürger (vgl. z. B. STASI in der ehemaligen DDR).
* Ausreichende Gesetze erlassen, um Mobbing-Aktivitäten von Einzelpersonen oder Interessengruppen nachhaltig zu unterbinden.

Unabhängige Rechtsprechung zum Schutz von Individuum und Gesellschaft
* Eine unabhängige Rechtsprechung gewährleisten, die sich nicht durch „Machthaber" zu rechtswidrigen Urteilen mißbrauchen läßt.
* Konsequente Sanktionierung von Mobbing, wenn Einzelpersonen oder Gruppen (z. B. Ausländer, Asylsuchende, Randgruppen der Gesellschaft) schikaniert und unter Druck gesetzt werden.
* Auch für Mobbing-Straftäter angemessene Resozialisierungsmöglichkeiten schaffen.

Toleranz und Gesetzeskonformität der Politik
* Politische Zielsetzungen konsequent verfolgen, die den Rechtsstaat erhalten und den Individuen die freie Entfaltung ihrer Persönlichkeit unter Beachtung der Rechte und Interessen der anderen Menschen sichern.
* Gesetzeskonformes, vorbildliches Verhalten der Politiker und anderer Identifikationsfiguren der Gesellschaft gewährleisten.

Toleranz von nationalen, rassischen und religiösen/weltanschaulichen Interessengruppen
* Die eigenen nationalen, rassischen, religiös/weltanschaulichen Interessen pflegen, ohne sie allen anderen (notfalls mit Gewalt) aufzunötigen.

Unabhängigkeit, Toleranz, Seriosität und Gesetzeskonformität der Medien
* Unabhängige Berichterstattung und Meinungsvielfalt der Medien gewährleisten.
* Selbstkontrolle der Medien im Hinblick auf Respektierung der Privatsphäre der Bürger.

Tab. 65 Fortsetzung

Sachgerechte Kontrolle und Überwachung
- Armee und Polizei unter sachgerechter Kontrolle der dafür im Rechtsstaat eingerichteten Organe halten.
- Überwachung der Einhaltung des Grundgesetzes durch unabhängige und engagierte Recherchen der Medien bei Verdacht auf Verstöße.

Denkbar ist natürlich, daß sich vom Staat verfolgte Gesetzesbrecher schikaniert fühlen, weil sie an der freien Entfaltung ihrer Persönlichkeit bei der Planung und Realisierung gesetzwidriger Handlungen und der Beseitigung des „Rechtsstaates" behindert und gegebenenfalls sogar eingesperrt oder des Landes verwiesen werden.

Wahrscheinlich werden die meisten Leser diesen Sachverhalt nicht mit den Begriffen „Schikane" oder „Mobbing" belegen wollen. Allerdings bleibt dabei zu beachten, daß auch autoritäre Staaten und Einzelpersonen eine solche negative Charakterisierung ihrer Absichten und ihres Tuns normalerweise mit Entrüstung zurückzuweisen pflegen. Gegen Einschränkungen und Disziplinierungen gehen sie dann oft sehr selbstbewußt, aggressiv und in der festen (bisweilen fanatischen) Überzeugung vor, daß ihnen Unrecht getan werde.

Wie die Geschichte zeigt, entstehen immer wieder Tendenzen zu Machtmißbrauch und Intoleranz. Diese gilt es jeweils rechtzeitig zu erkennen und ihnen sachgerecht zu begegnen, damit nicht durch Nachlässigkeit ein Mobbing-Klima entsteht, in dem dann – wie dies auch in jüngster Zeit bei Revolutionen und Bürgerkriegen in erschreckender Weise deutlich geworden ist – einzelne oder Interessengruppen höchst fragwürdig und auf Kosten anderer Hunderte, Tausende oder sogar Millionen von Menschen ins Elend stürzen.

Vielleicht wird mancher Leser die Aufstellung in Tab. 65 für überflüssig halten, „weil das sich ja doch alles wohl von selbst so verstehe". Leider nicht! Nach meiner Einschätzung bedarf es des ständigen selbstkritischen Bemühens aller um ein vernünftiges Zusammenleben, damit unser mühsam erarbeitetes Demokratie-System nicht plötzlich wieder zusammenbricht.

Aber das gilt nicht nur für das Staatswesen als solches, sondern auch für den kleinen Rahmen, in dem jeder einzelne von uns lebt: in der Familie, im Beruf, im Sportverein, in der politischen Partei, in der Religionsgemeinschaft etc.

176

5.7 Beratung und Behandlung von Mobbing-Opfern

Art und Umfang der erforderlichen Beratung bzw. Behandlung von Mobbing-Opfern ist – nach allem, was hier bereits gesagt worden ist, sicher nicht überraschend – von den konkreten Umständen des jeweiligen Einzelfalles abhängig.

5.7.1 Berater und Beratungsstellen

Wer für sich festgestellt hat, daß er gemobbt wird, und wer mit dieser Tatsache nicht allein fertig wird, der wird eventuell das Bedürfnis haben, sich mit anderen Menschen zu beraten oder sogar von jemandem beraten zu lassen, der bereits eigene Erfahrungen mit Mobbing hat oder der sich als professioneller Berater mit der Problematik besonders gut auskennt.

Zu welchem Berater er geht, das wird in erster Linie davon abhängen, in welcher Art und Weise ihn sein Mobbingproblem am meisten bewegt, welchen Informationsbedarf und welchen Leidensdruck er hat und zu welchen Beratern er sich überhaupt Zugang verschaffen kann.

Hinweise auf spezielle „Mobbing-Berater" und gegebenenfalls auch deren Anschriften und Telefonnummern findet das Mobbing-Opfer beispielsweise im Anhang 9.1 bzw. in anderen Büchern über Mobbing (z. B. bei DULZ o. J., HUBER 1993, LEYMANN 1993). Insbesondere bei den dort genannten Beratungsstellen der DAG, der DAK, des Kirchlichen Dienstes in der Arbeitswelt (KDA) sowie bei der Gesellschaft gegen psychosozialen Streß und Mobbing e. V. können Interessenten weitere aktuelle Berater-Anschriften – eventuell sogar in der Nähe ihres Wohnsitzes – erfahren.

Vielleicht möchte sich auch jemand einer Selbsthilfegruppe anschließen, um dort im Erfahrungsaustausch mit anderen Leidtragenden neue für ihn nützliche Erkenntnisse zu gewinnen.

Wichtig zu wissen ist für den fachlichen Laien, daß in solchen Selbsthilfegruppen normalerweise Betroffene – d. h. Mobbing-Opfer – sitzen und keine Mobbing-Experten, bei denen sich die Opfer fachkundigen Rat für das weitere Vorgehen in ihrem persönlichen Fall holen könnten.

In diesem Zusammenhang sollte das Mobbing-Opfer deshalb auch klären, ob eine spezielle Rechtsberatung, eine ärztliche Beratung und Behandlung bzw. eine psychologische Beratung und gegebenenfalls sogar psychotherapeutische Behandlung erforderlich oder zweckmäßig sind, welche Kosten dabei entstehen bzw. welche Versicherungen die Kosten dafür tragen.

5.7.2 Rechtsberatung

Mobbing-Aktivitäten können bekanntlich zu arbeitsrechtlichen Konsequenzen führen (z. B. Versetzung, Kündigung durch den Arbeitnehmer oder den Arbeitgeber), aber sie können auch strafbare Handlungen darstellen (z. B. Nötigung, Beleidigung, Erpressung, Sachbeschädigung, Körperverletzung).

Das Mobbing-Opfer sollte sich in solchen Fällen nicht einfach „in sein Schicksal ergeben", sondern sorgfältig die Möglichkeiten prüfen, sich gegebenenfalls auch mit Rechtsmitteln dagegen zur Wehr zu setzen.

Erste Hinweise über die juristischen Implikationen von Mobbing-Aktivitäten wird das Mobbing-Opfer, soweit es nicht selbst schon juristisch vorgebildet ist, in den im vorigen Kapitel genannten Beratungsstellen bekommen können. Mit den dabei gewonnenen Erkenntnissen kann es dann leichter entscheiden, ob eine eingehendere Rechtsberatung durch einen Rechtsanwalt (z. B. Fachanwalt für Arbeitsrecht oder Strafrechtsexperten) zweckmäßig erscheint.

Rechtsberatung durch den Betriebsrat bzw. Personalrat kann ebenfalls sinnvoll sein bei absehbaren arbeitsrechtlichen Problemen. Allerdings sollte dabei die persönliche Qualifikation und die Neutralität der diesbezüglich angesprochenen Betriebsratsmitglieder zweifelsfrei feststehen.

Würde nämlich ein lascher oder gar den Interessen der Arbeitgeberseite persönlich verpflichteter Betriebsrat um Rat gefragt, müßte befürchtet werden, daß er die Interessen des Mobbing-Opfers nicht optimal vertritt. Jedoch kann die Einholung einer Stellungnahme vom Betriebsrat bisweilen sehr wertvolle und für das weitere Vorgehen nützliche Aufschlüsse über dessen „Stimmungslage und Einsatzbereitschaft" geben.

Im übrigen beschäftigen üblicherweise auch die Gewerkschaften arbeitsrechtlich versierte Juristen, bei denen das Mobbing-Opfer sich sachkundig beraten und eventuell sogar bei der Abwehr negativer arbeitsrechtlicher Konsequenzen vertreten lassen kann.

Was ist bei arbeitsrechtlich bedeutsamem Mobbing zu beachten?

Einige Hinweise enthält die folgende Tabelle:

Tab. 66 Klärung arbeitsrechtlicher Konsequenzen von Mobbing

- Ist die vom Arbeitgeber angedrohte Maßnahme (Abmahnung, Umsetzung, Versetzung, Kündigung etc.) aus arbeitsrechtlicher Sicht berechtigt oder angreifbar?
  Was ist zu tun?
  Innerhalb welcher Frist kann bzw. muß ich Widerspruch mit welcher Begründung einlegen?
- Wie kann ich meine durch Mobbing gefährdeten Rechte im Unternehmen arbeitsrechtlich durchsetzen (gegen Arbeitgeber, gegen Arbeitskollegen)?
- Welche Forderungen kann ich stellen (z. B. Weiterbeschäftigung, Beförderung, Abfindung beim Ausscheiden, Arbeitszeugnis, Schadenersatz)?
- Welchen Rechtsweg kann ich beschreiten?
  Welche Kosten entstehen dabei?
  Wie groß ist das Prozeßrisiko?

Manche Mobbing-Opfer lassen sich durch Verärgerung zu stark emotional gefärbten und dadurch teilweise unsachlichen oder sogar beleidigenden Schriftsätzen hinreißen, durch die sie sich dann mehr Probleme schaffen als lösen.

Zweckmäßiger erscheint es mir in solchen Fällen, zunächst erst einmal „über den Schriftsatz eine Nacht zu schlafen", ihn dann noch einmal mit etwas mehr Abstand zu lesen, ihn notfalls zu korrigieren oder zu vernichten bzw. völlig neu zu schreiben.

Bewährt hat sich darüber hinaus das Verfahren, einen in dieser Weise erarbeiteten Schriftsatz erst noch einmal vor dem Versand einem Rechtsanwalt zur Kontrolle vorzulegen. Ein geschickter Rechtsberater wird dann nämlich auch diesen Brief noch einmal „bereinigen", damit nicht durch falsche oder zumindest nicht beweisbare Behauptungen bzw. Unterstellungen oder gar durch beleidigende bzw. sogar nötigende Formulierungen der Gegenseite Material zu weiteren – dann auf jeden Fall berechtigten! – Angriffen gegeben wird.

Wenn das Mobbing-Opfer eine Familienrechtsschutz-Versicherung mit integriertem Vertragsrechtsschutz abgeschlossen hat, kann es mit Aussicht auf Erfolg die Kostenübernahme für Rechtsberatung und eventuell anschließende Klage vor Gericht bei der Versicherung beantragen. Dadurch kann das Kostenrisiko bei Inanspruchnahme kompetenter Rechtsberatung durch einen Rechtsanwalt sowie bei Beschreiten des Rechtsweges reduziert werden.

Neben der arbeitsrechtlichen sollte das Mobbing-Opfer aber gegebenenfalls auch die strafrechtliche Seite juristisch abklären lassen.

Gerade auf diesen Aspekt habe ich schon verschiedentlich Mobbing-Opfer – sogar selbst von Mobbing betroffene Juristen im Angestellten- oder Beamtenverhältnis – zu deren Überraschung hingewiesen. Sie denken oft gar nicht daran, daß sie sich in unserem Rechtssystem nicht jede Beleidigung, Nötigung oder Erpressung widerstandslos bieten lassen müssen.

Gerade deshalb ist aber in solchen Fällen die fachkompetente juristische Prüfung des Sachverhalts hinsichtlich der Strafbarkeit der Handlung erforderlich. Denn wenn ein Mobbing-Opfer in einer bestimmten mündlichen oder schriftlichen Äußerung seines Mobbers zu Unrecht eine strafbare Handlung sähe und dementsprechend Strafantrag stellte, würde es sich mit großer Wahrscheinlichkeit nur unnötige Arbeit machen und überflüssige Kosten verursachen. Es könnte sich dadurch sogar selbst ins Unrecht setzen und seinerseits unter Umständen eine Gegenanzeige des Mobbers, beispielsweise wegen Verleumdung, riskieren.

Inwiefern der Rechtsanwalt bei der Klärung des Verdachtes auf das Vorliegen einer strafbaren Mobbing-Handlung behilflich sein kann, zeigt Tabelle 67.

Insbesondere beim Beschreiten des Rechtsweges sollte das Mobbing-Opfer gemeinsam mit seinem Rechtsberater sorgfältig die Vor- und Nachteile dieses Vorgehens prüfen. Allzu leicht könnte ein verärgertes Mobbing-Opfer sonst der reinen Rachsucht verfallen und sich zu letztlich lächerlichen, querulatorischen

Tab. 67 Klärung strafrechtlicher Konsequenzen von Mobbing

- Welche Straftatbestände werden durch die Aktivitäten meines Mobbers erfüllt?
- Sind die vorliegenden Beweismittel ausreichend?
  Welche zusätzlichen Beweismittel werden gegebenenfalls noch benötigt?
- Wie kann ich mich mit Hilfe von Rechtsmitteln erfolgreich gegen derartige strafbare Handlungen zur Wehr setzen?
  Welche Rechtsmittel gibt es im vorliegenden Fall?
  Wie kann ich sie ausschöpfen? Wie weit ist das sinnvoll?
- Enthalten meine eigenen mündlichen Äußerungen gegenüber dem Mobber oder der an ihn gerichtete Schriftwechsel Passagen, die strafrechtlich bedenklich sind?
  Wie können die möglichen Folgen gegebenenfalls abgewendet werden?

Attacken versteigen, die ihm wesentlich mehr zusätzlichen Ärger und Kosten verursachen, als ihm dies alles am Ende selbst nützt.

Cool und mit Augenmaß sind die meisten Mobbing-Situationen auch durch verängstigte oder stark emotionalisierte Mobbing-Opfer erfahrungsgemäß leichter und erfolgreicher zu bewältigen. Dabei können kompetente Berater – auch Rechtsberater –, die das aktuelle Mobbing-Problem weitgehend emotionslos und aus professioneller Distanz betrachten und analysieren, eine nützliche Hilfe sein.

5.7.3 Ärztliche Beratung und Behandlung

Da durch Mobbing zum Teil erhebliche psychische Belastungen der Opfer entstehen, leiden sie schon bald und dann zunehmend unter Streßsymptomen, die oft beträchtliche psychosomatische Beschwerden verursachen (s. Kapitel 1.3, 3.3.4.3 und 4.2).

Deshalb suchen Mobbing-Opfer häufig zunächst ihren Hausarzt auf, um sich Medikamente beispielsweise gegen Verdauungsstörungen, Schlafstörungen, Kopfschmerzen, Depressionen oder Konzentrationsstörungen verschreiben zu lassen.

Da solche Störungen nicht selten sind und zahlreiche verschiedene Ursachen haben können, wird Mobbing als deren eigentliche Ursache in solchen Fällen leicht übersehen.

Da jedoch das Mobbing-Problem als unerkannte Ursache all dieser körperlichen (d. h. psychosomatischen) Beschwerden durch die Medikamente nicht beseitigt wird, sondern unvermindert oder sogar noch verstärkt weiterwirkt, bleiben derartige Behandlungsversuche letztlich erfolglos. Dann fühlen sich die zunächst konsultierten Ärzte oft sogar veranlaßt, noch gründlichere internistische oder neurologische Untersuchungen vorzunehmen.

Aber auch diese decken durchweg die tatsächlichen Ursachen nicht auf. Das kann z. B. daran liegen, daß die psychosomatischen Störungen zunächst nur funktionellen Charakter haben und noch nicht zu manifesten organischen Veränderungen geführt haben, wie sie oft erst nach längerdauernder Einwirkung der schädlichen Streßreize – d. h. hier: des Mobbings – auftreten. Dazu zählen etwa die diagnostisch nachweisbaren Magengeschwüre.

Besonders problematisch sind derartige Fehldiagnosen und demzufolge Falschbehandlungen, wenn die tatsächlichen Ursachen unerkannt weiterwirken und zur Verschlimmerung führen. Ebenfalls kritisch sind Fehlbehandlungen, wenn sie den Patienten unnötig psychisch und körperlich belasten und ihn eventuell – durch ungünstige Nebenwirkungen der verordneten Medikamente – sogar noch durch dadurch erst entstehende zusätzliche Erkrankungen (z. B. der Nieren, der Leber, des Magen-Darmtraktes, des innersekretorischen Systems) belasten.

Nicht zu beanstanden, sondern sogar erwünscht ist demgegenüber die sachgerechte Behandlung von psychosomatischen Krankheitssymptomen, wenn sie unmittelbar zu einer Linderung akuter körperlicher Beschwerden führt. Allerdings setzt dies voraus, daß die Beschwerden sachgerecht als Streßsymtome diagnostiziert worden sind und daß zusätzlich umgehend eine indizierte ursachenspezifische Psychotherapie eingeleitet wird.

5.7.4 Psychologische Beratung und psychotherapeutische Behandlung

Mobbing ausgesetzte Menschen fühlen sich der Schikane oft hilflos ausgeliefert und haben daher das Bedürfnis, ihre Probleme mit jemandem zu besprechen.

Schon durch die bloße Schilderung der ihnen durch den Mobber widerfahrenen schlimmen Behandlung können sich viele Mobbing-Opfer ein bißchen von dem auf ihnen lastenden psychischen Druck befreien. Das Gespräch tut ihnen wohl. Dafür benötigen sie in erster Linie einen interessierten und aufmerksamen Zuhörer. Dabei ist es zwar nützlich, wenn dieser sein Verständnis für das schreckliche Geschehen mitfühlend zum Ausdruck bringen und vielleicht sogar den einen oder anderen vernünftigen Ratschlag geben kann. Aber wichtig ist dabei nicht Fachkompetenz, sondern vor allem das Zuhören eines Menschen, der dem Mobbing-Opfer mit seinen Sorgen nicht ablehnend oder aggressiv, sondern vor allem verständnisvoll begegnet.

Diese „psychologische" Beratung kann das Mobbing-Opfer erfahrungsgemäß in dem angeführten Rahmen schon von Familienangehörigen, Verwandten, Freunden, aber auch von Sportkameraden im Sportverein oder auch von zu-

nächst noch völlig fremden Zufallsbekanntschaften (z. B. im Bus, in der Bahn, im Café, im Urlaub, beim Einkaufen) erfahren.

Wenn das Mobbing-Opfer erst einmal richtig „Dampf ablassen" kann, kann das schon sehr entspannend und beruhigend wirken. Diese Entspannung läßt sich noch verstärken durch spezielle Entspannungsübungen, wie z. B. durch Autogenes Training, durch Progressive Muskelentspannung oder auch durch sportliche Betätigung beim Joggen, Radfahren oder Schwimmen.

Dies werden unter Umständen auch Berater empfehlen, die ein Mobbing-Opfer in einer allgemeinen psychologischen Beratungsstelle oder in einer speziell auf die Mobbing-Problematik spezialisierten Beratungsstelle aufsucht.

Professionelle psychologische Beratung wird sich allerdings nicht nur auf interessiertes Zuhören bei der Schilderung der Mobbing-Attacken, auf „Dampf ablassen" und eventuell Entspannungsübungen beschränken, sondern fachlich qualifizierte Diplom-Psychologen werden gezielt die in Kapitel 2 dargestellten möglichen Mobbing-Ursachen im Systemzusammenhang zu erfassen versuchen, um erst dann fachlich fundierte Ratschläge zur Problembewältigung zu geben.

Die Beschränkung auf professionelle Beratung ist dann möglich und zweckmäßig, wenn die Mobbing-Problematik nicht überwiegend in der Person des Mobbing-Opfers begründet ist. Wenn der Ratsuchende unter einem neurotischen oder psychopathischen Mobber leidet, wenn die Rahmenbedingungen der beruflichen Tätigkeit oder sonstige ungünstige Bedingungen in Staat und Gesellschaft die eigentlichen Ursachen der schikanösen Aktivitäten von Mobbern sind, dann sollte die Beratung vor allem dort ansetzen.

Weist aber das Mobbing-Opfer „viktimologische" Eigenschaften auf, (d. h. Eigenschaften, die einen Menschen mit hoher Wahrscheinlichkeit zum Mobbing-Opfer prädestinieren), dann kann durch geeignete psychotherapeutische Maßnahmen eine Veränderung dieser unzweckmäßigen Eigenschaften und Verhaltensweisen versucht werden.

Wenn es sich dabei um eine Symptomatik von Krankheitswert handelt, kann das Mobbing-Opfer sich die Psychotherapie sogar von seiner Krankenversicherung bezahlen lassen oder zumindest eine angemessene Kostenbeteiligung verlangen.

Durch eine sachgerechte psychotherapeutische Behandlung kann ein Mobbing-Patient im günstigen Fall die in der folgenden Tabelle zusammengestellten Erfolge erreichen:

Tab. 68 Mögliche Psychotherapie-Erfolge bei Mobbing-Patienten

- Das Mobbing-Opfer faßt wieder Lebensmut, und seine Depressionen nehmen ab.
- Zwischenzeitlich aufgetretene soziale Belastungen in Familie, Beruf und Freizeit bekommt der Patient wieder in den Griff.
- Er legt seine mobbing-fördernden oder gar -provozierenden Verhaltensgewohnheiten ab.
- Er lernt, sich gegen Übergriffe seines Mobbers sachgerecht zur Wehr zu setzen.
- Seine psychosomatischen Beschwerden schwächen sich ab bzw. verschwinden.
- Er kann nach und nach auf überflüssige Medikamente verzichten.
- Er lernt psychotherapeutische Selbstmanagement-Methoden, die ihn künftig vor Rückfällen bewahren können.

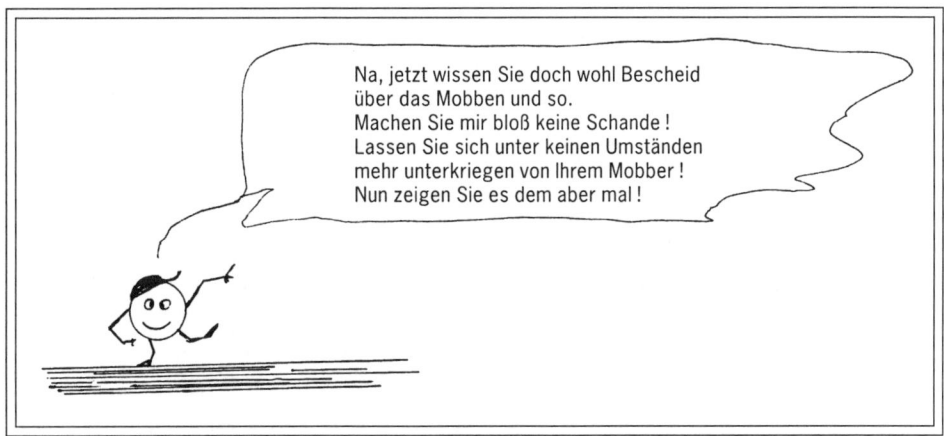

6 SCHLUSSWORT

Am Schluß möchte ich meine Befürchtung nicht verhehlen, daß möglicherweise jetzt zahlreiche Mobber mit Genuß dieses Buch studieren, um auf diese Weise ihr unerfreuliches Mobbing-Aktions-Repertoire noch durch die Gemeinheiten zu bereichern, die sie bisher nicht kannten und deren Dokumentation hier zur Illustration der komplexen Mobbing-Problematik erforderlich war.

Das werde ich kaum verhindern können.

Allerdings sollte sich dieser unbeabsichtigte negative Effekt doch zumindest dadurch relativieren, daß auch die potentiellen und die bereits geschädigten Mobbing-Opfer aus der Lektüre des Buches Gewinn ziehen können.

Sie sollten nach der Lektüre in der Lage sein, gegen sie selbst oder gegen andere gerichtete Mobbing-Aktivitäten leichter und schon zu einem möglichst frühen Zeitpunkt zu erkennen und ihnen mit – ebenfalls hier beschriebenen – geeigneten Maßnahmen erfolgreich entgegenzutreten.

Dadurch werden Mobber künftig nicht bequemer und unangefochtener ihrem zweifelhaften Hobby frönen können, sondern sie werden mit mehr und zudem wirkungsvollerem Widerstand seitens ihrer „Opfer" zu rechnen haben – und somit gefährlicher leben.

So manches wachsame und in der Mobbing-Prophylaxe bzw. -Abwehr geschulte „Mobbing-Opfer" hat schon so manchem Mobber derart eingeheizt, daß ihm dabei Hören und Sehen vergangen ist.

Die alte Volksweisheit:

> Wer anderen eine Grube gräbt, fällt selbst hinein.

läßt sich auch für die heute aktuelle Mobbing-Problematik nutzbar machen:

Wer siegesgewiß als Mobbing-Täter antritt,
der soll gut aufpassen,
daß er nicht selbst kläglich als Mobbing-Opfer endet!

Und die Moral von der Geschicht'?
Gescheite Mobber mobben nicht!

7 LITERATUR _____

(Die Angaben sind z. T. aus publizierten Literaturverzeichnissen übernommen.)

ADAMS, A. (1992): Bullying at work. How to confront and overcome it. London (Virago Press).

ADAMS, A. (1992): Holding out against workplace harassment and bullying. Personnel Management. Oct. 1992.

ADAMS, A. (1992): The Standard Guide to confronting bullying at work. Nursing Standard.

AMELANG, M. (Hrsg.; 1996): Verhaltens- und Leistungsunterschiede. Enzyklopädie der Psychologie, Serie VIII, Bd. 2. Göttingen (Hogrefe).

AMELANG, M. (Hrsg.; 1996): Temperaments- und Persönlichkeitsunterschiede. Enzyklopädie der Psychologie, Serie VIII, Bd. 3. Göttingen (Hogrefe).

ANASTASI, A. (1963³): Differential Psychology. Individual and group differences in Behavior. New York (McMillan).

ANTONI, C. H. (1994): Gruppenarbeit – mehr als ein Konzept. Darstellung und Vergleich unterschiedlicher Formen der Gruppenarbeit. In: ANTONI (Hrsg.; 1994): S. 19–48.

ANTONI, C. H. (Hrsg.; 1994): Gruppenarbeit in Unternehmen. Weinheim (Psychologie Verlags Union).

ARDELT, E., R. BUCHNER & E. GATTINGER (1993): Mobbing aus psychologischer Sicht. In: KAMMER FÜR ARBEITER UND ANGESTELLTE FÜR SALZBURG (Hrsg.; 1993): S. 27–31.

ARNOLD, W., H. J. EYSENCK & R. MEILI (Hrsg.; 1980): Lexikon der Psychologie. Bd. 3. Freiburg i. Br. (Herder).

ASHFORTH, B. E. (1994): Petty tyranny in organizations. Human Relations, 47, 755–778.

AUSFELDER, T. (1995): Mobbing – Schikane am Arbeitsplatz. München (Heyne).

BABIAK, P. (1995): When psychopaths go to work: A case study of an industrial psychopath. Applied Psychology: An International Review, 44, 171–188.

BAMBECK, J. J. (1991): Softpower: Gewinnen statt Siegen. München.

BAMBERG, E. (1992): Stressoren in der Erwerbsarbeit und in der Freizeit. Zusammenhänge mit psychischen Befindensbeeinträchtigungen. Z. f. Arbeits- und Organisationspsychologie, 36, 84–91.

BARG, C. D. (1993): Mensch ärgere Dich. Touristik Management 7/8.

BAMME, A., G. FEUERSTEIN & E. HOLLING (1982): Destruktive Qualifikationen. Zur Ambivalenz psychosozialer Fähigkeiten. Bensheim (päd. extra buchverlag).

BARGMANN, J. R. (1987): Klatsch. Zur Sozialform der diskreten Indiskretion. Berlin.

BAUCH, S. (1995): Frauen leiden ganz besonders unter Mobbing. Hannoversche Allgemeine Zeitung, 19.09.1995, S. 19.

BECKER, M. (1993): Mobbing – ein neues Syndrom? Spektrum der Psychiatrie und Nervenheilkunde 22 (3), S. 108–110.

BECKER, M. (1993): Mobbing-Depression durch Kollegen-Terror. Ärztliche Allgemeine, 4/93.

BECKER, M. (1993): Die stationäre Behandlung psychisch und psychosomatisch erkrankter Menschen aufgrund von Arbeitsplatzbelastungen – konzeptionelle Überlegungen. Spektrum der Psychiatrie und Nervenheilkunde, 7/93.

BECKER, M. (1993): Kalter Krieg am Arbeitsplatz. Therapiewoche, Nr. 43.

BECKER, M. (1995): Rückwege zum Selbstbewußtsein. Ein Beispiel für die Behandlung in der Mobbing-Klinik. In: LEYMANN (1995): S. 124–144.

BECKER, M. (1995): Mobbing – ein Phänomen psychosozialen Stresses am Arbeitsplatz. Kerbe Nr. 3/95. Stuttgart (Zeitschrift des Verbandes evangelischer Einrichtungen für Menschen mit geistiger und seelischer Behinderung im Diakonischen Werk der EKD).

BECKER, M. (1995): Mobbing in der Führungsetage. In: Mobbing – Psychostress am Arbeitsplatz. Dokumentation des Mobbing-Symposiums am 23.02.1995 in Zürich. Zürich (Kaufmännischer Verband Zürich/Tages Anzeiger, Hrsg.).

BECKER, M. (1995): Mobbing am Arbeitsplatz. TW Neurologie, Psychiatrie. H. 5, 274–281.

BECKER, M. (1995): Mobbing am Arbeitsplatz. Psychosomatische Beschwerdenkomplexe bis zur Erwerbsunfähigkeit. Therapiewoche, H. 5, 262–268.

BECKER, M. & M. NOWOSAD (1993): Mobbing – ein Konfliktphänomen am Arbeitsplatz und seine Auswirkungen. Heidelberg: ID-Informationsdienst für Personalverantwortliche (Verlag Recht und Wirtschaft).

BEERMANN, B. (1993): Mobbing – Keine Form des Kollegenscherzes. Sicher ist sicher – Amtliche Mitteilungen der Bundesanstalt für Arbeitsschutz. Teil 1, H. 01/93; Teil 2: H. 02/93.

BEERMANN, B. (1993): Mobbing – Psychoterror am Arbeitsplatz? Amtliche Mitteilungen der Bundesanstalt für Arbeitsschutz, 2, April, S. 5.

BEERMANN, B. (1993): Psychosozialer Stress am Arbeitsplatz. Mobbing und seine Folgen. Der Personalrat, Sept. 1993 (Bund).

BEERMANN, B. (1995): Psychosoziale Faktoren am Arbeitsplatz unter Berücksichtigung von Streß und Belästigung. Bremerhaven (Hrsg.: Bundesanstalt für Arbeitsschutz, Dortmund).

BERKEL, K. (1995[4]): Konflikttraining. Heidelberg.

BERGER, R. (1989): Organisationales Betriebsklima und Streß. Berlin.

BERNE, E. (1981): Spiele der Erwachsenen. Psychologie der menschlichen Beziehungen. Reinbek (Rowohlt).

BERTELSMANN (Hrsg.; 1953 ff.): Das Bertelsmann-Lexikon. Gütersloh (Bertelsmann).

BESAG, V. (1989): Bullies and Victims. London (Open University Press).

BIELOHLAWEK, M. (1993): Mobbing – Auswirkungen einer fehlerhaften Mitarbeiterführung und die Folgen für die Betroffenen. Unveröffentlichte Abschlußarbeit. Wiesbaden (Fachhochschule Wiesbaden, Fachbereich Wirtschaft).

BIERHOFF, H. W. (1980): Hilfreiches Verhalten. Soziale Einflüsse und pädagogische Implikationen. Darmstadt (Steinkopff).

BJÖRKQVIST, K., K. EKMAN & K. LAGERSPETZ (1982): Bullies and Victims: Their ego picture, ideal ego picture and normative ego picture. Scandinavian Journal of Psychology, 23, 307–313.

BJÖRKQVIST, K., K. M. J. LAGERSPETZ & A. KAUKIANINEN (1992): Do girls manipulate and boys fight? Developmental trends in regard to direct und indirect aggression. Aggressive Behavior, 18, 117–127.

BJÖRKQVIST, K., K. ÖSTERMAN & M. HJELT-BÄCK (1994): Aggression among University Employees. Aggressive Behavior, 20, 173–184.

BJÖRKQVIST, K., K. ÖSTERMAN & K. LAGERSPETZ (1994): Sex Differences in Covert Aggression Among Adults. Aggressive Behavior, 20, 27–33.

BÖCKER, TH. (1996): Mobbingberatung hilft, senkt Kosten und löst Probleme. Eine wissenschaftliche und praktische Stellungnahme zur „Negativliste" der Ersatzkrankenkassen. Hannover, Göttingen, Frankfurt/M., Berlin (Mobbingberatungsstelle).

BÖGEL, R. (1993): Klima-Verbesserungen oder Was hinter Betriebsklima-Untersuchungen steckt. Die Mitbestimmung. 38. Jg., H. 1, S. 28–30.

BOEGLIN, M. (1993): Das gegenseitige „Sich-fertig-Machen". ciba Zeitung Nr. 9 vom 27.07.1993. Basel (Ciba-Werke).

BRAACH, S., H.-J. RÄTTIG & F. TRENNERT (1996): Wenn aus Kollegen Feinde werden ... reden wir von Mobbing. Nachlese zum 1. Treffen der No-Mobbing Selbsthilfegruppen im Februar 1995 in Hamburg.

BRINKMANN, R. D. (1995): Mobbing, Bullying, Bossing. Treibjagd am Arbeitsplatz. Heidelberg (Sauer).

BRODSKY, C. (1976): The Harassed Worker. Toronto (Lexington Books, DC Heath and Company).

BROMMER, U. (1995): Mobbing – Psycho-Krieg am Arbeitsplatz und was man dagegen tun kann. München (Heyne).

BRUGGEMANN, A., P. GROSKURTH & E. ULICH (1975): Arbeitszufriedenheit, Bern (Huber).

BÜCHMANN, G. (1991[38]): Geflügelte Worte. Der klassische Zitatenschatz. Neu durchgesehen, ungekürzt. Frankfurt, Berlin (Ullstein).

BUND-VERLAG (Hrsg.; 1994): Unterlagen für die Vorbereitung einer Betriebs-/ Personalversammlung zum Thema Mobbing. Köln.

BUREAU OF NATIONAL AFFAIRS (1990): Violence and Stress: The Work/Family Connection. The BNA Special Report on Work and Family. Special Report No. 32, August.

BURKE, M. J., A. P. BRIEF & J. M. GEORGE (1993): The role of negative affectivity in understanding relations between self-reports of stressors and strains. A comment on the applied psychology literature. J. of Applied Psychology, 78, 402–412.

CAPLAN, R. D., S. COBB, J. R. P. FRENCH, R. VAN HARRISON & S. R. PINNEAU (1975): Job demands and worker health. Washington (National Institute for Occupational Safety and Health; NIOSH).

CARVER, C. S., M. F. SCHEIER & J. K. WEINTRAUB (1989): Assessing coping strategies. A theoretically based approach. J. of Personality and Social Psychology, 56, 267–283.

COELIUS, C. (1993): Zeugnisse. Arbeitszeugnisse und was sie aussagen. Wie Sie böse Überraschungen vermeiden. Hamburg (CC-Verlag).

COHEN, S. & T. A. WILLS (1985): Stress, social report, and the buffering hypothesis. Psychological Bulletin, 98, 310–357.

COMMER, H. & R. RINDERMANN (1977): Der Krieg im Betrieb. München (Langen-Müller u. Herbig).

COOPER, C. (1981): Streß auf verschiedenen Stufen der Managementhierarchie. In: FRESE (Hrsg.; 1981): S. 282–305.

COOPER, C. (1989): The Six Major Sources of Stress at Work. In: KAPLUN, A. & E. WENZEL (Hrsg.; 1989): 47–54.

COOPER, C. L. & J. MARSHALL (1976): Occupational sources of stress: A review of the literature relating to coronary heart disease and mental ill health. J. of Occupational Psychology, 49, 11–28.

CORAZZA, V., R. DAIMLER, A. ERNST, K. FEDERSPIEL, V. HERBST, K. LANGBEIN, H.-P. MARTIN & H. WEISS (1990): Kursbuch Gesundheit. Köln (Kiepenheuer & Witsch).

CREIFELDS, C. (1986[8]): Rechtswörterbuch. München (Beck).

CROZIER, M. & E. FRIEDBERG (1979): Macht und Organisation. Königstein (Athenäum).

DÄUBLER, W. (1995): Zurückhaltung des Rechts – Mobbing und das Arbeitsrecht – eine Bestandsaufnahme. In: LEYMANN, H. (Hrsg.; 1995): 76–92.

DAVIDSON, M. J. & J. EARNSHAW (eds.; 1991): Vulnerable workers. Psychological and legal issues. New York (Wiley & Sons).

DEGEN, B. & S. PLOGSTEDT (1992): Nein heißt nein! DGB-Ratgeber gegen sexuelle Belästigung am Arbeitsplatz. München (Piper).

DE MAN, H. (1927): Der Kampf um die Arbeitsfreude. Jena.

DESSELBERGER, A. (1993): Terror im Büro. Focus, 1 (6), 90–93.

DEUTSCH, M. (1976): Konfliktregelung. Konstruktive und destruktive Prozesse. München, Basel (Reinhardt).

DICK, U. & K. DULZ (1994): Zwischenbericht Mobbing-Telefon für den Zeitraum 23.8.1993–22.2.1994. Hamburg (AOK).

DIERGARTEN, E. (1994): Mobbing, wenn der Alltag zum Alptraum wird. Köln (Bund).

DILLING, H., W. MOMBOUR & M. H. SCHMIDT (Hrsg.; 1991): ICD-10. Internationale Klassifikation psychischer Störungen. Bern, Göttingen, Toronto (Huber).

DITTMANN, K. (1991): Perspektiven der Lebensereignisforschung. Eine kritische Diskussion theoretischer und methodischer Probleme und Lösungsansätze. Frankfurt u. a. (Lang).

DOHRENWEND, B. S. & B. P. DOHRENWEND (eds.; 1974): Stressful life events: Their nature and effects. New York (Wiley).

DORSCH, F. (Hrsg.; 1976[9]): Psychologisches Wörterbuch. Bern, Stuttgart, Wien (Huber).

DREHER, E. & H. TRÖNDLE (1993[46]): Strafgesetzbuch und Nebengesetze. Beck'sche Kurz-Kommentare. München (Beck).

DRESSING, H. & M. BERGER (1991): Posttraumatische Streßerkrankungen. Zur Entwicklung des derzeitigen Krankheitskonzepts. Nervenarzt 62, S. 16–26.

DULZ, K. (o. J.): Mobbing. Psychoterror am Arbeitsplatz. Hamburg (Selbstverlag der Deutschen Angestellten-Gewerkschaft in Zusammenarbeit mit AOK Hamburg und KDA Kirchlichem Dienst in der Arbeitswelt).

DULZ, K. (Hrsg.; o. J.): Mobbing, Psychoterror am Arbeitsplatz. Hamburg. (2. Auflage: s. GRUND o. J.).

DUNCKEL, H. (1985): Mehrfachbelastungen am Arbeitsplatz und psychosoziale Gesundheit. Frankfurt/M. u. a. (Lang).

DUNCKEL, H. & D. ZAPF (1986): Psychischer Streß am Arbeitsplatz. Belastungen, gesundheitliche Folgen, Gegenmaßnahmen. Köln (BUND-Verlag).

DUNNETTE, M. D. & L. M. HOUGH (eds.; 1992): Handbook of industrial and organizational psychology. Palo Alto, CA (Consulting Psychologists Press).

D'ZURILLA, T. J. (1990): Problem solving training for effective stress management and prevention. J. of Cognitive Psychotherapy, 4, 327–354.

EBELING, J. (1992): „Mobbing" – psychologische Kriegsführung am Arbeitsplatz. Der Kassenarzt, H. 21/1992.

ECKARDSTEIN, D. v., G. LUEGER, K. NIEDL & B. SCHUSTER (1995): Psychische Befindensbeeinträchtigungen und Gesundheit im Betrieb. Herausforderungen für Personalmanager und Gesundheitsexperten. München, Mering (Hampp).

E. D. (1993): Mobbing: „Versuchen Sie's doch noch mal." Beamte heute, 3, 10–11.

EIBL-EIBESFELDT, T. I. (1969²): Grundriß der vergleichenden Verhaltensforschung. München (Piper).

EICHINGER, J. (1993): Rechtsfragen zum Gleichbehandlungsgesetz: Mittelbare Diskriminierung – Sexuelle Belästigung – Beweislastverteilung. Forschungsber. aus dem österr. Universitäts-Institut f. Arb.- und Sozialrecht. (Orac Fachbuchverlag).

EINARSEN, S. & B. I. RAKNES (1995): Harassment in the workplace and the victimization of men. Paper presented as a poster at the Seventh European Congress of Work and Organizational Psychology, Györ, Hungary.

EINARSEN, S., B. I. RAKNES & S. B. MATTHIESEN (1994): Bullying and harassment at work and its relationship with work environment quality: An exploratory study. The European Work and Organizational Psychologist, 4(4), 381–401.

EINARSEN, S. & A. SKOGSTAD (1996): Bullying at Work: Epidemiological Findings in Public and Private Organizations. In: ZAPF & LEYMANN (eds.; 1996): pp. 185–201.

EISELEN, T. (1996): Integrierte Psychologische Arbeitsanalyse. Aachen (Shaker).

ELO, A.-L., A. LEPPÄNEN, K. LINDSTRÖM & T. ROPPONEN (1992): Occupational stress questionnaire: Users's instructions. Helsinki (Institute of Occupational Health).

ENGELHART, R. (1993): Alles Mobbing oder was? WISOLOG Gesprächsforum Augsburger Wirtschaftsakademiker e.V. (Hrsg.): Bericht an die Mitglieder. Augsburg, Dezember, S. 31–39.

ENKELMANN, M. (1994): Mobbing. Eine Untersuchung des schweizerischen Beobachters mit dem kaufmännischen Verband Zürich. Zürich.

ESCHENBACH, R. (Hrsg.; 1993): Forschung für die Wirtschaft. Im Mittelpunkt: der Mensch. Wien (Service Fachverlag).

ETZEL, TH. (1994): Mobbing auf dem arbeitsrechtlichen Prüfstand. bilanz & buchhaltung. April 1994.

FÄRBER, CHR. (1993): Mobbing – ein neuer Betriebssport? Die Mitbestimmung, 55–57.

FÄRBER, CHR. et al. (1993): ... noch nicht zu spät ... Psychosoziale Belastungen im Arbeitsleben am Beispiel Mobbing. Kooperationsstelle Hamburg (Hrsg.).

FALLER, M. (1990): Innere Kündigung. Ursachen und Folgen. München, Mering (Hampp).

FODELL, CH. (1989): Miteinander oder Gegeneinander. Wiesbaden (Deutscher Universitäts Verlag).

FONSECA, M. DA, I. GARCIA & G. PEREZ (1989): Violence, Bullying and Counselling in the Iberian Peninsula. In: ROLAND, E. & E. MUNTHE (Hrsg.; 1989): 35–52.

FREDRICH, A. (1994): Selbst Regie führen. Personalwirtschaft 5/1994.

FRESE, M. (1981): Streß im Büro. Bern u. a.

FRESE, M. (1989): Gütekriterien der Operationalisierung von sozialer Unterstützung am Arbeitsplatz. Z. f. Arbeitswissenschaft, 43, 112–122.

FRESE, M. & D. ZAPF (1987): Eine Skala zur Erfassung von Sozialen Stressoren am Arbeitsplatz. Z. f. Arbeitswissenschaft 41, 134–141.

FRESE, M. & N. SEMMER (1991): Streßfolgen in Abhängigkeit von Moderatorvariablen: Der Einfluß von Kontrolle und sozialer Unterstützung. In: GREIF, S. et al. (1991): 135–153.

FRIEDRICH, H. (1981): Zeugnisse im Beruf richtig schreiben und verstehen. Niedernhausen/Ts. (Falken).

GALTUNG, J. (1981[5]): Strukturelle Gewalt. Beiträge zur Friedens- und Konfliktforschung. Reinbek (Rowohlt).

GAMBER, P. (1992): Konflikte und Aggressionen im Betrieb: Problemlösungen mit Übungen, Tests und Experimenten. München, Landsberg/Lech (mvg).

GAUGLER, E. & W. WEBER (Hrsg.; 1992): Handwörterbuch des Personalwesens. Stuttgart (Poeschel).

GEBERT, D. (1992): Organisationsklima. In: GAUGLER, E. & W. WEBER (Hrsg.; 1992): Sp. 1489–1507.

GEISLER, H. & H. SCHÖLER (Hrsg.; 1993): Bildungsmarketing. Bd. 4, Serie Betriebliche Bildung – Erfahrungen und Visionen. Frankfurt/M. (Lang).

GERHART, U., A. HEILIGER & A. STEHR (Hrsg.; 1992): Tatort Arbeitsplatz. Sexuelle Belästigung von Frauen. München (frauenoffensive).

GERT, B. (1983): Die moralischen Regeln. Eine neue rationale Begründung der Moral. Frankfurt/M.

GLASL, F. (1980, 1994[4]): Konfliktmanagement. Ein Handbuch für Führungskräfte und Berater. Bern, Stuttgart (Haupt).

GÖTZE, M. (1996): Mobbing. Der Mitarbeiter. 1/1996, S. 2.

GÖTZE, M. (1996): Mobbing – an der TU? TU AKTUELL (TU Braunschweig), Jan. 1996, S. 7.

GOFFMAN, E. (1974): Stigma. Über Techniken der Bewältigung beschädigter Identität. Frankfurt (Suhrkamp).

GOLDBERGER, L. & S. BREZNITZ (1982): Handbook of stress. New York (Free Press).

GOTTSCHALL, D. (1983): Streß: Die Plage des Jahrhunderts. Manager Magazin 8/83, S. 112–118.

GRÄNING, G. (Hrsg.; 1993): Sexuelle Gewalt gegen Frauen – kein Thema? Münster (Waxmann).

GRAY, J. A. (1971): Angst und Streß. München (Kindler).

GRÄNTZDÖRFFER, W. & U. MÖCKEL (1995): Gib dem Mobben keine Chance an deinem Arbeitsplatz. Weyhe (KDA).

GREIF, S. (1991): Streß in der Arbeit – Einführung und Grundbegriffe. In: GREIF et al. (Hrsg.; 1991): S. 1–28.

GREIF, S., E. BAMBERG & N. SEMMER (Hrsg.; 1991): Psychischer Streß am Arbeitsplatz. Göttingen (Hogrefe).

GROEBLINGHOFF, D. (1994): Kostenaspekte bei nicht mobbingspezifischen Therapieansätzen – Analyse eines durchschnittlichen Krankheits- und Behandlungsverlaufes von durch Mobbing Geschädigten unter Kostengesichtspunkten, auch im Hinblick auf temporäre und permanente Berufs- und Erwerbsunfähigkeit. Vortrag auf der Internationalen Konferenz BACK TO WORK – Vocational Rehabilitation, work and health welfare in Ronneby Brunn, Schweden.

GROEBLINGHOFF, D. & M. BECKER (1996): A Case Study of Mobbing and the Clinical Treatment of Mobbing Victims. In: ZAPF & LEYMANN (eds.; 1996): pp. 277–294.

GRÜNER, U. (1993): Es mobbt allerorten. Die Zeit, Nr. 43, S. 90–91.

GRUND, U. (Hrsg.; O.J.[2]): Mobbing. Psychoterror am Arbeitsplatz. Hamburg (1. Aufl.: s. DULZ o. J.).

GRUND, U. (1995): Mobbingprävention – Lösungsansätze. In: Mobbing – Psychostress am Arbeitsplatz. Dokumentation des Mobbing-Symposiums am 23.02.1995 in Zürich. Zürich (Kaufmännischer Verband Zürich/Tages Anzeiger, Hrsg.).

GRUND, U. (1995): Wenn die Hemmschwellen sinken – Die Aufgabe der Gewerkschaft: Aufklärung und Prävention. In. LEYMANN, H. (Hrsg.; 1995): 93–107.

GRUNEWALD, B. (1993): Mobbing – arbeitsrechtliche Aspekte eines neuen Phänomens. Neue Zeitschrift für Arbeitsrecht. H. 23.

GRUNWALD, W. & W. REDEL (1989): Soziale Konflikte. In: ROTH (Hrsg.; 1989): S. 529–551.

GUST, R., R. MOITZ & L. PETER (1992): Soziale Interaktion im Arbeitsprozeß. Eine betriebssoziologische Untersuchung. Bremen, Universität, Fachbereich 9: Sozialwissenschaften.

HAAN, N. (1977): Coping and Defending. New York (Academic Press).

HACKER, W. & P. RICHTER (1984[2]): Psychische Fehlbeanspruchung, psychische Ermüdung, Monotonie, Sättigung und Streß. Berlin (Springer).

HÄFLIGER, E. (1981): Der aktive Betrieb. Management by conflicts. Zürich.

HAHN, H. (1994): Mobbing – Psychoterror am Arbeitsplatz. Unveröffentlichte Diplomarbeit. Fachhochschule Nürtingen.

HAHNE, A. (1994): Kommunikation in der Organisation (Sammelrezension). management revue, 5 (2), 87–101.

HAHNE, A. (1994): Mobbing: Konflikte unter Kollegen. Z. Führung und Organisation, 3, 188–193.

HALAMA, P. (1991): „Mobbing" oder psychosozialer Terror am Arbeitsplatz. neuro-date aktuell 4/91. München (Westermayer).

HALAMA, P. (1992): Psychoterror am Arbeitsplatz (Mobbing) – Arbeitspsychiatrische und sozialmedizinische Auswirkungen. Mögliche Therapie und Vorbeugung.

HALAMA, P. (1993): Mobbing – Betriebsfrieden gestört – eine Form der Menschenverachtung! Ratgeber für Betroffene und deren Angehörige sowie Arbeitskollegen aller Funktionsebenen: Arbeitgeber und Arbeitnehmer. Manuskript KDA-Weiterbildung.

HALAMA, P. (1993): Arbeitsplatzterror. Heilberufe – das Fortbildungsmagazin für Heilberufe. Mai 1993.

HALAMA, P. (1993): Mobbing ist kein Kavaliersdelikt. Publik-Forum Nr. 12 vom 25.06.1993, S. 13.

HALAMA, P. (1995): Psychosozialer Stress durch Mobbing und Giftstoffe am Arbeitsplatz. – Auf Körpersignale achten. Bad Lippspringe (GpSM).

HALAMA, P. (1995): Psychosozialer Streß durch Mobbing und Giftstoffe am Arbeitsplatz. Hamburg (Unveröffentlichtes Manuskript). neuro date aktuell 4/92. München (Westermayer).

HALAMA, P. & U. MÖCKEL (1995): „Mobbing". Acht Beiträge zum Thema Psychoterror am Arbeitsplatz. Frankfurt/M. (Gemeinschaftswerk der Evangelischen Publizistik).

HALAMA, P., U. MÖCKEL & W. GRÄNTZDÖRFFER (1994): Die Halama Mobbing Studie '94. Bad Lippspringe (GpSM).

HALLER, R. & U. KOCH (1995): Mobbing – Rechtsschutz im Krieg am Arbeitsplatz. Neue Zeitschrift für Arbeitsrecht. H. 8/1995.

HARRAGAN, B. L. (1977): Games mother never taught you. Corporate gamesmanship for women. New York (Warner Books).

HARRIS, TH. A. (1982): Ich bin o. k. – Du bist o. k. Eine Einführung in die Transaktionsanalyse. Reinbek (Rowohlt).

HEIM, P. (unter Mitarbeit von S. GOLANT; 1993): Frauen lernen fighten. Ein Sparringskurs für Aufsteigerinnen. Freiburg (Haufe).

HESSE, J. & H. Chr. SCHRADER (1993): Krieg im Büro. Konflikte am Arbeitsplatz und wie man sie löst. Frankfurt/M. (Eichborn).

HESSE, J. & H. Chr. SCHRADER (1994): Die Neurosen der Chefs. Die seelischen Kosten der Karriere. Frankfurt/M. (Eichborn).

HILDEBRANDT, S. (1994): Kollegen-Terror. management & seminar 2/94, S. 14–17.

HOBFOLL, S. E. (1988): The ecology of stress. New York (Hemisphere).

HÖHN, R. (1986): Die innere Kündigung im Unternehmen. Bad Harzburg.

HÖNICKE, I. (1993): Das Mobbingfeuer grassiert. Süddeutsche Zeitung. 19.11.1993, S. 63.

HOFFMANN, R. (1981): Der alltägliche Arbeitskampf. Frankfurt (Campus).

HOFMANN, TH. (1996): Neue Erkenntnisse zum Thema „Mobbing in der Schweizer Wirtschaft". Studie der Pathos AG.

HOLZBECHER, M. (1992): Sexuelle Belästigung am Arbeitsplatz. Ergebnisse und Auswertung einer bundesweiten Studie. In: GERHART, U. et al. (Hrsg.; 1992): S. 22–38.

HOLZBECHER, M., A. BRASZEIT, U. MÜLLER & S. PLOGSTEDT (1990): Sexuelle Belästigung am Arbeitsplatz. Schriftenreihe des Bundesministers für Jugend, Familie, Frauen und Gesundheit. Bd. 260. Stuttgart, Berlin, Köln (Kohlhammer).

HOPFGARTNER, A. & M. ZEICHEN (1988): Sexuelle Belästigung am Arbeitsplatz. Forschungsberichte aus Sozial- und Arbeitsmarktpolitik, Nr. 20. Wien (Bundesministerium für Arbeit und Soziales, Frauenreferat).

HORN, A. (1994): Ursachenanalyse, Kostenaspekte und Ansätze zur Problembewältigung von Mobbing in Großbetrieben. Unveröffentlichte Diplomarbeit. Stuttgart (Wirtschafts- und Verwaltungsakademie Baden-Württemberg).

HOUSE, J. S. (1981): Work stress and social support. Reading, MA (Addison-Wesley).

HOYNINGEN-HUENE, G. v. (1991): Belästigungen und Beleidigungen von Arbeitnehmern durch Vorgesetzte. In: Betriebsberater, H. 31, S. 2215–2221.

HUBER, B. (1993): Psychoterror am Arbeitsplatz. Mobbing. Niedernhausen/Ts. (Falken).

HUGO-BECKER, A. & H. BECKER (1992): Psychologisches Konfliktmanagement. München (dtv/Beck).

HULLMANN, A. & S. WEBER (1995): Im Dschungel des Berufsalltags. München (Lexika).

HUNOLD, W. (1987): Dichtung und Wahrheit. Management Wissen 4/87, S. 86–91.

INFAS (Institut für angewandte Sozialwissenschaft; 1992): Umfrage zur Atmosphäre und Zufriedenheit am Arbeitsplatz im Auftrag des Bundesverbandes der Betriebskrankenkassen. Essen, Bad Godesberg (INFAS).

JANDT, F. (1994): Konfliktmanagement – Wie beide Seiten gewinnen können. München (Knaur).

JONES, E. (1984): Social stigma – The psychology of marked relationships. New York (Freeman).

JUNG, H. (1985): Viktimologie. In: KAISER, G. et. al. (Hrsg.; 1985): S. 518-525.

KÄMPF, S. (1994): Krank vom Krieg mit den Kollegen. Augsburger Allgemeine, 4.3.1994, S. 34.

KAHN, R. L. & P. BYOSIERE (1992): Stress in organizations. In: DUNETTE, M. D. & L. M. HOUGH (eds.; 1992): pp 571–650.

KAISER, G. (1983[6]): Kriminologie. Eine Einführung in die Grundlagen. Heidelberg (Müller, Juristischer Verlag).

KAISER, G., H.-G. KERNER, F. SACK & H. SCHELLHOSS (Hrsg.; 1985[2]): Kleines Kriminologisches Wörterbuch. Heidelberg (Müller, Juristischer Verlag).

KAMMER FÜR ARBEITER UND ANGESTELLTE FÜR SALZBURG (Hrsg.; 1993): Mobbing. Psychoterror am Arbeitsplatz und wie man sich dagegen wehren kann. Salzburg. (unveröff. Manuskript; zit. nach NEUBERGER, O. (1993)).

KANNER, A. D., J. C. COYNE, C. SCHAEFER & R. S. LAZARUS (1981): Comparison of two modes of stress measurement: Daily hassles and uplifts versus major life events. J. of Behavioral Medicine, 4,1–39.

KAPLUN, A. & E. WENZEL (Hrsg.; 1989): Health Promotion in the Working World. Berlin etc. (Springer).

KARASEK, R. & T. THEORELL (1990): Healthy work. Stress, Productivity and the Reconstruction of Working Life. BasicBooks.

KAUCSEK, G. & P. SIMON (1995): Psychoterror and risk-management in Hungary. Paper presented at the Seventh European Congress of Work and Organizational Psychology, Györ, Hungary.

KAUPPINEN-TOROPAINEN, K. (ed.; 1993): OECD Panel group on women, and health. Helsinki (Ministry of Social Affairs and Health).

KELLNER, U. (1995): Extremkonflikte in Organisationen – Mobbing. Ursachenanalyse der Konfliktpotentiale. Unveröffentlichte Diplomarbeit. Duisburg (Integrierter Studiengang Sozialwissenschaften, Fach Soziologie, an der Gerhard-Mercator-Universität – Gesamthochschule Duisburg).

KERN; D. (1995): Mobbing – Verlaufsformen, Wirkungen und Möglichkeiten der Bekämpfung. Unveröffentlichte Lizentiatsarbeit. Basel (Universität Basel, Wirtschaftswissenschaft).

KIEFL, E. & S. LAMNER (1986): Soziologie des Opfers. Theorie, Methoden und Empirie der Viktimologie. München (Fink).

KIENER, A. (1995): Stress am Arbeitsplatz: Welche Beachtung verdient das „Mobbing"-Problem? Volkswirtschaft Nr. 4. Bern (Eidgenössisches Volkswirtschaftsdepartment).

KIESER, A. & H. KUBICEK (1978): Organisationstheorien. Stuttgart (Kohlhammer).

KIPNIS, D. & S. SCHMIDT (1988): Upward influence styles: Relationships with performance evaluations, salary, and stress. Administrative Science Quarterly, 33, 528–542.

KIRSTA, A. (1987): Die Kunst, mit Streß zu leben. Ravensburg (Maier).

KLEIN, M. W. (ed.; 1989): Cross-national research in self reported crime and delinquency. Dorndrect (Kluwer).

KLEIN, P. (1980): Fallstrick Intrige. Intrigen im Betrieb rechtzeitig erkennen und wirkungsvoll abwehren. Kissing.

KLEINSCHMIDT, M. & U. PEKRUHL (1994): Kooperative Arbeitsstrukturen und Gruppenarbeit in Deutschland. Ergebnisse einer repräsentativen Beschäftigten-befragung. IAT-Strukturberichterstattung 01. Gelsenkirchen (Institut für Arbeit und Technik).

KLEIST, B. m(1996): Mobbing in der Schule und die Verantwortung der Schul-leitungen. Ursachen erkennen und die Fürsorgepflicht wahrnehmen. Neue Pra-xis der Schulleitung, Febr. 1996.

KNORZ, C. (1994): Mobbing – eine extreme Form sozialer Stressoren am Ar-beitsplatz. Diplomarbeit. Gießen (Justus-Liebig-Universität).

KNORZ, C. & D. ZAPF (1996): Mobbing – eine extreme Form sozialer Stressoren am Arbeitsplatz. Z. f. Arbeits-, Betriebs- und Organisationspsychologie, 40, S. 1221.

KOLB, D. M. & J. M. BARTUNEK (1992): Hidden conflicts in organizations. Newbury Park (Sage).

KOWALEWSKY, W. (1992): Über den Umgang mit Vorgesetzten. Macht und Mut am Arbeitsplatz. Köln (Bund).

KOWALSKI, H. (1994): Was kränkt macht krank. Psychologie heute. Sept. 1994.

KRAMER, G. (1993): Die Betriebskampfgruppe im Einsatz. Mobbing – ein unfai-rer Sport. Frankfurter Rundschau. 13.02.1993, S. ZB5.

KRAMER, M. (1993): Mobbing – Psychostreß am Arbeitsplatz: Ursachen, Aus-wirkungen und Möglichkeiten der Konfliktbewältigung als neuer Auftrag an die Betriebssozialarbeit. Unveröffentlichte Diplomarbeit. Münster (Katholische Fachhochschule Nordrhein-Westfalen, Abteilung Münster).

KRAUS, W. D. & R. KRAUS (1994): Mobbing – Die Zeitbombe am Arbeitsplatz. Taschenbuch Nr. 40. Renningen-Malmsheim (expert verlag).

KRIEGER, W. (1992): Soziale Beziehungen am Arbeitsplatz: Belastung oder Stütze. Psychosozial, 15 (4), Nr. 52, S. 23–32.

KRIEGER, W. (1993): Ein computergestütztes Explorationsverfahren zur Erfas-sung von psychosozialen Anforderungen und Ressourcen am Arbeitsplatz. Dia-gnostica 39, H. 1, 63–79.

KRÖBER, S. (1993): Der Mob ist los. FORUM, Mai 1993, S. 20–22.

KRÜGER, W. (1979): Konfliktsteuerung als Führungsaufgabe. Positive und negative Aspekte von Konfliktsituationen. München (moderne industrie).

KULLA, M., G. GUNDLACH & D. ZAPF (1996): Die Bewältigung von Mobbing am Arbeitsplatz. Eine empirische Studie. Unveröff. Manuskript. Univ. Bielefeld. Fakultät für Psychologie und Sportwissenschaft.

KUNZ, A. (1993): Aggression am Arbeitsplatz: Begriff, Praxisbeispiele und betriebliche Einflussmöglichkeiten. Unveröffentlichte Arbeit im Fachgebiet Arbeits- und Organisationspsychologie. Universität Zürich.

KURTZ, H.-J. (1983): Konfliktbewältigung im Unternehmen. Köln (Dt. Inst.-Verl.).

LANGENSCHEIDT (1986[15]): Langenscheidts Handwörterbuch Englisch. Berlin, München, Wien, Zürich (Langenscheidt).

LAUX, L. & H. WEBER (1993): Emotionsbewältigung und Selbstdarstellung. Stuttgart (Kohlhammer).

LAY, R. 1980): Krisen und Konflikte. Ursachen, Ablauf, Überwindung. München (Langen-Müller/Herbig).

LAZARUS, R. S. & S. FOLKMAN (1984): Stress, Appraisal, and Coping. New York (Springer).

LAZARUS, R. S. (1966): Psychological stress and the coping process. New York (McGraw Hill).

LAZARUS, R. & S. FOLKMAN (1984): Stress, Appraisal, and Coping. New York (Springer).

LAZARUS, R. & R. LAUNIER (1978): Stress-related transactions between person and environment. In: PERVIN, L. & M. LEWIS (eds.; 1978): 287–327.

LEHTINENE, S., J. RANTANEN, P. JUUTI, A. KOSKELA, K. LINDSTRÖM, P. REHNSTRÖM & J. SAARI (1991): Towards the 21st Century. Work in the 1990s. International Symposium on Future Trends in the Changing Working Life. 13.–15.08.1991, Helsinki (Institute of Occupational Health).

LEMERT, E. (1972): Human deviance. Social problems and social control. Englewood Cliffs (Prentice Hall).

LEMPERT, W. (1988): Moralisches Denken. Essen (Neue Deutsche Schule Verlagsgesellschaft).

LEYMANN, H. (1986): Psychischer Terror am Arbeitsplatz. Stockholm. (Übersetzt von C. Riegler).

LEYMANN, H. (1990): Presentation av LIPT-formulret. Konstruktion, validering, utfall. Stockholm (Violen inom Praktikertjänst).

LEYMANN, H. (1990): Mobbing and Psychological Terror at Workplaces. In: Violence and Victims. 5, Nr. 2, 119–126.

LEYMANN, H. (1992): Mobbing und Psychoterror am Arbeitsplatz. Wien. Sichere Arbeit. Internationales Fachmagazin für Arbeitsschutz und Arbeitsmedizin, Nr. 5.

LEYMANN, H. (1993): Ätiologie und Häufigkeit von Mobbing am Arbeitsplatz – eine Übersicht über die bisherige Forschung. Zeitschrift für Personalforschung, H. 2, Jg. 7.

LEYMANN, H. (1993): Marketing für qualifizierte Maßnahmen zum Abbau von psychischem Terror am Arbeitsplatz. In: GEISSLER, H. & H. SCHÖLER (Hrsg.; 1993).

LEYMANN, H. (1993): Silencing of a skilled technician. In: Working Environment.

LEYMANN, H. (1993): Mobbing. Psychoterror am Arbeitsplatz und wie man sich dagegen wehren kann. rororo Nr. 13351. Reinbek (Rowohlt).

LEYMANN, H. (1993): Ätiologie und Häufigkeit von Mobbing am Arbeitsplatz – eine Übersicht über die bisherige Forschung. Z. f. Personalforschung, 7 (2), 271–283.

LEYMANN, H. (1993): Die derzeitige Kontroverse über den Mobbingbegriff. In: KAMMER FÜR ARBEITER UND ANGESTELLTE FÜR SALZBURG (Hrsg.; 1993): 1–4.

LEYMANN, H. (1993): Krankheiten und Rechtsprobleme als Folge von Mobbing am Arbeitsplatz. In: KAMMER FÜR ARBEITER UND ANGESTELLTE FÜR SALZBURG (Hrsg.; 1993): 5–8.

LEYMANN, H. (1993): Mobbing. Psychokrieg am Arbeitsplatz. gdi impuls, 4, S. 2029.

LEYMANN, H. (1993): Marketing für qualifizierte Maßnahmen zum Abbau von psychischem Terror am Arbeitsplatz. In: GEISLER & SCHÖLER (Hrsg.; 1993).

LEYMANN, H. (1995): Wenn man wirklich will, gibt's kein Mobbing. In: Psychostress am Arbeitsplatz. Dokumentation des Mobbing-Symposiums am 23.02.1995 in Zürich. Zürich (Kaufmännischer Verband Zürich. Tages Anzeiger, Hrsg.).

LEYMANN, H. (1995): Mobbing – das Konzept und seine Resonanz in Deutschland. In: LEYMANN, H. (Hrsg.; 1995): 13–26.

LEYMANN, H. (1995): Theorien – aber welche? Wie Lena, die Schweißerin, unter die Wissenschaft fiel; zur Kontroverse über Mobbing. In: LEYMANN, H. (Hrsg.; 1995): 27–41.

LEYMANN, H. (1995): Wenn Mobbing krank macht. Die posttraumatische Streßbelastung und ihre Folgen. In: LEYMANN, H. (Hrsg.; 1995): 42- 54.

LEYMANN, H. (1995): Am Anfang steht das Zuhören – Einige Bemerkungen über den Umgang mit Mobbingopfern und Hilfsmaßnahmen. In: LEYMANN, H. (Hrsg.; 1995): 111–123.

LEYMANN, H. (1995): Konkurrenz und Kooperation oder vom Mythos der Konkurrenzgesellschaft. In: LEYMANN, H. (Hrsg.; 1995):173–182.

LEYMANN, H. (Hrsg.; 1995): Der neue Mobbing-Bericht. rororo Nr. 13567. Reinbek (Rowohlt).

LEYMANN, H. (1995): Mobbing und Psychoterror am Arbeitsplatz. Wien (ÖGB).

LEYMANN, H. (1995): Begleitmaterial zum Mobbing-Video. Wien (ÖGB).

LEYMANN, H. (1996): The Content and Development of Mobbing at Work. In: ZAPF & LEYMANN (eds.; 1996): pp. 165–184.

LEYMANN, H. & A. GUSTAFSSON (1996): Mobbing at Work and the Development of Post-traumatic Stress-Disorders. In: ZAPF & LEYMANN (eds.; 1996): pp. 251–275.

LEYMANN, H. & K. NIEDL (1994): Mobbing. Psychoterror am Arbeitsplatz. Ein Ratgeber für Betroffene. Wien (ÖGB).

LEYMANN, H. & U. TALLGREN (in print): Investigation into a frequency of adult mobbing in a Swedish steel company using the LIPT questionnaire.

LINDE, G. (1994): Sexuelle Belästigung am Arbeitsplatz. Betriebs-Berater, H. 34, S. 2412–2417.

LIST, K.-H. (1993): Mobbing – ein alter Hut? Personal, H. 11.

LIST, H. (1994): Mobbing. Vom Hauen und Stechen am Arbeitsplatz. Motivation, H. 1, S. 26–27.

LORENZ, K. (1969): Verhaltenslehre. 2 Bde. München (Piper).

LÜDERS, E. (1993): Der tägliche Nervenkrieg. Wie das Büro krank macht. Psychologie Heute, August, S. 52–57.

LUKES, S. (1974): Power. A Radical View. London (Macmillan).

MAINIERO, L. (1991): Liebe im Büro. Flirts, Intrigen und Karrieren am Arbeitsplatz. Stuttgart.

McCARTHY, P., M. SHEEHAN & D. KEARNS (1995): Managerial styles and their effects on employees health and well-being. Brisbane (School of Organizational Behaviour and Human Resource Management, Griffith University).

MEFFERT, CHR. (1995): Entwicklung eines Frühwarnsystems zur Abwehr der betrieblichen Folgen des Mobbing. Unveröffentlichte Abschlußarbeit zur Erlangung des Grades eines Diplom-Betriebswirtes an der Fachhochschule Wiesbaden, Fachbereich Wirtschaft.

MESCHKUTAT, B., M. HOLZBECHER & G. RICHTER sowie H. MÄNZ (1993): Strategien gegen sexuelle Belästigung am Arbeitsplatz. Konzeption – Materialien – Handlungshilfen. Köln (Bund-Verlag).

MEYER, A. (1991): Intrigen, Schikanen, Rufmord. Stern 44, 23–27.

MEYERS GROSSES TASCHENLEXIKON in 24 Bänden (1992[4]); Mannheim, Leipzig, Wien, Zürich (B.I.-Taschenbuchverlag).

MINTZBERG, H. (1991): Mintzberg über Management-Führung und Organisation – Mythos und Realität. Wiesbaden (Gabler).

MIYAZAWA, K., H. MOROSAWA & T. ABE (Hrsg.; 1982): Viktimologie: Eine deutsch- und englischsprachige Bibliographie mit Einleitung. Tokyo.

MÖCKEL, U. (1992): Der alltägliche Terror – Die Praxis des „Mobbing". kda – Kirchlicher Dienst in der Arbeitswelt – Evangelische Zeitschrift für Arbeitnehmerinnen und Arbeitnehmer. Heft Nr. 6. Nordelbische Stimmen ISSN 3697: 4/93; 6/94.

MOEBIUS, M. (1988): Psychoterror im Betrieb. In: Arbeit – die seelischen Kosten!

MOEBIUS, M. (1988): Psychoterror im Betrieb, Psychologie Heute, 1, S. 32–39.

MÖCKEL, U. (1992): Der alltägliche Terror. Die Praxis des „Mobbing". In: kda – Kirchlicher Dienst in der Arbeitswelt – Evangelische Zeitschrift für Arbeitnehmerinnen und Arbeitnehmer. H. 6.

MOHT, G. (1986): Die Erfassung psychischer Befindensbeeinträchtigungen bei Industriearbeitern. Frankfurt/M. (Lang).

MONTJOIE, B. (1994): Frust – Wut – Enttäuschung. Wie verhalten wir uns, wenn wir am Arbeitsplatz zwar Leistungsdruck, kaum aber menschliche und fachliche Anerkennung verspüren? Diät + Information H. 4/94.

MÜLLER, U. & S. PLOGSTEDT (1992): Sexuelle Belästigung im Betrieb. Hrsg.: Bundesministerium für Jugend, Familie, Frauen und Gesundheit. Bonn.

MUNTHE, E. & E. ROLAND (eds.; 1989): Bullying. An International Perspective. London (David Fulton Publishers).

MURPHY, L. R. (1984): Occupational stress management. A review and appraisal. J. of Occupational Psychology 57, 1–15.

MYKLEBURST, J. P. & R. OMMUNDSEN (eds.; 1987): Psykologprofesjonen mot år 2000. Oslo (Universitetsforlaget).

NAASE, CHR. (1978): Konflikte in Organisationen. Ursachen und Reduzierungsmöglichkeiten. Stuttgart.

NEUBERGER, O. (1994): Mobbing. Übel mitspielen in Organisationen. München, Mering (Hampp).

NEUBERGER, O. (1994): Firmenspiele. manager magazin 10/1994, S. 230–234.

NEUBERGER, O. (1994): Mobbing auf den zweiten Blick. gdi-Impulse. Nr. 3 (Gottlieb-Duttweiler Institut).

NEUBERGER, O. (1995): Zuschlag, B. (1994): Mobbing. Schikane am Arbeitsplatz. (Buchbesprechung). Z. f. Arbeits- und Organisationspsychologie 39, S. 92.

NIEDL, K. (1993): Mobbing. Feindseligkeiten gegen Kollegen/innen, Vorgesetzte und Untergebene am Arbeitsplatz. Wirtschaftsuniversität Wien, Abt. f. Personalwirtschaft. Wien.

NIEDL, K. (1993): Psychoterror/Schikane am Arbeitsplatz. Einsichten in das Phänomen „Mobbing" aus empirischer Sicht. In: ESCHENBACH, R. (Hrsg.; 1993): S. 89–98.

NIEDL, K. (1993): Mobbing in einem österreichischen Unternehmen – Gemeinsamkeiten und Unterschiede zu Schweden sowie betriebswirtschaftlich relevante Aspekte des Mobbinggeschehens. In: KAMMER FÜR ARBEITER UND ANGE-STELLTE FÜR SALZBURG (Hrsg.; 1993): 9–16.

NIEDL, K. (1994): Occurrence of Harassment in Scandinavian and Austrian Companies – A Cultural Comparison. Back to Work. International Conference on Vocational Rehabilitation, Work & Health Welfare. 17.–19.05.1994, Ronneby/Sweden, p. 37–41.

NIEDL, K. (1995): Mobbing/Bullying am Arbeitsplatz. Eine empirische Analyse zum Phänomen sowie zu personalwirtschaftlich relevanten Effekten von systematischen Feindseligkeiten. München (Hampp).

NIEDL, K. (1995): Wem nützt Mobbing? Psychoterror am Arbeitsplatz und die Personalwirtschaft von Unternehmen. In: LEYMANN, H. (Hrsg.; 1995): 55–75.

NIEDL, K. (1996): Mobbing and Well-being: Economic and Personnel Development Implications. In: ZAPF & LEYMANN (eds.; 1996): pp. 239–249.

NITSCH, J. R. (Hrsg.; 1981): Streß, Theorien, Untersuchungen, Maßnahmen. Stuttgart, Wien (Huber).

NITSCH, J. R. (1981): Streßtheoretische Modellvorstellungen. In: NITSCH (1981): S. 52–141.

NORTH, D. C. (1990): Institutions, Institutional Change and Economic Performance. Cambridge. (University Press).

NOSTHOFF, M. (1993): Das Phänomen Mobbing – eine Aufgabe betrieblicher Sozialarbeit? Diplomarbeit. Münster (Katholische Fachhochschule NW).

NOWOSAD, M. (1995): Was kostet Mobbing? In: Psychostress am Arbeitsplatz. Dokumentation des Mobbing-Symposiums am 23.02.1995 in Zürich. Zürich (Kaufmännischer Verband Zürich. Tages Anzeiger, Hrsg.).

NUBER, U. (1988): Arbeitsfrust: die innere Kündigung. In: Arbeit – die seelischen Kosten! Weinheim.

OECHSLER, W. A. (1979): Konfliktmanagement. Wiesbaden (Gabler).

OLWEUS, D. (1987): Bully/victim problems among schoolchildren in Scandinavia. In: MYKLEBURST, J. P. & R. OMMUNDSEN (eds.; 1987): pp. 395–413.

OLWEUS, D. (1989): Prevalence and incidence in the study of antisocial behavior: Definition and measurements. In: KLEIN (ed.; 1989): pp. 187–201.

OLWEUS, D. (1990): Bully/victim problems among schoolchildren. Basic facts and effects of a school based intervention program. In: RUBIN & PEPLER (eds.; 1990).

OLWEUS, D. (1993): Bullying at school: What we know and what we can do. Oxford (Blackwell).

OLWEUS, D. (1994): Annotation: Bullying at school – Basic facts and effects of a school based intervention program. J. of Child Psychology and Psychiatry, 35, 1171–1190.

OLWEUS, D. & P. K. SMITH (1995): Manual of the Olweus bully/victim questionnaire. Oxford (Blackwell).

O'MOORE, A. (1989): Bullying in Britain and Ireland: An Overview. In: MUNTHE, E. & E. ROLAND (Eds.; 1989): 3–21.

ORENDI, B. (1982): Streßbewältigung. Möglichkeiten und Grenzen. Psychosozial, 5 (1), 55–66.

PAANEN, T. & M. VARTIA (1991): Mobbing at workplaces in state government. (in Finnish). Helsinki (Finnish Work Environment Fund).

PAINTER, K. (1991): Violence and vulnerability in the workplace: Psychological and legal implications. In: DAVIDSON & EARNSHAW (eds.; 1991): pp. 160–178.

PALANDT (1993[53]): Bürgerliches Gesetzbuch. Beck'sche Kurz-Kommentare, Bd. 7. München (Beck).

PARENTI, M. (1970): Power and Pluralism: A View from the Bottom. Journal of Politics.

PAULI, W. (1993): Wie intrigiere ich erfolgreich. Die Mitbestimmung, 52–54.

PAWLIK, K. (Hrsg.; 1996): Grundlagen und Methoden der Differentiellen Psychologie. Enzyklopädie der Psychologie, Serie VIII, Bd. 1. Göttingen (Hogrefe).

PAWLIK, K. (Hrsg.; in Vorber.): Theorien und Anwendungsfelder der Differentiellen Psychologie. Enzyklopädie der Psychologie, Serie VIII, Bd. 5. Göttingen (Hogrefe).

PAWLOWSKI, P. (1988): Aus Kollegen werden Konkurrenten. In: Redaktion Psychologie Heute (Hrsg.): Arbeit. Die seelischen Kosten, S. 27–34.

PERVIN, L. & M. LEWIS (Eds.; 1978): Perspectives in International Psychology. New York (Plenum).

PFAFF, H. (1989): Streßbewältigung und soziale Unterstützung. Zur sozialen Regulierung individuellen Wohlbefindens. Weinheim.

PFEFFERKORN, M. (1994): Umfrageergebnisse zum Thema „Mobbing am Arbeitsplatz". Assistenz 3/1994, S. 55–56.

PIKAS, A. (1989): The common concern method for the treatment of mobbing. In: ROLAND, E. & E. MUNTHE (Eds.; 1989): 91–104.

PLOGSTEDT, S. & K. BODE (1984): Übergriffe. Sexuelle Belästigung in Büros und Betrieben. rororo 5353, Reinbek (Rowohlt).

PONS (1986): Pons-Großwörterbuch/Weiß-Mattutat. Französisch-Deutsch. Stuttgart (Klett).

POSCHUNG, R. P. (1994): Mobbing hat fatale Folgen und häuft sich in rezessiven Zeiten. Schweizerische Arbeitgeber-Zeitung vom 24.02.1994.

POURROY, G. A. (1986): Das Prinzip Intrige. Über die gesellschaftliche Funktion eines Übels. München (Stratacom Consult GmbH).

PROSCH, A. (1995): Mobbing am Arbeitsplatz. Konstanzer Schriften zur Sozialwissenschaft, Bd. 35. Konstanz.

RANDALL, T. (1992): Abuse at work drains people, money, and medical workplace not immune. Journal of the American Medical Association, 267, 1439–1440.

RAPOPORT, G. A. (1976): Kämpfe, Spiele und Debatten. Drei Konfliktmodelle. Darmstadt (Darmstädter Blätter).

REGNET, E. (1992): Konflikte in Organisationen. Göttingen (Verl. f. Angewandte Psychologie).

RESCH, M. (1993): Mobbing – (k)ein Thema für Führungskräfte? AOK Management 4/1993.

RESCH, M. (1994): Wenn Arbeit krank macht. Frankfurt/M., Berlin (Ullstein).

RESCH, M. (1995): Streßausgleich bei Mobbing. Einige Grundregeln. In: LEYMANN, H. (Hrsg.; 1995): 153–172.

RESCH, M. (1996): Mobbing – Prevention and Management in Organizations. In: ZAPF & LEYMANN (eds.; 1996): pp. 295–307.

RHEINZ, H. (1994): Der Feind in meinem Büro. Süddeutsche Zeitung, 29.1.1994, S. 68.

RICHTER, H.-E. (1989): Die hohe Kunst der Korruption. Erkenntnisse eines Politik-Beraters. Hamburg (Hoffmann und Campe).

ROBINSON, J. P., P. R. SHAVER & L. S. WRIGHTSMAN (eds; 1991): Measures of personality and social psychological attitudes. Measures of Psychological Attitude Series: Vol. 1. New York (Academic Press).

RÖHRLE, B. (1993): Soziale Netzwerke und soziale Unterstützung. Weinheim (Beltz).

ROETHLISBERGER, F. & W. DICKSON (1956): Management and the Worker. An Account of a Research Program Conducted by the Western Electric Company, Hawthorne Works, Chicago. Cambridge, Mass. (Harvard University Press).

ROHDE, T. (1995): Die Rolle von Führungskräften in Mobbingprozessen. Unveröffentlichte Diplomarbeit. Hamburg (Hochschule für Wirtschaft und Politik, Fachbereich Soziologie).

ROLAND, E. (1989): Bullying. The scandinavian research tradition. In TATTUM & LANE (Eds.; 1989).

ROLAND, E. & E. MUNTHE (Eds.; 1989): Bullying: An international perspective. London (Fulton).

ROSENSTIEL, L. v., W. MOLT & B. RÜTTINGER (1988): Organisationspsychologie. Stuttgart u. a. (Kohlhammer).

ROTH, E. (Hrsg.; 1989): Organisationspsychologie. Enzyklopädie der Psychologie, D/III/3. Göttingen (Hogrefe).

ROTHSCHILD, B. (1994): Seele in Not – Was tun? Zürich (Fachverlag AG).

RUBIN, K. & D. PEPLER (eds.; 1990): The development and treatment of children's aggression. Hillsdale, NJ (Erlbaum Ass.).

RÜTTINGER, B. (1980): Konflikt und Konfliktlösen. Goch (Bratt-Inst. f. Neues Lernen).

RUMMEL, M. (1983): Neues zum Thema „Psychischer Streß". Ein Untersuchungsbericht für die Beteiligten. Forschungsprojekt „Psychischer Streß am Arbeitsplatz". Berlin (Freie Universität).

RUSSLAND, R. (1992): Das Suchtbuch für die Arbeitswelt. Frankfurt/M. (IG Metall).

SADROZINSKI, R. (Hrsg.; 1993): Sexuelle Belästigung im Arbeitsalltag. (Fischer).

SCHARLOWSKY, V., E. DIERGARTEN, H. GRONTZKI & D. BENTHIEN (1994): Mobbing. Psychoterror am Arbeitsplatz. Unterlagen für die Vorbereitung einer Betriebsversammlung/Personalversammlung zum Thema Mobbing. Köln (Bund).

SCHEBEN, M. (1979): Die erfolgreichen Methoden zur Konfliktvermeidung und Konfliktbewältigung im Unternehmen. Kissing.

SCHENK, CHR. (1986): Streß bewältigen durch Entspannung. Niedernhausen (Falken).

SCHETTGEN, P. (1991): Führungspsychologie im Wandel. Neue Ansätze in der Organisations-, Interaktions- und Attributionsforschung. Wiesbaden (DUV).

SCHEUERL, H. (Hrsg.; 1991): Das Spiel. Theorien des Spiels. Bd. 2. Weinheim und Basel (Beltz).

SCHLESSMANN, K. (1993[13]): Das Arbeitszeugnis. Heidelberg (Recht und Wirtschaft).

SCHMIDBAUER, W. (1978): Die hilflosen Helfer. Über die seelische Problematik der helfenden Berufe. Reinbek (Rowohlt):

SCHNEBLE, A. & M. DOMSCH (1990): Sexuelle Belästigung von Frauen am Arbeitsplatz. Eine Bestandsaufnahme zur Problematik – bezogen auf den Hamburger Öffentlichen Dienst. München, Maring (Hampp).

SCHNEIDER, H.-J. (1975): Viktimologie - Wissenschaft vom Verbrechensopfer. Tübingen (Mohr).

SCHRIESHEIM, CH. & T. HINKIN (1990): Influence tactics used by subordinates: A theoretical and empirical analysis of the Kipnis, Schmidt, and Wilkinson subscales. Journal of Applied Psychology, 75, 246–257.

SCHULZE, S. (1996): Konfliktzone Büro. Der Anti-Mobbing-Ratgeber. München (Humboldt).

SCHÜPBACH, K. (1994): Mobbing – Konflikte im Betrieb. Einführung, Handhabung und Ausbildung. Unveröffentlichte Diplomarbeit. Zürich (Seminar für angewandte Psychologie. Studienrichtung Betriebs- und Organisationspsychologie).

SCHÜPBACH, K. & R. TORRE (1996): Mobbing – Verstehen, überwinden, vermeiden. Ein Leitfaden für Führungskräfte und Personalverantwortliche. Zürich (Kaufmännischer Verband Zürich).

SCHÜTZ, R. (1993): Mobbing als personalwirtschaftliches Problem. Unveröffentlichte 8-Wochen-Arbeit im Rahmen der Prüfung für Diplom-Kaufleute. Göttingen (Universität).

SCHWARZER, R. (1981): Streß, Angst und Hilflosigkeit. Stuttgart (Kohlhammer).

SCHWERTFEGER, B. (1992): Mobbingfieber. Wirtschaftswoche 31 vom 24.07. 1992, S. 46–49.

SECORD, P. F. & C. W. BACKMAN (1974[2]): Social Psychology. New York (Mc Graw Hill),

SEEMANN, H.-J. & R. MEIER (1993): Das Prinzip der Bosheit. Die Alltäglichkeit der Schikane. München (Heyne).

SELYE, H. (1957): Streß beherrscht unser Leben. Düsseldorf (Econ).

SELYE, H. (1974): Stress without distress. Philadelphia; New York (Lippincott).

SELYE, H. (1981): Geschichte und Grundzüge des Streßkonzepts. In: NITSCH (Hrsg.; 1981): S. 163–187.

SEMMER, N. K. (1984): Streßbezogene Tätigkeitsanalyse. Weinheim (Beltz).

SENGERN, H. v. (1992): Gegen die Listenblindheit von Machiavelli bis Mobbing hilft nur eines: Seid klug wie die Schlangen! gdi impuls, 4, 30–39.

SENGERN, H. v. (1993): Klug wie Schlangen. Psychologie heute. Juli 1993.

SIEGERT, W. (1993): Mobbing und die Verantwortung der Sekretärin. Kissing (WEKA).

SOMMER, V. (1992): Lob der Lüge. Täuschung und Selbstbetrug bei Tier und Mensch. München (Beck).

STELZER, J. (1992): Mobbing. Terror im Büro. Forbes, 1992, 10, 76–79.

STOPP, U. (1985): Arbeitszeugnisse einwandfrei formulieren und arbeitsrechtlich absichern. Assistenz 4/85, S. 16–18.

STRAUSS, V. E. (1984): Selbstdiagnose. Handbuch der Gesundheit. München (Mosaik).

STROEBE, W., M. HEWSTONE, J. P. CODOL, G. STEPHENSON (Hrsg.; 1990): Sozialpsychologie. Eine Einführung. Berlin, Heidelberg, New York, London, Paris, Tokyo, Hong Kong (Springer).

STROP, W. (1993): Mobbing und Recht. Vorlesung beim Gründungsseminar der Gesellschaft gegen psychosozialen Streß und Mobbing am 17.04.1993.

TAMKE, K. (1990): Verhalten und Verständigung im Beruf: die Gestaltung der sozio-emotionalen Beziehungen am Arbeitsplatz. Wiesbaden.

TATTUM, D. P. & D. A. LANE (eds.; 1989): Bullying in schools. London (Trenthan Books).

TERPSTRA, D. E. & D. D. BAKER (1987): Psychological and demographic correlates of perception of sexual harassment. Genetic, Social and General Psychological Monographs, 112, 459–478.

TETAU, E. (1993): Kollegialität in der Arbeitswelt: Bedeutung und Erleben – Gesprächsuntersuchung. Unveröffentlichte Diplomarbeit. Hamburg (Universität. Studiengang Psychologie).

THAU, M. (1990): Intrigen, Heimtücke und Verschlagenheit im Alltag. Leitfaden der öffentlichen und privaten Hinterlist. Stuttgart u. a. (Verlag Bonn Aktuell).

THEIS, K. H. (1985): Fehlzeiten und psychische Beschwerden. Reaktionsformen und Belastungen im Betrieb. Stadtauringen.

THOMAS, K. W. (1992): Conflict and negotiation processes in organizations. In: DUNNETTE & HOUGH (eds.; 1992): pp. 651–718.

THOMAS, R. F. (1993): Chefsache Mobbing. Souverän gegen Psychoterror am Arbeitsplatz. Wiesbaden (Gabler).

TINBERGEN, N. (1956): Instinktlehre. Vergleichende Erforschung angeborenen Verhaltens. Berlin (Parey).

TJOSVOLD, D. (1991): The conflict positive organization. Reading, MA (Addison Wesley).

TOOHEY, J. (1991): Occupational stress: Managing a metaphor. Sydney (Macquarie University).

VARTIA, M. (1991). Bullying at Workplaces. In: LEHTINENE, S. et al. (eds.; 1991): pp. 131–135.

VARTIA, M. (1993): Psychological harassment (bullying, mobbing) at work. In: KAUPPINEN-TOROPAINEN (ed.; 1993): pp 149–152.

VARTIA, M. (1996): The Sources of Bullying – Psychological Work Environment and Organizational Climate. In: ZAPF & LEYMANN (eds.; 1996): pp. 203–214.

VARTIA, M. (1996): The source of mobbing – work related factors and leadership behavior. In: Special Issue of the European Journal of Work and Organizational Psychology, No. 2.

VESTER, F. (1982[4]): Phänomen Streß. München (dtv).

WALDEMANN, H. (1994): „Mobbing" – Der Psychoterror am Arbeitsplatz. Ursachen, Erscheinungsformen und Präventionsmöglichkeiten. UNSER WISSEN, März 1994.

WALTER, H. (1993): Kleinkrieg am Arbeitsplatz. Konflikte erkennen, offenlegen, lösen. Frankfurt/M., New York (Campus).

WALTER, H. (1993): Mobbing: Kleinkrieg am Arbeitsplatz. Konflikte erkennen, offenlegen, lösen. Frankfurt/M., New York (Campus).

WANIOREK, L. & A. WANIOREK (1994): Wenn der Arbeitsplatz zur Hölle wird. München, Landsberg/Lech (mvg).

WARSCHKOW, S. & G. ERDMANN (1995): Mobbing unterbinden. Rechtliche Möglichkeiten gegen Mobbing im Betrieb. Arbeitsrecht im Betrieb. Zeitschrift für Betriebsratsmitglieder, Ausgabe 8 (Bund).

WEEDE, E. (1986): Konfliktforschung. Einführung und Überblick. Opladen (Westdeutscher Verlag).

WEIS, K. & S. S. BORGES (1973): Victimology and Rape: The Case of the legitimate victim. Issues in Criminology, 8, pp. 71–115.

WEITZ, B. O. (1994): Das Phänomen Mobbing in Schule und Arbeitswelt. Erziehungswissenschaft und Beruf Nr. 4.

WELSLAU, D. (1994): Grapschen verboten. Neue Regelungen bei Diskriminierung und sexueller Belästigung am Arbeitsplatz. Personalwirtschaft 10/94, S. 76–80.

WESTERMAYR, G. & B. BÄHR (Hrsg.; 1994): Betriebliche Gesundheitszirkel. Göttingen u. a. (Verl. f. Angewandte Psychologie).

WEUSTER, A. (1985): Das Arbeitszeugnis: Formulierung und Analyse. Personalwirtschaft 12/85, S. 485–489.

WIENER, A. (1994): Über Ursachen und Folgen von Arbeitszufriedenheit bei besonderer Berücksichtigung des Phänomens „Mobbing". 12-Wochen-Arbeit im Rahmen der Prüfung für Diplom-Sozialwirte an der Universität Göttingen.

WILSON, B. (1991): U. S. Businesses Suffer from Workplace Trauma. Personnel Journal, July, p. 47–50.

WIMMER, P. (1980): Der Zusammenhang zwischen Arbeitssituation und gesundheitlichen Störungen. Eine kritische Analyse vorliegender Ansätze und Ergebnisse. Augsburg (unveröffentlichte Dissertation; s. NEUBERGER, 1993).

WISWEDE, G. (1979): Soziologie abweichenden Verhaltens. Stuttgart u. a. (Kohlhammer).

WITEY, M. & W. COOPER (1989): Predicting Exit, Voice, Loyalty, and Neglect. Administrative Science Quarterly, 34, 521–539.

WITTENZELLNER, CHR. (1993): Die Meister des Komplotts. Wie Intrigen das Betriebsklima vergiften. Psychologie Heute, H. 7, 30–35.

WITTENZELLER, CHR. (1993): Wenn sich Intrigen häufen. IO Management Zeitschrift, 62 (10), 41–44.

WOLFF, D. (1993): Meine Kollegen machen mir das Leben zur Hölle. Sekretariat 10/93, S. 66–68.

WOLFF, G. (1993): Mobbing: Psychoterror im Unternehmen. Personalwirtschaft, (6), 41–44.

ZAPF, D. (1991): Streßbezogene Arbeitsanalyse bei der Arbeit mit unterschiedlichen Bürosoftwaresystemen. Z. f. Arbeits- und Organisationspsychologie, 35, 2–14.

ZAPF, D. & M. FRESE (1991): Soziale Stressoren am Arbeitsplatz. In: GREIF et al. (1991): S. 168–184.

ZAPF, D., C. KNORZ & M. KULLA (1996): On the Relationship between Mobbing Factors, and Job Content, Social Work Environment, and Health Outcomes. In: ZAPF & LEYMANN (eds.; 1996): pp. 215–237.

ZAPF, D., C. KNORZ & M. KULLA (1996): Causes and consequences of various mobbing factors at work. Paper presented at the Seventh European Congress of Work and Organizational Psychology. Györ, Hungary.

ZAPF, D. & H. LEYMANN (eds.; 1996): Mobbing and victimization at work. European J. of Work and Organizational Psychology, Vol. 2, No. 2.

ZAZZO, R. (1980): Zwillingsforschung. In: ARNOLD, W. et al. (Hrsg.; 1980): Sp. 2602-2608.

ZIEBELL, C. (1995): Personalpolitische Implikationen des Mobbing in Organisationen. Unveröffentlichte Diplomarbeit. Bielefeld (Universität, Fakultät für Soziologie).

ZIMMERMANN, L. (1982): Belastung und Streß bei der Arbeit. Körperliche und psychische Beanspruchung, Gesundheit, Erholungspausen. Reinbek (Rowohlt).

ZUSCHLAG, B. & W. THIELKE (1997³): Konfliktsituationen im Alltag. Göttingen, Stuttgart (Verlag für Angewandte Psychologie).

ZUSCHLAG, B., J. FREUND & A. WENZEL (1996): Mobbing. Hilfe bei Schikane am Arbeitsplatz im Großraum Hannover. Hannover (ÖTV).

ZUSCHLAG, B. & U. FISCHER (1996): Mobbing. Hilfe bei Schikane am Arbeitsplatz im Großraum Hannover. Hannover (DAG).

o. V. (1992): Tratsch und Terror. Magenkrämpfe, Migräne, Kündigung – Angestellte leiden unter Mobbing. Der Spiegel, 1992, 31, 58–59.

o. V. (1993): Terror am Arbeitsplatz. Der Volks- und Betriebswirt, 63 (2), S. 26.

o. V. (1993): Zweckbündnis auf Zeit. Angestellten-Magazin, 11, 12–14.

8 INDEX

8.1 Schlagwort-Übersicht

8.2 Verzeichnis der Tabellen

8.3 Verzeichnis der Abbildungen

9 ANHANG

9.1 Adressenverzeichnis: Beratungsstellen

Die Adressen sind mir z. T. aus persönlichen Kontakten bekannt, z. T. sind sie der zitierten Literatur entnommen.

Erfahrungsgemäß ändern sich Telefonnummern und Adressen relativ häufig. Außerdem verändern auch manche Personen oder Institutionen im Laufe der Zeit ihre Arbeitsgebiete.

Trotzdem werden Sie vermutlich unter den folgenden Adressen auch unter diesen Umständen noch eine ausreichende Anzahl aktueller Adressen von möglichen Ansprechpartnern finden. Bei diesen können Sie dann gegebenenfalls auch die neuen Anschriften anderer Ansprechpartner oder von neuen Ansprechpartnern in Ihrem Wohn- bzw. Arbeitsbereich erfragen.

9.1.1 Adressen in Deutschland

- **Amt für Industrie und Sozialarbeit**
  Schwanthalerstr. 91, 80336 München, Tel.: 089/531110
- **AOK Berlin**
  Sozialer Dienst, Müllerstr. 143,13353 Berlin, Tel.: 030/25314347
- **AOK für das Land Brandenburg**
  Potsdamer Str. 20, 14153 Teltow, Tel.: 03328/4511-25/-98
- **AOK Hamburg**
  Pappelallee 22-26, 22089 Hamburg, Tel.: 040/2023-1501/-0930
- **Arbeitskreis gegen Mobbing, Initiative zur Beschäftigung von Konflikten am Arbeitsplatz e. V.**
  c/o Barbara Lieber-Degner, Am Junkerstück 47, 56076 Koblenz, Tel.: 0261/76457
- **Beratungsstelle Frau und Beruf**
  Bismarckstr. 49, 45525 Hattingen, Tel.: 02324/27909 und 28327
- **Beratungstelefon**
  (Zusammenschluß von AOK, DAG, KDA/Gesellschaft gegen psychosozialen Streß und Mobbing e. V.)
  Hamburg: Tel: 040/2023-0209
- Dr. med. Michael **Becker**, Karlstr. 3, 33175 Bad Lippspringe,
  Fax: 05252/940378

- Dr. med. Wilhelm **Brodkorb**, Alter Steinweg 4, 08056 Zwickau,
  Tel.: 0375/242216
- **DAG-Bezirk Bremen**
  Am Wall 179/180, 28195 Bremen, Tel.: 0421/321623
- **DAG Landesverband Hamburg**
  Holstenwall 5, 20355 Hamburg,
  Ansprechpartner: Uwe Grund, Tel.: 040/34915-510
- **DAG-Landesbildungswerk Berlin/Brandenburg**
  Abteilung No Mobbing, Blissestr. 2, 10713 Berlin,
  Tel.: 030/8296-221/-203
- **DAG Bezirk Bremen**
  Am Wall 179/180, 28195 Bremen, Tel.: 0421/321623
- **DAG Cottbus**
  Karl-Liebknecht-Str. 21, 03046 Cottbus, Tel.: 0355/23893
- **DAG Göttingen**
  Groner Str. 38, 37073 Göttingen, Tel.: 0551/48039
- **DAG Hannover**
  Hildesheimer Str. 17,30169 Hannover, Tel.: 0511/8093-0;
  DAG Bildungswerk Hannover
  Schulenburger Landstr. 150, 30165 Hannover,
  Tel.: 0511/639164 Ursula Fischer
- **DAG: Bildungswerk DAG Hessen e. V.**
  Frau Schmidt, Bockenheimer Landstr. 72, 60323 Frankfurt/M.,
  Tel.: 069/72951621
  Mobbingtelefon: 069/71911613 Faru Schmidt
- **DAG Magdeburg**
  Sternstr. 19a, 39104 Magdeburg, Tel.: 0391/56835-0
- **DAG Stuttgart**
  Jägerstr. 24, 70174 Stuttgart, Tel.: 0711/22925-0,
  Mobbingtelefon: 0711/6465728 Bernhard Renner
- **DAK, Deutsche Angestellten Krankenkassen**
  Uhlandstr. 88-90, 10717 Berlin, Tel.: 030/ 86-480/-168
- **DDD – Dick-Dickel-Development**
  c/o Kanzlei Dickel, Max-Brauer-Allee 126, 22765 Hamburg,
  Tel.: 040/3811-91/-92
- Dipl.-Psych. Ulla **Dick,** Götensberg 19, 21039 Escheburg,
  Tel.: 04152/2070; Fax: 04152/2085
- Dipl.-Psych. Kay **Dulz,** Dorfstr. 6, 25576 Brokdorf,
  Tel.: 04829/835
- **Deutsche Arbeitsgemeinschaft für Selbsthilfegruppen e. V.**
  Friedrichstr. 28, 35392 Gießen, Tel.: 0641/7022478
- Dr. Jürgen **Ebeling** (Arzt), Winterhuder Marktplatz 21, 22299 Hamburg,
  Tel.: 040/481615; Fax: 040/4606044.

- **Evangelische Stiftung Krankenhaus Ginsterhof e. V.**
  Fachklinik für Psychosomatik und Psychotherapie,
  Metzendorfer Weg 21, 21224 Rosengarten,
  Dr. Papenhausen, Tel. 04108/5980

- **Gesellschaft gegen psychosozialen Streß und Mobbing e. V. (GPSM)**
  Karlstr. 3, 33175 Bad Lippspringe, Tel. u. Fax: 05252/53562
  Vorsitzender: Dr. med. M. Becker

- Dr. med. **Peter Halama** (Neurologe und Psychiater)
  Berner Heerweg 175, 22159 Hamburg, Tel.: 040/6430844;
  Fax: 040/6439991

- **Heinrich-Sengelmann-Haus**
  Kayhuderstr. 65, 23863 Bargfeld-Stegen,
  Leitender Arzt: Dr. Gritzke, Tel.: 04535/5050

- **IAP Institut für Arbeitspsychologie und Arbeitspädagogik e. V.**
  Dr. Martin Resch, Freschenhausener Weg 35, 21220 Seevetal,
  Tel.: 04105/85150

- **IFG Institut für Gesundheitsförderung GmbH**
  Cauerstr. 23, 10587 Berlin, Tel.: 030/34809-43, Herr Kuhn

- **INSTITUT FÜR ANGEWANDTE PSYCHOLOGIE (I.A.P.)**
  Dipl.-Psych. Dr. Berndt **Zuschlag**, Ihmepassage 10, 30449 Hannover
  (Verwaltung), und Heinrich-Heine-Str. 11, 30173 Hannover (Praxis),
  Tel.: 0511/4582666 und 805157; Fax.: 0511/4584356

- **KDA Kirchlicher Dienst in der Arbeitswelt**
  Bundesgeschäftsstelle, Blumenstr. 1, 73087 Boll, Tel.: 07164/2008

- **KDA Braunschweig**
  Südlingswiesen 2, 38667 Bad Harzburg, Tel., Fax: 05322/877472

- **KDA Hamburg**
  Schillerstr. 7, 22767 Hamburg,
  Ansprechpartner: Udo Möckel, Tel.: 040/30623212

- **KDA Kiel**
  Gartenstr. 20, 24103 Kiel, Tel.: 04531/51461

- **KDA Saarbrücken**
  Tel.: 06897/764934

- **KDA Stade**
  Dankerstr. 24, 21860 Stade, Te.: 04141/63068

- **KDA in der Evangelischen Kirche im Rheinland**
  Rochusstr. 44, 40479 Düsseldorf, Tel.: 0211/36101-240/-256

- **KISS Kontakt- und Informationsstelle für Selbsthilfegruppen**
  Gaußstr. 21, 22765 Hamburg, Tel.: 040/395767

- **Kreiskrankenhaus Blankenburg/Harz**
  Chefarzt Dr. med. W.-R. Krause,
  Thiesstr. 7-10, 38889 Blankenburg, Tel.: 03944/960, Fax: 03944/ 962222
  Leitender Arzt: Dr. W.-R. Krause

- **Mobbing-Beratungsstelle Berlin (in Kooperation mit der Ärztekammer Berlin und der Gewerkschaft HBV)**
  Am Köllnischen Park 2, 10179 Berlin, Tel.: 030/2785020, Frau K. Jauhiainen
- **Mobbing-Beratungsstelle Frankfurt/M. (in Kooperation mit der Gewerkschaft HBV)**
  Darmstädter Landstr. 125, 60598 Frankfurt/M.,
  Tel.: 069/96206203, Fax: 069/96206204, Herr Böcker
- **Mobbing-Beratungsstelle Göttingen (in Kooperation mit den Gewerkschaften ÖTV und DAG)** bei /KIBIS/KISS
  Burgstr. 5, 37073 Göttingen, Tel.: 0551/4867-60/-66, Frau Meßkemper
- **Mobbing-Beratungsstelle Hannover** (in Kooperation mit DAG-Bildungswerk und DAG)
  Jacobistr. 4, 30163 Hannover,
  Tel.: 0511/6255-62, Fax: 0511/6255-64, Frau v. Eisenhart Rothe
- **Mobbing-Beratungsstelle Rhein-Ruhr**
  Schloßstr. 17, 45468 Mülheim,
  Tel.: 0208/477741, Fax: 0208/473054
- Udo **Möckel**, Neusurenland 80c, 22159 Hamburg,
  Tel.: 040/6437002
- **Nationale Kontaktstelle für Selbsthilfegruppen (NAKOS)**
  Albrecht-Achilles-Str. 65, 10709 Berlin-Wilmersdorf, Tel.: 030/891-4019
- **PsychoSoziales Management**
  c/o Dr. Jürgen Ebeling, Winterhuder Marktplatz, 22299 Hamburg
- Rechtsanwalt Walter **Strop**, Heierstr. 16, 33098 Paderborn.
  Tel.: 05251/1095-0; Fax: 05251/1095-10.
- **Deutsche Arbeitsgemeinschaft für Selbsthilfegruppen e. V.**
  Friedrichstr. 28, 35392 Gießen, Tel.: 0641/7022478
- **Selbsthilfegruppe Albstadt**
  Anti-Mobbing-Albstadt e. V.; Wilhelm Wallentin, Silberburgstr. 77,
  72458 Albstadt,
  Tel.: 07431/4972
- **Selbsthilfegruppe Berlin**
  No Mobbing SHG, Ursula Golderer, Löwensteinring 23, 12353 Berlin,
  Tel.: 030/6037456
- **Selbsthilfegruppe SEKIS**
  Albrecht-Achilles-Str. 65, 10709 Berlin, Tel.: 030/8926602
  Kontakt- und Informationsstelle
- **Selbsthilfegruppe Braunschweig**
  Freizeit- und Bildungszentrum, Nimestraße, Tel.: 0531/335071
- **Selbsthilfegruppe Bremen,**
  Wolfgang Landshöft, Mainstr. 39, 28816 Stuhr,
  Tel.: 0421/561732
- **Selbsthilfegruppe Fulda**
  c/o Hans-Peter Neugebauer, Bütthornstr. 1, 36124 Eichenzell,
  Tel.: 06659/3630

- **Selbsthilfegruppen an der Universität Frankfurt – Beratungsstelle**
Te.: 069/63017480
- **Selbsthilfegruppe No Mobbing – Hamburg,**
Ansprechpartner: Hans-Jörg Rättig, Burmesterstr. 44, 22305 Hamburg,
Tel.: 040/2996989
- **Selbsthilfegruppe Krefeld,**
Ursula Kellner, Hasenpfad 12, 40883 Ratingen,
Tel.: 02102/68376
- **Selbsthilfegruppe Lübeck**
c/o Christine Geiling, Ziegelstr. 15a, 23556 Lübeck
Te.: 0451/477181
- **Selbsthilfegruppe Ludwigsburg (DAG),**
Ute Cornelius, Leonberger Str. 20, 71638 Ludwigsburg,
Tel.: 04321/44225
- **Selbsthilfegruppe: Münster Anti-Mobbing e.V.**
c/o Werner Rogge, Schelmenstiege 47, 48161 Münster, Tel.: 02534/8455
- **Selbsthilfegruppe Neumünster,**
Roswitha Rohs, Sudetenlandstr. 13c, 24537 Neumünster,
Tel.: 04321/44225
- **Selbsthilfegruppe Wiesbaden/Worms-Alzey/Rüsselsheim,**
Selbsthilfegruppen des VPSM, Rambacherstr. 74, 65193 Wiesbaden,
Tel.: 0611/541737
- **Selbsthilfegruppe Wolfsburg**
Tel.: 05361/28-2177 Dietmar Schlüter
- **Selbsthilfezentrum für Berlin**
Hertzbergstr. 22, 12055 Berlin-Neukölln, Tel.: 030/6871977
- **Sozial- und Suchtberatung der Technischen Universität Braun-schweig,**
Mobbing-Arbeitskreise: Michael Götze, Tel.: 0531/391-4544
- Dipl.-Psych. **Surdyk**, Kämpen 16, 33104 Paderborn,
Tel.: 05254/69153
- **VPSM**, Rambacherstr. 74, 65193 Wiesbaden,
Tel.: 0611/541737

9.1.2 Adressen in anderen Ländern

- **Kaufmännischer Verband Zürich**
Pelikanstr. 18, Postfach 6889, CH-8023-Zürich,
Ansprechpartner: Peter Vonlanthen (Geschäftsleiter)
Tel.: 00411/2113322; Fax: 00421/2210913
- Prof. Dr. Heinz **Leymann**, Bastionsgata 23, S- 37132 Karlskrona, Schweden
Tel.: 0046/455/58877; Fax: 0046/55/58898

9.2 Definition von Begriffen zur Bezeichnung fragwürdiger zwischenmenschlicher Interaktionen aus dem Bereich von Mobbing und Schikane im weiteren Sinn

BETRUG

„Betrug. Wer in der Absicht, sich oder einem Dritten einen rechtswidrigen Vermögensvorteil zu verschaffen, das Vermögen eines anderen dadurch beschädigt, daß er durch Vorspiegelung falscher oder durch Entstellung oder Unterdrückung wahrer Tatsachen einen Irrtum erregt oder unterhält, wird mit Freiheitsstrafe bis zu fünf Jahren oder mit Geldstrafe bestraft.“ (§ 263 StGB)

„Der äußere Tatbestand des B. ist gegeben, wenn 4 Voraussetzungen erfüllt sind: 1. eine Täuschungshandlung des Täters, 2. ein dadurch hervorgerufener Irrtum des Getäuschten, 3. eine hierdurch veranlaßte Vermögensverfügung des Getäuschten und 4. ein hierauf zurückzuführender Vermögensschaden. Die Täuschung muß sich auf Tatsachen beziehen, wozu auch innere Tatsachen gehören (z. B. Mangel der Zahlungsabsicht). Das Vorspiegeln kann auch durch schlüssige Handlungen geschehen (Hingabe eines ungedeckten Schecks).“ (CREIFELDS 1986).

Dazu: Computerbetrug § 263a StGB, Subventionsbetrug § 264 StGB, Kapitalanlagebetrug § 264a StGB, Versicherungsbetrug § 265 StGB, Erschleichen von Leistungen § 265a StGB, Kreditbetrug § 265b StGB, Untreue § 266 StGB, Vorenthalten und Veruntreuen von Arbeitsentgelt § 266a StGB, Mißbrauch von Scheck- und Kreditkarten, Urkundenfälschung § 267 StGB, Fälschung technischer Aufzeichnungen § 268 StGB, Fälschung beweiserheblicher Daten § 269 StGB.

„Betrug, im Strafrecht nach § 263 StGB Schädigung des Vermögens eines anderen dadurch, daß durch Vorspiegelung falscher oder durch Entstellung oder Unterdrückung wahrer Tatsachen ein Irrtum erregt oder unterhalten wird, um sich oder einem Dritten einen rechtswidrigen Vermögensvorteil zu verschaffen.“ (MEYERS GROSSES TASCHENLEXIKON 1992, Bd. 3).

Allgemein: Täuschung eines anderen.

HEIMTÜCKE

Heimtückisch handelt, wer die Arg- und Wehrlosigkeit des Opfers bewußt zur Tat ausnutzt; aber auch derjenige, der dem Opfer offen feindselig gegenübertritt, nachdem er es in den Hinterhalt gelockt oder ihm eine Falle gestellt hat. (nach DREHER & TRÖNDLE 1993, S. 1178: Kommentar zu § 211 StGB).

HINTERLIST

Hinterlistig ist z. B. ein Überfall, wenn sich die Absicht des Täters, dem anderen die Verteidigungsmöglichkeit zu erschweren, äußerlich manifestiert – so beispielsweise beim freundlichen Gruß an den zu Überfallenden. Der plötzliche Angriff von hinten allein genügt noch nicht (nach DREHER & TRÖNDLE 1993, S. 1307: Kommentar zu § 223 a StGB).

INTRIGE

„Intrige (frz., zu lat.-italien. intrigare »verwickeln, verwirren«), Verstrickung, Ränkespiel; hinterlistige Machenschaften. Im Drama Bez. für das eine Handlung begründende Komplott, mit dem sich ein Teil der Dramenfiguren zur Durchsetzung seiner Ziele gegen einen anderen verschwört." (MEYERS GROSSES TASCHENLEXIKON 1992, Bd. 10).

Hinterhältige Verhaltensweise, die auf Beeinträchtigung eines Gegners abzielt. (Bertelsmann-Lexikon 1954).

KORRUPTION

„Korruption (lat.), Bestechung, Bestechlichkeit; polit.-moral. Verfall; korrupt, bestechlich.

Korrumpieren (lat.), durch Bestechen für zweifelhafte Ziele gewinnen; in negativer Weise beeinflussen." (MEYERS GROSSES TASCHENLEXIKON 1992, Bd. 12).

Korruption: Bestechlichkeit, Bestechung. Im weiteren Sinn: allgemeine Verderbtheit der Gesellschafts- und Dienstmoral. (BERTELSMANN-LEXIKON 1954).

LÜGE

„Lüge, im Unterschied zum Irrtum die absichtliche unwahre Behauptung." (DORSCH 1976, S. 352).

„Lüge, bewußt falsche Aussage oder unwahre Behauptung (im Ggs. zum Irrtum). Für L. gibt es unterschiedl. Beweggründe (etwa Angst, Geltungsbedürfnis, Berechnung, Höflichkeit bzw. Rücksichtnahme). In patholog. Form äußert sich die Neigung zur L. im Krankheitsbild der Pseudologia phantastica (Neigung, phantast., jedoch z. T. glaubwürdig erscheinende Geschichten zu erzählen)." (MEYERS GROSSES TASCHENLEXIKON 1992, Bd. 13).

SADISMUS

„Sadismus (nach D.A.F. Marquis de Sade), psych. Disposition, durch körperl. und/oder seel. Schmerzzufügung bei anderen oder sich selbst (Sadomasochismus) Lust zu empfinden." (MEYERS GROSSES TASCHENLEXIKON 1992, Bd. 19).

„Sadismus (Begr. eingeführt von KRAFFT-EBING, benannt nach dem französischen Schriftsteller Marquis de SADE 1740–1814), sexuell deviantes Verhalten mit Befriedigung bis zum Orgasmus durch Schmerzzufügen, Mißhandeln, Demütigen. Im Extremfall sind Blut und Mord möglich. ... Im ü. S. wird als S. auch der ohne sex. Befriedigung durch Gewaltausübung erreichte Lustgewinn bezeichnet (Aggressivität)." (DORSCH 1976, S. 546).

SCHIKANE

„Schikane (zu frz. chicane »Rechtsverdrehung, Spitzfindigkeit«, allg. svw. kleinl. böswillige Quälerei." (MEYERS GROSSES TASCHENLEXIKON 1992, Bd. 19).

„Eine Schikane ist eine böswillig, nutz- und interesselos bereitete Schwierigkeit bzw. Schädigung des anderen, die mit den geltenden Bedingungen von Recht und Moral auf absurde und groteske Weise vereinbar erscheint." (SEEMANN & MEIER 1993, S.).

TÄUSCHUNG

„Täuschung, vorsätzl. Verhalten mit dem Ziel, bei einem anderen einen Irrtum zu erregen. Die T. ist im Strafrecht Tatbestandsmerkmal z. B. des Betrugs. Im Zivilrecht gibt die arglistige T. dem Getäuschten ein Recht zur Anfechtung seiner Willenserklärung." (MEYERS GROSSES TASCHENLEXIKON 1992, Bd. 22).

„Täuschungsverhalten, (biol.), auch proteanisches Verhalten. Verhaltensweisen, die darauf ausgerichtet sind, einen Feind von seiner Beute abzulenken." (DORSCH 1976, S. 602).

Dazu „Betrug" und: Täuschung im Rechtsverkehr bei Datenverarbeitung nach § 270 f. StGB.

9.3 Verzeichnis von Fach- und Fremdwörtern_____

Akquisition	Erwerbung, Kundenwerbung (z. B. durch Vertreter)
Akzeptanz	Anerkennung
AIDS	Acquired Immune Deficiency Syndrome (Immunschwäche-Krankheit)
apodiktisch	endgültig, unumstößlich, keinen Widerspruch duldend
Attacke	Angriff
Brainstorming	„Geistesblitz"; Verfahren, um durch Sammeln von spontanen Einfällen (der Mitarbeiter) die beste Lösung eines Problems zu finden
Coping	Bewältigung
demographisch	wirtschafts- und sozialpolitische Bevölkerungsbewegungen betreffend

Dichotomie	Zweiteilung
DSM-IV	Diagnostisches und Statistisches Manual Psychiatrischer Störungen
Fokussierung	das Augenmerk auf den Brennpunkt (das Zentrum) richten
Genozid	Völkermord
HIV	Human Immunodeficiency Virus (s. auch AIDS)
ICD-10	International Classification of Diseases (Internationale Klassifikation psychischer Störungen); s. DILLING et al. (Hrsg.; 1991)
Incentive	Anreiz, Motivationsmaßnahme
Know-how	Wissen, Kenntnisse
konziliant	umgänglich, verbindlich, freundlich
Korruption	Bestechung, Bestechlichkeit
kurativ	heilend
masochistisch	durch Mißhandlung geschlechtlich erregbar
mob	Mob, Gesindel, Bande, Sippschaft
Mobbing	andere Menschen schikanieren
Ontogenese	die Entwicklung des Individuums von der Eizelle bis zum geschlechtsreifen Zustand
Phylogenese	Stammesgeschichte der Lebewesen
Prophylaxe	Vorbeugung, vorbeugende Maßnahme
psychosomatisch	seelisch-körperliche Wechselwirkungen betreffend
renitent	widerspenstig, widersetzlich
Schikane	Bosheit, böswillig bereitete Schwierigkeit
schikanieren	andere Menschen ärgern, mit Kleinigkeiten plagen, Schwierigkeiten machen
skurril	sonderbar, verschroben, bizarr
Synergie	Zusammenwirken verschiedener Bedingungen
tabula rasa	nach älteren philosophischen Vorstellungen der Zustand der Seele bei der Geburt des Menschen, in dem sie noch keine Eindrücke von außen empfangen und keine Vorstellungen entwickelt hat; unbeschriebenes Blatt
traumatisch	verletzt durch Gewalteinwirkung
Usance	Brauch, Gepflogenheit im Geschäftsverkehr
Viktimologie	Teilgebiet der Kriminologie, das die Beziehungen zwischen Verbrecher und Verbrechensopfer untersucht

9.4 Fragebogen zur Feststellung subjektiv empfundener Mobbing-Belästigungen

(von Zuschlag)

Art der Mobbing-Belästigung	nein	ja	f(w)	f(s)	t
1 Wird Ihre Arbeit beeinträchtigt?					
1.1 Sind Ihnen Arbeiten entzogen worden?					
1.2 Sind Ihnen unangenehme Arbeiten „als Strafe" übertragen worden?					
1.3 Ist Ihre Arbeit sonstwie erschwert worden (z. B. Wegnahme von Personal, Arbeitsmitteln)?					
1.4 Werden Ihnen wichtige Kompetenzen vorenthalten, bzw. sind sie Ihnen entzogen worden?					
1.5 Werden Ihnen Arbeiten unterhalb Ihrer fachlichen Qualifikation übertragen?					
1.6					
2 Werden Sie sozial isoliert?					
2.1 Sind Sie an einen isolierten Arbeitsplatz versetzt worden?					
2.2 Werden Sie von Kollegen spürbar gemieden, bzw. haben sich Kollegen von Ihnen zurückgezogen?					
2.3 Werden Sie von sozialen Aktivitäten (z. B. Gesprächen, Treffen) der Kollegen ausgeschlossen?					
2.4 Werden Ihnen wichtige Informationen vorenthalten (z. B. Postzensur, informelle Informationssperre)?					
2.5 Werden Ihre Kontaktmöglichkeiten beschränkt (z. B. durch Telefonsperre, Außendienstverbot)?					
2.6					
3 Sind Sie persönlichen Angriffen ausgesetzt?					
3.1 Werden Sie von Kollegen beschimpft?					
3.2 Werden Sie von Vorgesetzten ungerechtfertigt kritisiert?					
3.3 Werden Sie körperlich angegriffen?					
3.4 Werden Sie sexuell belästigt?					
3.5 Werden Sie disziplinarisch gerügt?					
3.6					
4 Wird Ihr Ansehen untergraben?					
4.1 Werden Sie hinter Ihrem Rücken diffamiert?					
4.2 Wird Ihre fachliche Qualifikation in Frage gestellt?					

Tab. 61 Fortsetzung

Art der Mobbing-Belästigung	nein	ja	f(w)	f(s)	t
4.3 Werden Sie vor anderen (z. B. Kunden) bloßgestellt?					
4.4 Werden ungerechtfertigte Anschuldigungen gegen Sie erhoben (z. B. Betrug, Diebstahl, Unterschlagung)?					
4.5 Werden dem Ansehen abträgliche Gerüchte über Sie bzw. Ihre Familie verbreitet?					
4.6					
5 Werden Sie spürbar benachteiligt?					
5.1 Werden Sie nicht befördert, obwohl Sie aufgrund Ihrer Betriebszugehörigkeit, Ihrer Qualifikation oder der Art Ihrer Tätigkeit längst Anspruch darauf gehabt hätten?					
5.2 Werden Ihnen andere (jüngere, weniger qualifizierte) Mitarbeiter ungerechterweise vorgezogen, indem diesen angenehme oder prestigeträchtige Aufgaben übertragen werden?					
5.3 Werden Sie wegen spezieller Persönlichkeitseigenschaften oder Weltanschauungen benachteiligt (z.B. Geschlecht, Alter, Hautfarbe, Staatsange- hörigkeit, Behinderung, Outfit, Religion, Parteizu- gehörigkeit)?					
5.4 Werden Sie benachteiligt, weil Sie spezielle Angebote von Kollegen oder Vorgesetzten zurückgewiesen haben (z. B. Beteiligung an strafbaren Handlungen, sexuelle Kontakte)?					
5.5 Werden Sie aus Neid zurückgesetzt (z. B. weil Sie intelligenter, arbeitseifriger, erfolgreicher, unabhängiger sind als andere)?					
5.6					
6 Werden Sie (unzulässig) unter Druck gesetzt?					
6.1 Wird Ihnen mit Kündigung gedroht?					
6.2 Werden Sie zu für Sie nachteiligem Tun genötigt?					
6.3 Erhalten Sie anonyme (schriftliche) Drohungen?					
6.4 Übt jemand Telefonterror gegen Sie aus (z. B. durch nächtliche Anrufe)?					
6.5 Beschädigt jemand Ihr Eigentum (z. B. Garderobe, Fahrzeug, Haus)?					
6.6					
Summe					

nein: trifft nicht zu
ja: trifft zu
f: frequency (Häufigkeit)
f(w): Häufigkeit des Auftretens pro Woche (w)
f(s): Summe (s) des bisherigen Auftretens
t: time; Zeitraum, über den sich das Mobbing bisher erstreckte

9.5 Systematische Ursachenanalyse und Maßnahmenplanung

(1)	(2)	(3)	(4)	(5)
Art der Schikane (Mobbing-Aktivität)	Wer mobbt?	Mobbing-Ursachen	Nutzen	Maßnahmen gegen Mobbing
		a) Ursache im Mobber aa) Ängste ab) Ziele ac) Sonstige	N_{M-T}	a) vorbeugende Maßnahmen Nutzen erschweren, bestrafen / Alternativen erleichtern, belohnen b) kurative Maßnahmen Nutzen erschweren, bestrafen / Alternativen erleichtern, belohnen
		b) Ursache im System ba) Mängel bb) Ziele bc) Sonstige	N_S	a) vorbeugende Maßnahmen Nutzen erschweren, bestrafen / Alternativen erleichtern, belohnen b) kurative Maßnahmen Nutzen erschweren, bestrafen / Alternativen erleichtern, belohnen
		c) Ursache im Opfer ca) Mängel, Defizite cb) Fehlverhalten cc) Sonstige	N_{M-O}	a) vorbeugende Maßnahmen Nutzen erschweren, bestrafen / Alternativen erleichtern, belohnen b) kurative Maßnahmen Nutzen erschweren, bestrafen / Alternativen erleichtern, belohnen
Schikane 1		aa)	N_{M-T}	a) b)
		ab)	N_{M-T}	a) b)
		ac)	N_{M-T}	a) b)
		aa)	N_{M-T}	a) b)
		ab)	N_{M-T}	a) b)
		ac)	N_{M-T}	a) b)
		ba)	N_S	a) b)
		bb)	N_S	a) b)
		bc)	N_S	a) b)
		ba)	N_S	a) b)
		bb)	N_S	a) b)
		bc)	N_S	a) b)
		ca)	N_{M-O}	a) b)
		cb)	N_{M-O}	a) b)
		cc)	N_{M-O}	a) b)
		ca)	N_{M-O}	a) b)
		cb)	N_{M-O}	a) b)
		cc)	N_{M-O}	a) b)
Schikane 2 usw.		aa) ab)	N_{M-T} •	a) b)

N_{M-T}: Nutzen des Mobbing-Täters
N_S: Nutzen des Systems (z. B. Unternehmen)
N_{M-O}: Nutzen des Mobbing-Opfers

9.6 Mobbing-Definitionen

Allgemeine Definition

> *„Der Begriff Mobbing beschreibt negative kommunikative Handlungen, die gegeneine Person gerichtet sind (von einer oder mehreren anderen) und die sehr oft und über einen längeren Zeitraum hinaus vorkommen und damit die Beziehung zwischen Täter und Opfer kennzeichnen."*

Definition für statistische Untersuchungen

> *„Mobbing ist dann gegeben, wenn eine oder mehrere von 45 genau beschriebenen Handlungen über ein halbes Jahr oder länger mindestens einmal pro Woche vorkommen."*

LEYMANN (1993, S. 21 und 22)

> *„Von Mobbing am Arbeitsplatz spricht man, wenn eine Person von einer oder mehreren von 45 operativ beschriebenen Handlungen belästigt wird und zwar mindestens einmal in der Woche während mindestens eines zusammenhängenden halben Jahres. ..."*
> *„Die 45 Handlungen sind gekennzeichnet dadurch, daß hinter ihnen negative Absichten stecken und/oder daß sie als sehr negativ empfunden werden."*

LEYMANN (1993, S. 272), zitiert von NEUBERGER (1994, S. 10)

> *„Psychoterror oder Mobbing im Arbeitsleben stellt eine feindliche und unethische Arbeitskommunikation dar, welche systematisch von einer oder mehreren Personen vorwiegend gegen ein Individuum gerichtet ist. Mobbing erfordert, daß eine Person in diesem Konflikt unterlegen ist, und daß die Aktionen oft stattfinden (fast jeden Tag, doch mindestens einmal in der Woche) und über einen langen Zeitraum (während mehrerer Monate)."*

LEYMANN (1993, S. 5), zitiert von NEUBERGER (1994, S. 10)

> *„Mobbing oder Psychoterror am Arbeitsplatz liegt vor, wenn eine Person von einer oder mehreren operativ beschrieben Handlungen betroffen ist, und zwar systematisch mindestens einmal die Woche über einen Zeitraum von mindestens einem halben Jahr. In den Untersuchungen wurden 45 Mobbing-Handlungen herausgefunden, die sich in fünf Gruppen einteilen lassen: ..."*

LEYMANN in: DULZ (o. J., S. 6; 1. Aufl.)

Definition von Mobbing am Arbeitsplatz
(Gesellschaft gegen psychosozialen Streß und Mobbing e. V.):

> *„Unter Mobbing am Arbeitsplatz versteht man eine konfliktbelastete Kommunikation unter Kollegen oder zwischen Vorgesetzten und Untergebenen, bei der die angegriffene Person unterlegen ist und von einer oder mehreren anderen Personen systematisch und während längerer Zeit mit dem Ziel und/oder dem Effekt des Ausstoßes direkt oder indirekt angegriffen wird. Für statistische Untersuchungen gelten die Zeitangaben "mindestens einmal in der Woche' und „mindestens während eines zusammenhängenden halben Jahres'."*

LEYMANN in: GRUND et al. (o. J.; S. 7; 2. Aufl.)

Definition der Gesellschaft gegen psychosozialen Streß und Mobbing e. V.

> *„Unter Mobbing wird eine konfliktbelastete Kommunikation am Arbeitsplatz unter Kollegen oder zwischen Vorgesetzten und Untergebenen verstanden, bei der die angegriffene Person unterlegen ist (1)*
> *und von einer oder einigen Personen systematisch, oft (2)*
> *und während längerer Zeit (3)*
> *mit dem Ziel und/oder dem Effekt des Ausstoßes aus dem Arbeitsverhältnis (4)*
> *direkt oder indirekt angegriffen wird und dies als Diskriminierung empfindet."*

zitiert von LEYMANN (1995, S. 18)

> *„Mobbing besteht aus systematischen Angriffen, die sehr oft (mindestens einmal die Woche) und über lange Zeit (mindestens ½ Jahr) ausgeübt werden. Die Angriffsformen bestehen aus einem Katalog von 45 Handlungen. Sie lassen sich in drei Themenbereiche zusammenfassen:*
> *die Kommunikation einschränken: ...*
> *das Ansehen angreifen: ...*
> *die Arbeitsaufgabe manipulieren: ... "*

WALTER (1993, S. 25–26)

> *„ ‚Mobbing' steht für ein Problem, das viele betrifft und fast jeden etwas angeht: Für den ebenso alltäglichen wie dramatischen Psychoterror am Arbeitsplatz. Für die Schikanen zwischen Kollegen. Für die systematischen Boshaftigkeiten, mit denen Chefs ihre Untergebenen attackieren. Oder auch umgekehrt."*

HUBER (1993, S. 7)

> *„Daß Mobbing nur eine Extremform der psychischen Belastungen am Arbeitsplatz ist und daß in letzter Instanz unzureichende Arbeitsorganisation und -bedingungen dafür verantwortlich sind, wird gern vergessen."*

RESCH (1994; S. 10)

> *„Vom Mobbing (aus dem Englischen: to mob = herfallen, anpöbeln) am Arbeitsplatz spricht die Arbeitsmedizin, wenn eine Person mindestens einmal die Woche mindestens ein halbes Jahr lang einer oder mehreren von 45 Mobbing-Möglichkeiten ausgesetzt ist."*

KRAUS & KRAUS (1994, S. 3)

> *„Der Begriff ‚Mobbing' beschreibt schikanöses Handeln einer oder mehrerer Personen, das gegen eine Einzelperson oder eine Personengruppe gerichtet ist.*
> *Die schikanösen Handlungen werden meistens über einen längeren Zeitraum hin wiederholt.*
> *Sie implizieren grundsätzlich die Täter-Absicht, das (die) Opfer bzw. sein (ihr) Ansehen zu schädigen und es (sie) gegebenenfalls aus seiner (ihrer) Position zu vertreiben.*
> *Aber auch ohne Schikane-Absicht des Täters können dessen ‚normale' Handlungen von sensiblen Personen mißverstanden und als Mobbing empfunden werden."*

ZUSCHLAG (1994, S. 6)

> *„Die Gesellschaft gegen psychosozialen Streß und Mobbing e. V. (GpSM) definiert Mobbing am Arbeitsplatz als eine konfliktbelastete Kommunikation am Arbeitsplatz unter Kollegen oder zwischen Vorgesetzten und Untergebenen, bei der die angegriffene Person unterlegen ist, von einer oder mehreren anderen Personen syste matisch und während längerer Zeit mit dem Ziel und/oder dem Effekt des Ausstoßes direkt oder indirekt angegriffen wird und dies als Diskriminierung empfindet."*

zitiert vom Vorsitzenden der GpSM, BECKER (1995, S. 124)

9.7 Erweiterte Übersicht über mögliche Mobbing-Handlungen_____

Erweiterte Systematik mit Bezug auf Tab. 1 zu den von LEYMANN (1993) definierten „45 Mobbinghandlungen"

1	**Eingriffe in die Kommunikations-Möglichkeiten am Arbeitsplatz**
1.1	**Eingriffe von Vorgesetzten**
1.1.1	**Einschränkung der Möglichkeiten, sich zu äußern (d. h. der aktiven Kommunikation)**
1.1.1.01	Beschränkung der aktiven telefonischen Außenkontakte (Beschränkung von Durchwahl-Freiheiten).
1.1.1.02	Beschränkung der aktiven Kontakte per Post oder Fax (Postzensur).
1.1.1.03	Beschränkung der Möglichkeiten zu persönlichen Gesprächen im Unternehmen.
1.1.1.04	Man wird ständig unterbrochen.
1.1.1.05	Anschreien oder lautes Schimpfen.
1.1.1.06	Kontaktverweigerung durch abwertende Blicke oder Gesten.
1.1.1.07	Kontaktverweigerung durch Andeutung, ohne daß man etwas direkt ausspricht.
1.1.1.08	Vorschreiben eines umständlichen Dienstweges für Kontaktaufnahmen im Betrieb und außerhalb.
1.1.1.09	Beschränkung von Dienstgängen und Dienstreisen.
1.1.1.10	Isolierung durch abgelegenen Arbeitsplatz.
1.1.1.11	Isolierung von Kundenkontakten durch Veränderung des Arbeitsgebietes.
1.1.1.12	Den Arbeitskolleginnen bzw. -kollegen wird das Gespräch mit den Betroffen verboten.
1.1.1.13	Er spricht nicht (mehr) mit dem Betroffenen.
1.1.1.14	Er läßt sich nicht (mehr) von dem Betroffenen ansprechen.
1.1.1.15	Er behandelt den Betroffenen bei Begegnungen „wie Luft".
1.1.2	**Einschränkung der Möglichkeiten, kontaktiert zu werden (d. h. der passiven Kommunikation)**
1.1.2.01	Zensur der eingehenden Post.
1.1.2.02	Zensur der eingehenden Telefonate (z. B. durch vorgeschaltete Telefonzentrale).
1.1.2.03	Besucher-Zugangsregelung und -kontrolle.
1.1.2.04	Isolierung durch abgelegenen Arbeitsplatz.
1.1.2.05	Isolierung von Kundenkontakten durch Veränderung des Arbeitsgebietes.
1.2	**Eingriffe durch Kollegen**
1.2.1	**Aktive Behinderung der Kommunikation**
1.2.1.01	Den Betroffenen nicht mehr ansprechen.
1.2.1.02	Den Betroffenen nicht zu gemeinsamen Besprechungen einladen.
1.2.1.03	Dem Betroffenen nicht mehr zu Festen gratulieren.
1.2.1.04	Den Betroffenen bei Begegnungen „wie Luft" behandeln.
1.2.2	**Passive Kommunikations-Verweigerung**

1.2.2.01	Bei Anrufen den Telefonhörer sofort wieder auflegen.
1.2.2.02	Anfragen nicht beantworten.
1.2.2.03	Verlangte Unterlagen nicht aushändigen.
1.2.2.04	Den Betroffenen vom dienstlichen Informationsfluß ausschließen.

1.3 Eingriffe durch Mitarbeiter

1.3.1 Aktive Behinderung der Kommunikation

1.3.1.01	Den Betroffenen nicht mehr ansprechen.
1.3.1.02	Den Betroffenen nicht zu gemeinsamen Besprechungen einladen.
1.3.1.03	Dem Betroffenen nicht mehr zu Festen gratulieren.
1.3.1.04	Den Betroffenen bei Begegnungen „wie Luft" behandeln.

1.3.2 Passive Kommunikations-Verweigerung

1.3.2.01	Bei Anrufen den Telefonhörer sofort wieder auflegen.
1.3.2.02	Anfragen nicht beantworten.
1.3.2.03	Verlangte Unterlagen nicht aushändigen.
1.3.2.04	Den Betroffenen vom dienstlichen Informationsfluß ausschließen.

1.4 Eingriffe von Externen

1.4.1 Eingriffe von Geschäftspartnern und Kunden sowie Verbänden, Institutionen, Behörden

1.4.1.01	Aktive Behinderung der Kommunikation
1.4.1.01.1	Den Betroffenen nicht mehr ansprechen bzw. anschreiben.
1.4.1.01.2	Den Betroffenen nicht zu geschäftlichen Terminen empfangen.
1.4.1.01.3	Den Betroffenen bei Begegnungen „wie Luft" behandeln.
1.4.1.02	Passive Kommunikations-Verweigerung
1.4.2.02.1	Bei Anrufen den Telefonhörer sofort wieder auflegen.
1.4.2.02.2	Anfragen nicht beantworten.
1.4.2.02.3	Verlangte Unterlagen nicht aushändigen.
1.4.2.02.4	Schriftwechsel mit dem Betroffenen nicht mehr bearbeiten.

2 Ständige Kritik

2.1 Kritik am arbeitsplatzbezogenen Verhalten

2.1.1 Kritik an der Arbeitsleistung.
2.1.2 Kritik an der Arbeitsmotivation.
2.1.3 Kritik am Verhalten im Unternehmen.
2.1.4 Kritik an Karriere-Aktivitäten.
2.1.5 Kritik an der Arbeits-Solidarität.
2.1.6 Kritik an häufigen Fehlzeiten und Pausen.

2.2 Kritik an Einstellungen und Interessen

2.2.1 Kritik an politischen Überzeugungen.
2.2.2 Kritik an religösen Überzeugungen.
2.2.3 Kritik an weltanschaulichen Überzeugungen.
2.2.3 Kritik an der Freizeitgestaltung.

3.2.1	**Hinter dem Rücken des Betroffen schlecht über ihn sprechen.**
3.2.2	**Böse Gerüchte über jemanden verbreiten.**
3.2.2.01	Jemanden verdächtigen, psychisch krank zu sein.
3.2.2.02	Jemanden verdächtigen, homosexuell (bzw. lesbisch) zu sein.
3.2.2.03	Jemanden als Dieb verdächtigen.
3.2.2.04	Jemanden wiederholt als Lügner darstellen (dem Vorgesetzten z. B. angebliche „Anordnungen" unterstellen, die er gar nicht gegeben hat).
3.2.2.05	Jemanden verdächtigen, ein Techtelmechtel mit dem/der Vorgesetzen zu haben.

3.2.3	**Jemanden lächerlich machen.**
3.2.3.01	Jemandes Gang, Stimme oder Gesten imitieren, um ihn lächerlich zu machen.
3.2.3.02	Sich über eine Behinderung lustig machen.
3.2.3.03	Sich über die Herkunft eines anderen lustig machen (z. B. Nationalität, Wohngegend, Herkunftsfamilie).
3.2.3.04	Sich über das Privatleben anderer lustig machen.

3.2.4	**Jemanden wegen seiner Hautfarbe verunglimpfen.**
3.2.5	**Den Arbeitseinsatz und die Arbeitsleistung herabsetzend und kränkend beurteilen.**
3.2.6	**Entscheidungen des Betroffenen in Frage stellen.**

3.3	**Körperliche Angriffe**

3.3.1	**Sexuelle Belästigung.**
3.3.1.01	Durch schlüpfrige Bemerkungen bzw. obszöne Witze in peinliche Situationen bringen.
3.3.1.02	Durch obszöne Schimpfworte beleidigen und entwürdigen.
3.3.1.03	Durch Pornographie (Zeitschriften, Bilder, Utensilien etc.) schamhafte Menschen in eine prekäre Situation bringen.
3.3.1.04	Sich sexuelle Übergriffe erlauben (z. B. „betätscheln", „antatschen").
3.3.1.05	Eindeutige sexuelle „Angebote" machen.
3.3.1.06	Unter Ausnutzung von Abhängigkeitsverhältnissen zu sexuellen Handlungen zwingen.

3.3.2	**Körperlicher Gewalt ausüben.**
3.3.2.01	Schlagen, Ohrfeigen.
3.3.2.02	Mißhandlung (z. B. foltern).
3.3.2.03	An den Ohren ziehen.
3.3.2.04	Wegschubsen.
3.3.2.05	Unter Drogen setzen.

3.4	**Psychoterror (schriftlich, mündlich oder auch in Form von Telefonterror)**
3.4.01	Androhung von sexuellen Übergriffen.
3.4.02	Androhung von körperlicher Gewalt.
3.4.03	Androhung von Mißhandlungen.
3.4.04	Androhung der öffentlichen Bloßstellung.
3.4.05	Androhung der Schädigung von Familienangehörigen.
3.4.06	Androhung der Vermögensschädigung.
3.4.07	Androhung der Versetzung oder Kündigung.
3.4.08	Androhung straf- bzw. zivilrechtlicher Konsequenzen.
3.4.09	Androhung von Attentaten.

3.4.10	Androhung von Sabotage.
3.4.11	Jemanden zu einer psychiatrischen Untersuchung zwingen.
3.4.12	Jemandem laufend „Denkzettel" verpassen.
3.4.13	Dem anderen laufend Kosten verursachen, um ihm zu schaden und ihn zu zermürben.
3.4.14	Jemanden dauernd in Disziplinar- oder Gerichtsverfahren verwickeln, um ihn auf sinnlosen Nebenschauplätzen zu beschäftigen und ihn zu zermürben.
3.4.15	Nächtliche Anrufe zu Hause (Telefonterror).

4 Eingriffe am Arbeitsplatz

4.1 Arbeitsbedingungen verschlechtern

4.1.01	Jemandem keine Arbeit (mehr) zuweisen.
4.1.02	Jemanden zu Arbeiten zwingen, die das Selbstbewußtsein verletzen.
4.1.03	Jemandem „Strafarbeiten" zuteilen.
4.1.04	Jemandem alle die unerfreulichen Arbeiten übertragen, vor denen andere sich gern drücken.
4.1.05	Jemandem alle Arbeiten wegnehmen und ihn daran hindern, sich selbst nützliche Arbeiten auszudenken.
4.1.06	Jemandem sinnlose Arbeiten übertragen.
4.1.07	Jemandem Arbeiten übertragen, die weit unter seinem Leistungsniveau liegen.
4.1.08	Jemandem ständig neue Aufgaben übertragen, in die er sich gar nicht erst richtig einarbeiten kann.
4.1.09	Jemandem Aufgaben übertragen, die ihn überfordern und an denen er vorhersehbar scheitern muß.
4.1.10	Jemandem „kränkende" Arbeitsaufgaben übertragen.

4.2 Arbeitserfolge torpedieren

4.2.01	Heimlich wichtige Unterlagen vom Arbeitsplatz entfernen.
4.2.02	Heimlich Arbeitsmaterialien, Werkzeuge etc. vom Arbeitsplatz entwenden.
4.2.03	Heimlich vom Betroffenen zu bearbeitende Vorgänge verstecken.
4.2.04	Dem Betroffenen „peinliche" Vorgänge heimlich unterschieben.
4.2.05	Heimlich die Arbeitsergebnisse des Betroffenen verfälschen.
4.2.06	Heimlich monatelang laufende Laborversuche des Betroffenen (z.B. durch nächtliche Eingriffe) zunichte machen.
4.2.07	Den Arbeitsplatz des Betroffenen in Unordnung bringen (z.B. Ablagen vertauschen).
4.2.08	Vom Betroffenen benötigte Geräte und Apparaturen heimlich beschädigen und unbrauchbar machen.
4.2.09	Vertrauliche Unterlagen und Arbeitsergebnisse des Betroffenen ohne sein Wissen Unbefugten zugänglich machen.
4.2.10	Im angeblichen Auftrag des Betroffenen Kosten verursachen (z.B. fragwürdige Aufträge) erteilen, die diesen in Schwierigkeiten bringen.

4.3 Versetzung, Pensionierung, Kündigung

4.3.1 Versetzungen
4.3.1.01	Wiederholte grundlose „Strafversetzungen".
4.3.1.02	Versetzung auf einen unbefriedigenden Arbeitsplatz.
4.3.1.02.01	Versetzung an einen entfernten Ort.

4.3.1.02.02   Versetzung zu einem bösartigen Vorgesetzten.
4.3.1.02.03   Versetzung in ein aggressives Team.
4.3.1.02.04   Versetzung auf einen besonders langweiligen Posten.
4.3.1.02.05   Versetzung auf einen Posten, dem der Betroffene persönlich oder fachlich nicht gewachsen ist.

4.3.2   Pensionierung
4.3.2.01   Vorzeitige Pensionierung gegen den Willen des Betroffenen.
4.3.2.02   Versetzung in den einstweiligen Ruhestand.
4.3.2.03   Verschlechterung der Pensionierungs-Konditionen.

4.3.3   Kündigung
4.3.3.01   Außerordentliche Kündigungen (ohne Erfolgsaussicht), um den Betroffenen zu zermürben.
4.3.3.02   Wiederholte ordentliche und/oder außerordentliche Kündigungsverfahren bzw. -versuche.
4.3.3.03   Aufforderungen zur Zustimmung zu Auflösungsverträgen.

9.8 Klassifikation der durch Mobbing entstandenen Erkrankungen gemäß ICD-10 bzw. DSM-IV

9.8.1 ICD-10: F43.1 Posttraumatische Belastungsstörung

Diese entsteht als eine verzögerte oder protrahierte Reaktion auf ein belastendes Ereignis oder eine Situation außergewöhnlicher Bedrohung oder katastrophenartigen Ausmaßes (kurz oder langanhaltend), die bei fast jedem eine tiefe Verstörung hervorrufen würde. Hierzu gehören eine durch Naturereignisse oder von Menschen verursachte Katastrophe, eine Kampfhandlung, ein schwerer Unfall oder die Tatsache, Zeuge des gewaltsamen Todes anderer oder selbst Opfer von Folterung, Terrorismus, Vergewaltigung oder anderer Verbrechen zu sein. Prämorbide Persönlichkeitsfaktoren wie bestimmte Persönlichkeitszüge, (z. B. zwanghafte oder asthenische) oder neurotische Erkrankungen in der Vorgeschichte können die Schwelle für die Entwicklung dieses Syndroms senken und seinen Verlauf verstärken, aber die letztgenannten Faktoren sind weder nötig noch ausreichend, um das Auftreten der Störung zu erklären.

Typische Merkmale sind das wiederholte Erleben des Traumas in sich aufdrängenden Erinnerungen (Nachhallerinnerungen, flashbacks), Träumen oder Alpträumen, vor dem Hintergrund eines andauernden Gefühls von Betäubtsein und emotionaler Stumpfheit, Gleichgültigkeit gegenüber anderen Menschen, Teilnahmslosigkeit der Umgebung gegenüber, Anhedonie sowie Vermeidung von Aktivitäten und Situationen, die Erinnerungen an das Trauma wachrufen könnten. Üblicherweise findet sich Furcht vor und Vermeidung von Stichworten, die den Leidenden an das ursprüngliche Trauma erinnern könnten. Selten kommt es zu dramatischen akuten Ausbrüchen von Angst, Panik oder Aggression, ausgelöst durch eine plötzliche Erinnerung und/oder Wiederholung des Traumas oder der ursprünglichen Reaktion darauf. Gewöhnlich tritt ein Zustand vegetativer Übererregtheit mit Vigilanzsteigerung, einer übermäßigen Schreckhaftigkeit und Schlaflosigkeit auf. Angst und Depression sind häufig mit den genannten Symptomen und Merkmalen assoziiert und Suizidgedanken sind nicht selten. Drogeneinnahme oder übermäßiger Alkoholkonsum können als komplizierende Faktoren hinzukommen.

Die Störung folgt dem Trauma mit einer Latenz, die Wochen bis Monate dauern kann (doch selten mehr als sechs Monate nach dem Trauma). Der Verlauf ist wechselhaft, in der Mehrzahl der Fälle kann jedoch eine Heilung erwartet werden. Bei wenigen Betroffenen nimmt die Störung über viele Jahre einen chronischen Verlauf und geht dann in eine andauernde Persönlichkeitsänderung über (siehe F62.0).

Diagnostische Leitlinien:

Diese Störung soll nur dann diagnostiziert werden, wenn sie innerhalb von sechs Monaten nach einem traumatisierenden Ereignis von außergewöhnlicher Schwere aufgetreten ist. Eine „wahrscheinliche" Diagnose kann auch dann gestellt werden, wenn der Abstand zwischen dem Ereignis und dem Beginn der Störung mehr als sechs Monate beträgt, vorausgesetzt, die klinischen Merkmale sind typisch, und es kann keine andere Diagnose (wie Angst- oder Zwangsstörung oder depressive Episode) gestellt werden. Zusätzlich zu dem Trauma muß eine wiederholte unausweichliche Erinnerung oder Wiederinszenierung des Ereignisses in Gedächtnis, Tagträumen oder Träumen auftreten. Ein deutlicher emotionaler Rückzug, Gefühlsabstumpfung, Vermeidung von Reizen, die eine Wiedererinnerung an das Trauma hervorrufen könnten, ist häufig zu beobachten, aber für die Diagnose nicht wesentlich. Die vegetativen Störungen, die Beeinträchtigung der Stimmung und das abnorme Verhalten tragen sämtlich zur Diagnose bei, sind aber nicht von erstrangiger Bedeutung.

Späte, chronifizierte Folgen von extremer Belastung, d. h. solche, die noch Jahrzehnte nach der belastenden Erfahrung bestehen, sind unter F62.0 (andauernde Persönlichkeitsänderung nach Extrembelastung) zu klassifizieren.

Dazugehörige Begriffe:

– traumatische Neurose, Randneurose

9.8.2 DSM-IV: Diagnostische Kriterien für 309.81 (F43.1) Posttraumatische Belastungsstörung

A.   Die Person wurde mit einem traumatischen Ereignis konfrontiert, bei dem die beiden folgenden Kriterien vorhanden waren:
(1) die Person erlebte, beobachtete oder war mit einem oder mehreren Ereignissen konfrontiert, die tatsächlichen oder drohenden Tod oder ernsthafte Verletzung oder eine Gefahr der körperlichen Unversehrtheit der eigenen Person oder anderer Personen beinhalteten.
(2) Die Reaktion der Person umfaßte intensive Furcht, Hilflosigkeit oder Entsetzen.
Beachte: Bei Kindern kann sich dies auch durch aufgelöstes oder agitiertes Verhalten äußern.

B.   Das traumatische Ereignis wird beharrlich auf mindestens eine der folgenden Weisen wiedererlebt:
(1) wiederkehrende und eindringliche belastende Erinnerungen an das Ereignis, die Bilder, Gedanken oder Wahrnehmungen umfassen können.
Beachte: Bei kleinen Kindern können Spiele auftreten, in denen wiederholt Themen oder Aspekte des Traumas ausgedrückt werden.
(2) Wiederkehrende, belastende Träume von dem Ereignis.
Beachte: Bei Kindern können stark beängstigende Träume ohne wiedererkennbaren Inhalt auftreten,
(3) Handeln oder Fühlen, als ob das traumatische Ereignis wiederkehrt (beinhaltet das Gefühl, das Ereignis wiederzuerleben, Illusionen, Halluzinationen und dissoziative Flashback-Episoden, ein-

schließlich solcher, die beim Aufwachen oder bei Intoxikationen auftreten).

Beachte: Bei kleinen Kindern kann eine traumaspezifische Neuinszenierung auftreten.

(4) Intensive psychische Belastung bei der Konfrontation mit internalen oder externalen Hinweisreizen, die einen Aspekt des traumatischen Ereignisses symbolisieren oder an Aspekte desselben erinnern.

(5) Körperliche Reaktionen bei der Konfrontation mit internalen oder externalen Hinweisreizen, die einen Aspekt des traumatischen Ereignisses symbolisieren oder an Aspekte desselben erinnern.

C.   Anhaltende Vermeidung von Reizen, die mit dem Trauma verbunden sind, oder eine Abflachung der allgemeinen Reagibilität (vor dem Trauma nicht vorhanden). Mindestens drei der folgenden Symptome liegen vor:

(1) bewußtes Vermeiden von Gedanken, Gefühlen oder Gesprächen, die mit dem Trauma in Verbindung stehen,

(2) bewußtes Vermeiden von Aktivitäten, Orten oder Menschen, die Erinnerungen an das Trauma wachrufen,

(3) Unfähigkeit, einen wichtigen Aspekt des Traumas zu erinnern,

(4) deutlich vermindertes Interesse oder verminderte Teilnahme an wichtigen Aktivitäten,

(5) Gefühl der Losgelöstheit oder Entfremdung von anderen,

(6) eingeschränkte Bandbreite des Affekts (z. B. Unfähigkeit, zärtliche Gefühle zu empfinden),

(7) Gefühl einer eingeschränkten Zukunft (z. B. erwartet nicht, Karriere, Ehe, Kinder oder normal langes Leben zu haben).

D.   Anhaltende Symptome erhöhten Arousals (vor dem Trauma nicht vorhanden). Mindestens zwei der folgenden Symptome liegen vor:

(1) Schwierigkeiten ein- oder durchzuschlafen,

(2) Reizbarkeit oder Wutausbrüche,

(3) Konzentrationsschwierigkeiten,

(4) übermäßige Wachsamkeit (Hypervigilanz),

(5) übertriebene Schreckreaktion.

E.   Das Störungsbild (Symptome unter Kriterium B, C und D) dauert länger als 1 Monat.

F.   Das Störungsbild verursacht in klinisch bedeutsamer Weise Leiden oder Beeinträchtigungen in sozialen, beruflichen oder anderen wichtigen Funktionsbereichen.

Bestimme, ob:

Akut: Wenn die Symptome weniger als 3 Monate andauern.

Chronisch: Wenn die Symptome mehr als 3 Monate andauern.

Bestimme, ob:

Mit Verzögertem Beginn: Wenn der Beginn der Symptome mindestens 6 Monate nach dem Belastungsfaktor liegt.

Organisationspsychologie

Martin Kleinmann
Assessment-Center

Stand der Forschung – Konsequenzen für die Praxis
(Wirtschaftspsychologie)
1997, XIV/234 Seiten, geb., DM 69,–/sFr. 60,–
öS 504,– • ISBN 3-8017-1005-X

Assessment-Center (AC) gelten in der Wirtschaft als valide eignungsdiagnostische Instrumente für den Managementbereich und werden in erster Linie für Personalauswahl und -entwicklung eingesetzt. Studien zeigen, daß AC prognostisch valide sind, die Erfassung der Persönlichkeitsmerkmale für Personalentwicklungszwecke jedoch nicht gelingt. In diesem Buch wird dargestellt, wie sich diese Befunde erklären lassen. Als Konsequenz der Ergebnisse wird aufgezeigt, wie AC konstruiert werden müssen, um die intendierten Konstrukte bestmöglich zu erfassen.

Martin Esser / Kaoru Kobayashi (Hrsg.)
KAISHAIN:
Personalmanagement in Japan

Sinn und Werte statt Systeme
(Psychologie für das Personalmanagement)
1994, X/402 Seiten, DM 68,–/sFr. 67,–/öS 496,–
ISBN 3-87844-099-5

Der KAISHAIN-Gedanke steht für die besonders enge Beziehung zwischen dem Unternehmen und seinen Mitarbeitern und ist das gestaltende Prinzip japanischen Personalmanagements. Erst das KAISHAIN-Konzept versetzt japanische Unternehmen überhaupt in die Lage, Methoden wie Lean Production oder Total Quality Management so erfolgreich zu praktizieren. Der hier vorgelegte Band ist die erste umfassende Darstellung der KAISHAIN-Philosophie. Für uns im Westen kann es nur von Nutzen sein, diese «Erfolgsgeheimnisse» aus dem fernen Osten einmal näher zu betrachten.

Hans-Wolfgang Hoefert (Hrsg.)
Führung und Management
im Krankenhaus

(Organisation und Medizin)
1997, 258 Seiten, DM 59,–/sFr. 51,–/öS 431,–
ISBN 3-8017-0840-3

In der anhaltenden Diskussion um Reformen und Kosteneinsparungen im Gesundheitswesen, stehen vor allem die Krankenhäuser im Mittelpunkt der Aufmerksamkeit. Im Gegensatz zu diesen, meist nur unter betriebswirtschaftlicher Perspektive, geführten Diskussionen, betont dieses Buch diejenigen Innovationen, die von einem gewandelten Führungs- und Managementverständnis ausgehen könnten. Das Buch greift zunächst Grundlagenprobleme von Führung, Management und Zusammenarbeit auf und beschäftigt sich anschließend mit einem breiten Spektrum von Ansatzpunkten für die Personalentwicklung im Krankenhaus.

Bärbel Voß (Hrsg.)
Kommunikations- und
Verhaltenstrainings

(Psychologie für das Personalmanagement)
2. Auflage 1996, X/282 S., DM 58,–/sFr. 57,–
öS 423,– • ISBN 3-87844-102-9

Welche Wege gibt es, das Betriebsklima zu verbessern? Welche Anforderungen werden an die Führungsfähigkeit in einer immer komplexer werdenden Umwelt mit ständig neuen Aufgaben gestellt? Antworten auf diese Fragen werden häufig in Kommunikations- und Verhaltenstrainings gesucht. Dieses Buch bietet einen aktuellen Überblick über den derzeitigen Stand bedeutsamer Trainingsansätze, u.a. auf den Gebieten Führung, Kommunikation, Konfliktmanagement und Teamentwicklung.

 Verlag für Angewandte Psychologie
Rohnsweg 25 • 37085 Göttingen

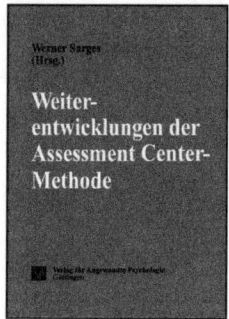